新藤 透［著］
SHINDO Toru

図書館の日本史

勉誠社

目次

序章　「図書館」とは何か

みなさんは「図書館」と聞いてどんなところを想像するでしょうか。

〝本がたくさんあって無料で読める・インターネットも自由に使える・最近はカフェも併設されていて長時間居られる〟

という良いイメージを持たれている方もいらっしゃるでしょうが、あまり図書館に対して良いイメージを持たれていない方は、

〝むつかしそうな本が多い・おしゃべりをしてはいけない・飲食厳禁・とっつきにくそうな司書〟

といったことを思ってしまうかもしれません。

これらのイメージは現代の図書館の実情を反映したものなのでしょうか。良くも悪くも、「図書館」という施設を固定的な観念で見て、「評価」していることにならないでしょうか。

では、そもそも「図書館」とはどのような施設なのでしょう。わが国最大の国語辞典である『日本国語大辞典』で図書館を引いてみると、「図書や記録などを集め、保管し、公衆に閲覧させる施設」（『日本国語大辞典』第十四巻、六五〇頁）と解説されています。これはみなさんのイメージ

とかなり一致する説明だと思います。

しかしこの説明では余りにも簡単ですので、図書館とは何を目的にしてつくられた施設なのか、図書館法の条文から確認してみましょう。

第二条　この法律において「図書館」とは、図書、記録その他必要な資料を収集し、整理し、保存して、一般公衆の利用に供し、その教養、調査研究、レクリエーション等に資することを目的とする施設

（傍線引用者）

『日本国語大辞典』の説明は図書館法を参考にしたことがわかりますが、傍線部に着目してみてください。つまり図書館は単に図書などを無料で貸し出す施設ではなく、そのことを通じて、利用者の「教養、調査研究、レクリエーション等に資することを目的」にしている施設といえるでしょう。したがって、図書館は生涯学習のために存在すると考えても間違いではありません。

このような説明は、大学等での司書養成課程で使用されるテキストにも長らく使われてきました。昭和五十四年（一九七九）に出版された教科書では、図書館について次のように解説されています。

図書館は単に利用されればよいというものではない．利用の目的を達しうるようなものでなければならない．目的を認めるとき，ひとは倫理的になり，社会全体を見透かすことになる．図書館は図書館資料の全体の運用を通じて，社会に問いかけ，社会の答えを待つのである．社会へのこの影響力を広い意味の教育啓蒙などといわれる．

（傍線引用者）

（彌吉光長『図書館通論』十六頁）

傍線を付した箇所に明らかなように、図書館は無料で「図書館資料」を貸す施設ではなく、そのことを通じて社会へ問題を投げかけ、影響を及ぼすことを目的としている、と読めます。図書館資料とは、図書館が収集・蓄積している資料のことで図書がその代表格ですが、他にも新聞・雑誌、当時はレコードなども含まれていたと思われます。この説明は、読者の受け取り方によっては「社会改良・社会変革」のための知識を図書館が利用者に提供しているとも読めます。しかし、現在ではこのような役割ばかりが図書館の仕事とはみられておりません。平成に入ってから改訂された司書課程の教科書には、次のように書かれています。

『図書館とは，人類社会が生産し記録した様々な情報を，収集・組織化・保存して，利用要求に応じて積極的に提供する社会的サービス機関である。』

（傍線引用者）

（安部悦巳・菅原春雄『新図書館学の基礎 新版三版』十三頁）

傍線部に注目してみると、図書館が収集するものは、図書や新聞・雑誌、CDやDVDといった物理的に形をもったモノではなく、人類が生み出した「情報」全般に変化しています。つまり、インターネット等の物理的な形をもっていない情報も図書館は収集対象に加えなければならないということになってきたのです。

この傾向は近年出版された図書館情報学の入門書にも表れています。

20世紀までの図書館情報学が印刷物を中心としたパッケージ系メディアの流通・組織化・保存・提供を対象としていたのに対して、21世紀の図書館情報学は加えてネットワーク上の情報の流通・組織化・保存・提供を対象とする学問になったということができる。（傍線引用者）

（根本彰「第4章　図書館情報学からみる図書館の姿」逸村裕・田窪直規・原田隆史編『図書館情報学を学ぶ人のために』四十三頁）

図書館は無料で図書や新聞・雑誌を提供する施設ではなく、有形・無形のあらゆる情報を集積している施設と捉えたほうが、現代の図書館の役割といえるでしょう。

そして図書館は、情報を利用者に提供するだけではなく、それらの情報を介して人と人とを繋げる役割も期待されているのです。

近年開館した図書館の多くが館内にカフェを併設し、さらにフタ付き容器に入っていれば飲み物の館内持ち込みを可能にしたり、また会話ＯＫの場所を館内に設置したりと、それまでの飲食厳禁・会話厳禁のタブーを自ら打ち破っているのも、人と人が、人と情報が出会えるコミュニティゾーンとして図書館を利用者に活用してもらいたいからです。

平成十二年（二〇〇〇）前後には作家の林望氏により、公共図書館はベストセラーのタダ読み機関だと批判をうけましたが、今世紀に入ってからの図書館は、最早「無料貸本屋」との批判を許さないほど、進化しつつあると言えるでしょう。

著名な図書館学者のランガナータン（Shiyali Ramamrita Ranganathan）は一九三一年に「図書館学の五法則」という、司書ならば誰でも知っているかなり有名な法則を発表しました。その第五法則は「図書館は成長する有機体である」といいます。ランガナータン自身の解説では「図書館は社会の機関として，成長する生き物の持つすべての属性を持ち，新しいものをとりいれ，古いものを捨て去り，大きさを変え，新しい形態をとる」（竹内悊解説『図書館の歩む道』二四七頁）としています。これを筆者なりに噛み砕いてみると、「図書館は時代とともに移り変わっていかなければならず、生物が成長するように進化していかなければならない」という意味になるでしょう。

ですから冒頭で示した図書館の固定的なイメージは現代の図書館の実像を反映していない、過去のものとなっているのです。現代は、まさに情報化時代を迎えて図書館がさらに「進化発展」していく時期なのです。

さて、図書館は「情報の集積基地」・「情報を介して人と人を結びつけるコミュニティゾーン」であると指摘しましたが、過去の図書館にはそのような機能を全くもっていなかったのでしょうか。実はそのような観点で今までは図書館の歴史を捉えてはいませんでした。従来の図書館史研究は、図書館の前身とされている「文庫」の制度・組織を中心に研究が進められていて、図書の貸借の様子はもちろんのこと、各時代の図書館の利用実態や「情報」や「コミュニケーション」といった観点がスッポリ抜け落ちていたのです。

では、そのような視点で日本の図書館史を見直してみた場合、どのような新しい事実が浮かび上がってくるでしょうか。ここで戦国・江戸に注目してごく簡単にふれておきましょう。

山科言国《やましなときくに》という貴族は皇族や他の貴族、僧侶、足利将軍家と深い関係を持っていました。言国は求めに応じて図書の貸借やその仲介、写本作成の依頼などに応じていました。

言国のところには本とともに様々な情報が集まっていました。本を介して人と人がつながっていたのです。当時の貴族は言国の他にもこのような役割を担っている者が多く存在し、一種のコミュニティが形成されていました。

江戸中期になると、出版業の確立、庶民の識字率の上昇と相まって読書人口が爆発的に増大しました。貴族や武士の間だけで独占されていた文芸趣味も、農民や町人が楽しむようになったのです。都市部には大量の書籍を自宅に収蔵する蔵書家や、農村部では名主が図書を大量に集め(これを「蔵書の家」といいます)、それぞれ友人や村人に本を貸し出すだけでなく、読書会や小旅行などイベントを通して親睦を深めていました。その関係は身分や性別を超えた広がりを持っていました。身分社会である江戸期ではかなり異例であったことは間違いありません。

蔵書家や蔵書の家の活動は、本を媒介として様々な情報が飛び交い、そして人と人が結びついていたのです。

これらのような事例は、きちんとした組織があって建物がある図書館のみを扱っていた従来の図書館史からは除外されていたものでした。したがって一部の日本史学の研究者は知っていましたが、図書館員や図書館情報学の研究者からはほとんど注目されていなかったのです。

最近、地域おこしや街おこしのために、個人的に小さな図書館を設置して一般開放するマイクロ・ライブラリーという運動が広まっています。これは本を媒介としたコミュニティを築くことにその目的があるようです。

ごく最近始まったかのような取り組みは、実は古くから行われていたものだったのです。山科言国や蔵書家・蔵書の家は公的組織ではなく、あくまで私的なものでしたが、その活動は驚く程最近の動向（マイクロ・ライブラリーなど）と重なる部分が多くあります。

本書では、図書館は各時代の人びとにどのように利用されてきたのか、図書館を古代から現代まで通史的に俯瞰して多くの先行研究を参照しながらまとめたものです。

なお、「図書館」という名称は明治になってから誕生したものですが、そのルーツにあたる施設も本書では便宜的に「図書館」と呼ぶことにします。

本書を通読することで、新しい視点での図書館の日本史がみえてくるでしょう。


【引用・参考文献】

安部凸巳・菅原春雄『新図書館学の基礎　新版三版』杉山書店、二〇〇〇年
逸村裕・田窪直規・原田隆史編『図書館情報学を学ぶ人のために』世界思想社、二〇一七年
新藤　透『図書館と江戸時代の人びと』柏書房、二〇一七年
竹内悊解説『図書館の歩む道：ランガナタン博士の五法則に学ぶ』日本図書館協会、ＪＬＡ図書館実践シリーズ15、二〇一〇年
日本国語大辞典刊行会編『日本国語大辞典』第十四巻、小学館、一九七五年
林　望「図書館は無料貸本屋か」『文藝春秋』二〇〇〇年十二月号
彌吉光長『図書館通論』理想社、図書館学テキストシリーズ1、一九七九年

第一章　古代の図書館

第一節　図書の誕生と図書館の起源

文字の誕生

人類の歴史の中でも、進化発展を促す重大な出来事はいくつかあります。その一つが文字の誕生だと考えられます。

それはなぜでしょうか。

今まで人類は言語を編み出し、「会話」というコミュニケーションで情報を他者に伝達していました。しかし言葉はその場限りで消えてしまい、人びとの記憶の中に残ることはあっても、未来に残せるものではなかったのです。

しかし文字が誕生すると、それは一変しました。記憶の中にしか残らなかった言葉を、文字として記録メディアに刻み付けることで、保存して後世に残すことが可能になりましたし、手紙として遠隔地にいる人とコミュニケーションが取れるようになったのです。

文字の誕生によって、情報は記憶するものから記録するものへと変化しました。俗に「四大河文明」と称される文明が日本では有名です。メソポタミア文明・エジプト文明・インダス文明・中国文明ですが、それぞれ楔形文字・ヒエログリフ・インダス文字・甲骨文字と、固有の文字を

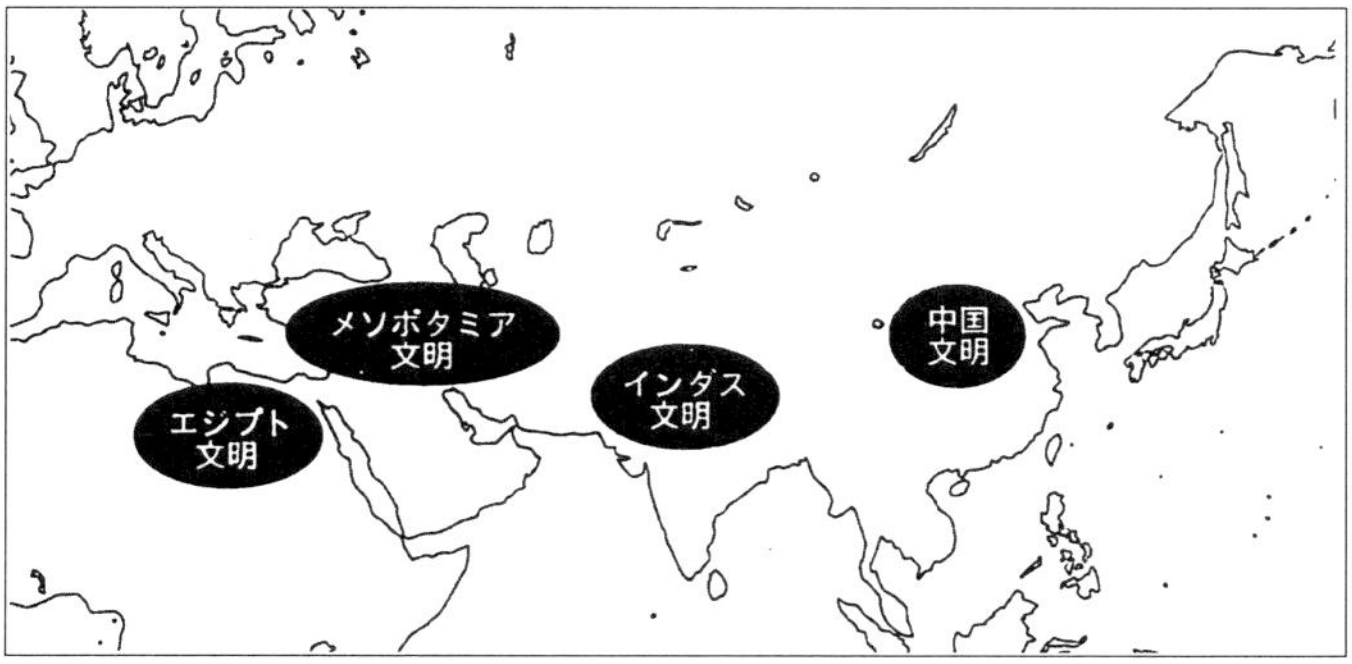

各古代文明の地を記した世界地図（綿抜豊昭『図書・図書館史』学文社、2014 年より）

持っていました。

さまざまな記録メディア

文字が誕生してくると、記録メディアとしてさまざまなものが登場してきました。主なものは次頁の表のとおりです。

少し説明を加えてみましょう。粘土板は粘土を板状にしたものですが、まだ乾ききる前に、葦という植物の先端をとがらせた筆記用具で文字（楔形文字）を刻みつけていました。紀元前三四〇〇年前には誕生していました。

甲骨とは主に中国で使用されたメディアで、亀の甲羅や獣骨のことで、そこに文字を刻みつけたのです。紀元前一六〇〇年頃から確認されます。

パピルスはエジプトで用いられた記録メディアで、ナイル河畔に生育していたカヤツリグサ科の植物の茎を材料に作られたものです。パピルスの茎の皮を剝ぎ、叩い

古代の様々な記録媒体（メディア）（綿抜『図書・図書館史』より）

記録メディア	原料
粘土板	粘土
石板	石
金属	青銅など
甲骨	亀の甲羅，牛や鹿などの獣骨
パピルス（papyrus）	パピルスという植物の茎
羊皮紙（パーチメント）	羊や山羊などの動物の皮
竹簡・木簡	竹・木

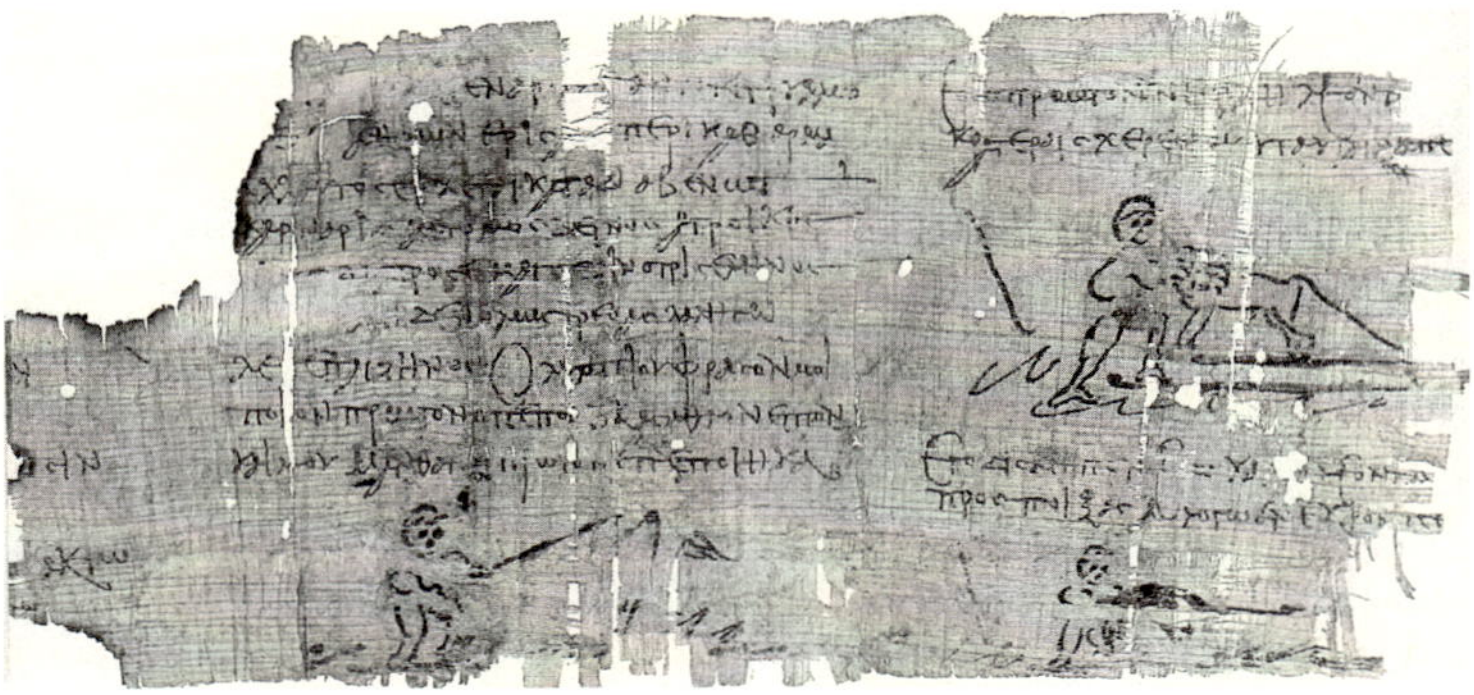

パピルス（Wikimedia Commons より）

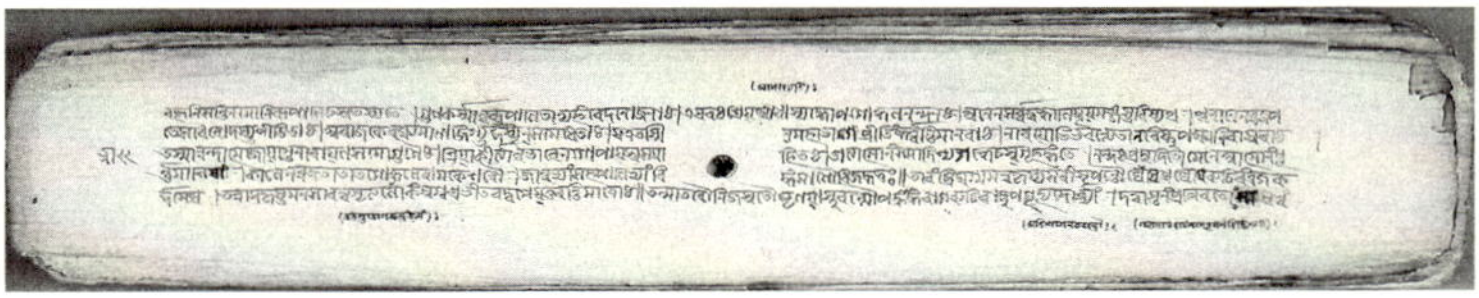

貝多羅葉（Wikimedia Commons より）

て薄く引き延ばしたもので、エジプトで多く用いられました。紀元前三〇〇〇年頃には使われていました。

羊皮紙は、羊や山羊などの皮を原料にして作られたメディアです。エジプトで生産されていたパピルスが手に入りにくかったことから、紀元前二世紀ごろにペルガモン（現在のトルコの一部）の国王が開発したという伝承があります。紙が中国から伝わる前まで、ヨーロッパでは中世まで広く使用されていました。

また中国や日本では、木や竹を記録メディアとして活用していました。木簡や竹簡と呼ばれるもので、どちらも木や竹を細長い札状にして文字を書き込んだものです。一枚の札で書ききれない場合は、糸で閉じて巻物にすることもありました。この巻物のことを「策」とか「冊」と呼びました。現代では本を数える単位に「〇冊」などといいますが、もともとはここから来たものです。

その他の記録メディアとして特筆すべきものとしては、表には掲げませんでしたが貝多羅葉《ばいたらよう》というものがあります。これはちょっと変わった記録メディアで、椰子目椰子科のパルミラ椰子という常緑樹の葉（長さ三メートルほどにもなる）を乾燥させ適当な大きさに切り、その上に経文を書いたものです。紙が普及する以前、仏典は貝多羅葉で記録されていたのです。

さて、これらは紙が発明される以前に記録媒体として各地域で用いられてきたものなのですが、これらは「図書」と呼べるのでしょうか。

「図書」とはなにか

結論からいえば、これらも「図書」といって良いと思います。日本図書学を専攻している綿抜豊昭氏は次のようなものを「図書」と呼ぶとしています。

> 主に植物を用いて作られた記録メディアに絵図や文字が書かれたものを「図書」と定義する。なお，デジタルメディアに記録されたものは「デジタルブック」（電子書籍）とし，単に「図書」といった場合と区別する。
>
> （綿抜豊昭『図書・図書館史』七頁）

しかし私はこの定義に少し違和感を覚えています。例えば古代エジプトなどの図書館では粘土板を数多く所蔵していたことも発掘から分かっていますし、また紙媒体からデジタルメディアに移行しつつある現在、将来的には図書館の蔵書の多くが電子書籍や電子雑誌になる可能性も高いと思います。現に理系分野の大学図書館ではデジタルメディアの書籍や雑誌がかなりの割合を占めています。紙が誕生する以前、そして未来も含めて記録メディアとして注目した場合、それほど「紙」にこだわる必要はないのではないでしょうか。

本書は「情報」という観点で図書館史を再構築しようという試みですので、情報が記録されていれば、粘土でも動物の骨でも貝でも電子媒体でも問う必要はないでしょう。大胆な定義かもしれませんが、本書ではすべて含めて便宜的に「図書」と呼ぶことにします。

「図書」の語義

さて、ここでは「図書」の語義についてふれておきましょう。

そもそも「図書」とはどのような意味があったのか、語源はどこにあるのかなど確認をしておきたいと思います（安部尝巳・菅原春雄『新図書館学の基礎 新版三版』二十五〜二十七頁）。

「図書」という漢字の出典は、儒教の経典の一つである『易経』に書かれている「河図洛書《かとらくしょ》」から来ています。これは「河は図を出し、洛は書を出す。聖人これに則る」を縮めたもので、「河」とは黄河を指し、「洛」とは黄河の支流の一つで現在は洛河と呼ばれている洛水のことを指します。

「河図洛書」の意味は、伝説上の帝王である伏羲《ふくぎ》の時代に、黄河から身丈八丈（約二十七メートル）以上もある龍馬《りゅうめ》が出現し、その背に「図」が描かれていました。また、中国最古の王朝といわれる夏王朝（紀元前一九〇〇年頃〜紀元前一六〇〇年頃）を創業した禹《う》の治世下に、洛水から出た神亀の背中に書いてあった文字を「書」といいました。「図」は物の形を描いたものであり、「書」は書き記したものの形象です。「図」と「書」が組み合わさって「図書」となったといわれています。現在のように「図書」と続けて用いられ、「本」と同じような意味に使われるようになったのは、中国の唐の時代（六一八〜九〇七）のことです。

図書のことを「本」とも呼びますが、本のもともとの意味は木の根です。例えば中国の後漢王朝の西暦一〇〇年に成立した『説文解字』によれば、「草木之根柢也」とあります。根という意味から事物の原始、根源をも指すようになり、さらに解釈が拡大されて「手本」という意味にも使われるようになった、といわれているようです。

ちなみに英語のbookは、ゲルマン祖語のbokizに遡ることができます。bokizはブナの木を指すようです。図書と木との関係がうかがわれます。

また英語で図書館の意味のlibraryですが、これはラテン語のliberからきています。もともとは木の樹皮の意味でしたが、それを乾かしたものを書写の材料に使ったことから「図書」を指すようになりました。さらに図書の置き場所を指すlibrariumという言葉が誕生し、そこから図書に関係する人、書籍商、書庫まで指すようになり、現在のlibraryに至ったということです。

東洋と西洋でも、図書を指す言葉の語源はどちらも木と関係しているのはおもしろいですね。

紙の発明と伝播

「本」といえば、現在では紙を材料に使った記録メディアを想起する人は多いと思われます。電子書籍も年々市場規模を拡大させてきてはいますが、まだまだ世界的にみても紙の本の方が多く生産されているでしょう。これは音楽の世界でインターネット配信が瞬く間に主になりCDの売上が低迷している現状と比較すると、紙の本はかなりしぶとく残っているといえます。その要因ははっきりとは分かりませんが、CDが世界で初めて発売されたのは一九八二年とつい最近のことなのに対し、紙は中国で発明されて二〇〇〇年ほど経っているので人類の手にすっかり馴染んでいるというのも理由の一つかもしれません。

さてその紙ですが誰が発明したのでしょうか。実は発明した人物ははっきり分かってはいないのですが、改良者は判明しています。中国の後漢王朝の一〇五年に宮中の用度掛長官の蔡倫《さいりん》が、今まで伝わっていた紙の製造法に大きな改良を施して実用に耐えるものを初めて完成させました。中国から見て東に位置している日本には、紙は七世紀までと比較的早く伝わりますが、西に伝わるのは少し後のことです。シルクロードを伝って中東、そしてヨーロッパへと広がりました。現在のイラクのバグダッドには七九三年、エジプトには九〇〇年、イタリアには一二七六年、イングランドには一四九五年に伝わったとされています。ちなみに当時植民地だったアメリカのフィラデルフィアには一六九〇年に伝播しました。

紙の登場以前にも、冊子体の図書は存在していました。パピルスも数ページほどの「コデックス」と呼ばれる冊子体のものはありましたし、中世ヨーロッパでは羊皮紙が数百頁にわたって綴じられた冊子体として生産されていました。

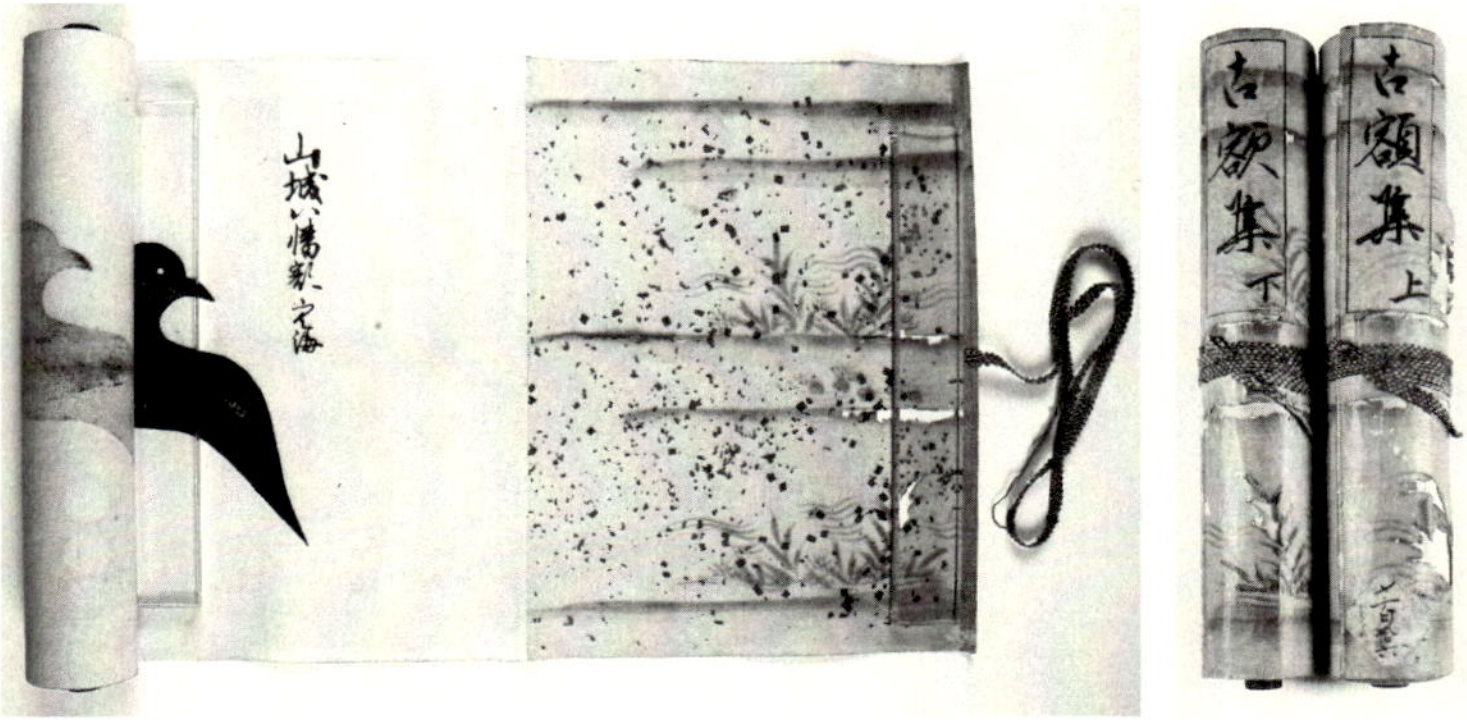

巻首　見返　表紙

巻子本（堀川貴司『書誌学入門』勉誠出版、2010 年より）

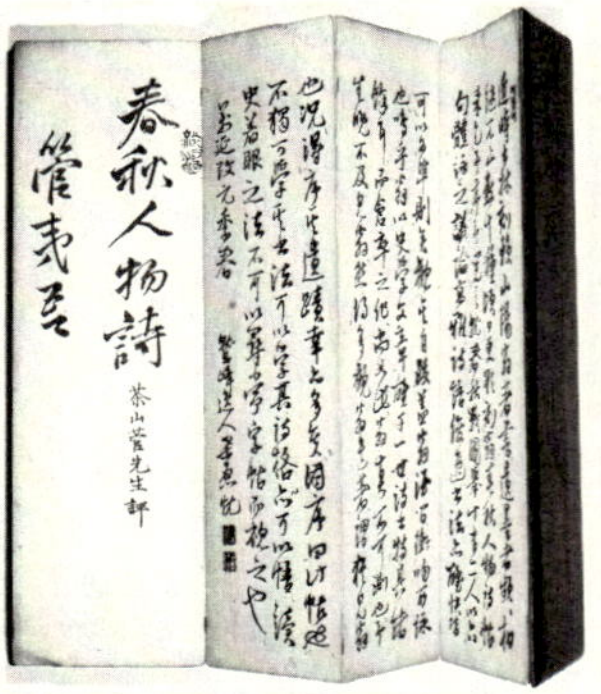

折本（同上）

紙が製本に与えた影響はかなり強く、俗に巻物といわれる巻子本《かんすぼん》、巻物をアコーディオン形に折った折本《おりほん》など、多彩な装丁の本が誕生します。当然、冊子体の本も洋の東西を問わず、それまでの羊皮紙等から紙が取って代わりました。

ここまでは世界史的な視野で文字の発生と図書の誕生についてみてきました。次に、わが国における文字と図書の伝来について確認してみましょう。

日本への文字の伝来

日本には固有の文字を発明するだけの文明は存在しませんでしたが、中国から漢字を輸入し、後にそれをもとにして日本独自の平仮名や片仮名を編みだしたことは有名です。

漢字そのものは中国から伝えられ、雄略天皇と目される倭王武が中国南朝の宋に送った上表文（四七八年）は漢文で認められていたといいます。少なくとも五世紀には、日本に漢字はもたらされていたことは確実だと思います。

日本への図書の伝来

図書もまた中国からもたらされたと考えられています。『日本書紀』には応神天皇十五年に、百済から『論語』十巻と、『千字文』一巻が朝廷に献上されたという記事があります。

『千字文』とは、中国南朝の梁の時代に皇帝の命によって、子どもに漢字を覚えさせるための教材として周興嗣《しゅうこうし》（四七〇～五二一）が作成したものです。

『論語』と『千字文』を応神天皇に献上したのは百済から来日した王仁《わに》だとされています。しかしこれには年代的に合わないという批判もあります。『千字文』は五世紀から六世紀初頭の成立と推定されますが、応神帝は四世紀後半から五世紀初頭に在位したと考えられていますので、『千字文』は王仁が日本に伝えたのではない、というものです。真相はまだ判明していません。

また、この時代には仏教が朝鮮半島を経由して中国から伝来しています。これには五三八年説と五五二年説があり、前者は聖徳太子の伝記である『上宮聖徳法王帝説《じょうぐうしょうとくほうおうていせつ》』などが出典で、後者は『日本書紀』が典拠になっています。

『日本書紀』によれば、欽明天皇の御代に、百済の聖明王から仏像と経典が贈られてきたと書かれていますが、公式に伝来される以前より渡来人が仏像や経典を私的に持ち込んで崇拝していたという見方が一般的で、仏教伝来によって日本に大量に経典などが持ち込まれたと考えられています（岩猿敏生『日本図書館史概説』十九頁）。

おそらく最初期に日本に持ち込まれた図書は、仏典が多かったと想像されます。

第二節　飛鳥時代の図書館

大和政権の成立

日本列島にいつ天皇を中心とする政権が確立したのか、断片的に中国の歴史書に記されているのみではっきりとは分かっていません。おそらく四、五世紀頃には畿内に大和朝廷が成立したと推測されます。

当時の都は、後の平城京や平安京といった大規模なものではなく、飛鳥（奈良県高市郡明日香村一帯）の地に天皇一代限りの宮が散在していました。都市機能を備えた大規模なものは、六九四年に完成した藤原京を待たなければなりませんでした。

飛鳥は大和国（奈良県）にあったので、その政権のことを大和政権、あるいは大和朝廷などと呼びます。

大和朝廷は天皇専制の国家などではなく、初期には有力豪族の主導で政治が行われていました。豪族は私有地と私有民をもち、独自の軍事力も保有していました。仏教受容をめぐっては蘇我氏と物部氏が対立し、最終的には武力衝突にまで至っています（丁未《ていび》の乱）。

受仏派の蘇我氏が勝利したので、国をあげて仏教を受け入れることに決まり、多数の仏典が輸入されました。この時代の図書受容層は皇族・貴族と僧侶が中心ですが、輸入された書籍は死蔵されることなく、盛んに利用されたと考えられています。それらの書籍の収容施設として「図書館」のようなものが生まれたのではないかと考えられます。

そして図書館の誕生と、飛鳥時代に政権を担当した聖徳太子（厩戸皇子）とは深い関係があるのです。

聖徳太子と図書館

わが国における図書館の誕生を考える際に、聖徳太子の存在は欠かせません。太子は優れた政治家でもありましたが、一方仏教の研究者でもありました。

仏教は六世紀に伝来しましたが、積極的に取り入れようとする蘇我氏と、排除しようとする物部氏との間で論争が起こり、とうとう五八七年に武力衝突にまで発展してしまいます。物部氏はこの戦いで滅亡し、以降蘇我馬子が朝廷内で実権を握ることになります。

聖徳太子は馬子の妹の孫にあたり、蘇我氏と非常に近い関係にありました。『日本書紀』では丁未の乱にも十四歳の太子が参戦しており、非常に活躍をしたと記述されています。

太子は仏教を篤く信仰していましたので、『法華経』・『勝鬘経』・『維摩経』の注釈書『三経義疏《さんぎょうのぎしょ》』を著しました。なかでも『法華義疏《ほっけのぎしょ》』は太子の真筆と伝わる本が現存しています。

仏典の注釈書ですから、当然多くの文献を参照しながら太子は執筆したと考えられます。朝廷は六〇〇年に遣隋使を初めて派遣し、多くの図書が輸入されます。

『勝鬘経義疏《しょうまんきょうのぎしょ》』には、仏教書の他に『春秋』・『論語』・『尚書』など儒教の書物も引用されています。これらの書籍も遣隋使がもたらしたものが、太子の目に触れ参考にされたと考えられます。

また六〇四年には十七条憲法を太子は制定していますが、その内容から儒教・仏教・陰陽説などの影響がうかがえます。例えば儒教ですと、『詩経』・『尚書』・『礼記』・『孝経』・『論語』・『孟子』・『管子』などが参考にされたと指摘されています（小野則秋『日本文庫史研究　改訂新版』上巻、二十八〜三十三頁）。

また太子は歴史書も編纂しています。『日本書紀』によると、六二〇年に『天皇記』・『国記』が完成したという記述があります。両書が編纂されたのは推古天皇の御代で、太子と蘇我馬子が中心になったとされています。残念なことに、六四五年の乙巳《いっし》の変による蘇我本家滅亡と運命を共にして現存していません。

聖徳太子は、仏教研究、十七条憲法制定、『天皇記』・『国記』・『臣連伴造国造百八十部《おみむらじとものみやつこくにのみやつこももあまりやそとものを》并公民等本記《あわせておおみたからどものもとつふみ》』の編纂を行っていました。

これらの原本はおそらく紙ではなく木簡や竹簡であったと考えられますが、編纂にあたっては夥しい数の参考文献が用いられたと思われます。

仏典の注釈や憲法編纂には、中国から輸入された夥しいほどの参考文献を必要としたでしょうし、歴史書編纂の準備として語り部から聞き取った大量の木簡・竹簡が存在していたことは推測されます。それらの木簡・竹簡をスムーズに編纂作業に活用させるには、当然ながらそれらを蒐集・整理・保管した場所が必要となります。効果的に活用できるように目録のようなものもひょっとしたら有ったのかもしれません。

ここにわが国の図書館の萌芽がみられないでしょうか。

もちろん、聖徳太子が図書館のようなものを建造していたという確かな証拠は、残された文献からははっきりした記述は確認できませんが、そういった施設がないとこれほどの書物は編纂できないのも確かです。

最初の図書館？――「書屋」

平成三年（一九九一）、法隆寺金堂の釈迦三尊像の台座の解体修理作業の中で、「書屋」と書かれた文字が台座の一部から発見されました。この仏像が製作されたのが、推古天皇二十九年の西暦六二一年ではないかという説が提唱されています（舘野和己「釈迦三尊像台座から新発見の墨書銘」・市大樹「黎明期の日本古代木簡」）。

その根拠として舘野和己氏は、①墨書銘の書体に中国の六朝時代（二二二～五八九）の特徴が顕著に表れており、聖徳太子直筆とされる『法華義疏』にも同様の特徴が確認され同時期と推定されること、②台座が様式的にみて釈迦三尊像と同時期なこと、③その釈迦三尊像の光背に推古天皇三十一年（六二三）に完成とあることを挙げています。筆者も舘野氏の意見に賛成します。

では「書屋」とはどのような意味なのでしょうか。市大樹氏は、「「書屋」は、書物を収納した建物であろうが、「書」には文字を記すことに加え、図絵を描くことも含まれるため、文書や図絵を管理する建物と捉える方がよいかもしれない」（市大樹「黎明期の日本古代木簡」七十七頁）と指摘されています。

六二一年といえば聖徳太子が死去する前年のことになり、政権末期にあたります。『天皇記』・

『国記』編纂のための書庫のようなものでしょうか。それとも図書館のように閲覧も前提とした施設だったのでしょうか。何も史料がないので想像の域を超えませんが、ロマンを掻き立てます。

いずれにしても、日本最古の図書館は、聖徳太子の影が常にちらつきますので、図書館と太子は密接な関係にあったといえるのではないでしょうか。

大化改新と律令の編纂

聖徳太子の死後、蘇我氏は蝦夷、入鹿の二代で最も強大な権力を手に入れますが、六四五年の乙巳の変で蘇我本家は滅亡し、馬子の代に編纂した『天皇記』・『国記』もこの時に灰燼に帰してしまったことは前に述べました。

蘇我本家を滅ぼしたのは中大兄皇子と中臣鎌足です。両者は中心となって、それまで豪族の連合政権といった様相を呈していた朝廷の大改革を開始します。

大化改新《たいかのかいしん》です。

中大兄皇子と鎌足が目指していたのは、中国のような中央集権国家でした。この改革の一環として律令《りつりょう》の編纂が計画されます。

律とは刑法、令とはそれ以外の法典で、主に民法や民事訴訟法、行政法などが含まれています。律令は三世紀に中国で編纂されたのが最初で、日本の他に朝鮮やベトナムでもつくられました。

中大兄皇子は都を近江大津宮（滋賀県大津市）に遷都し、そこで即位しました（天智天皇）。天皇は鎌足に命じて律令を編纂させ、律はつくられなかったようですが、令のみ「近江令」全二十二巻として六六八年に完成しました。しかし近江令の原本は現存しておらず、実在を疑う研究者もいるようです。

天智天皇が崩御した後は皇太子の大友皇子が政務をみましたが、天智帝の弟の大海人皇子が近江の朝廷に反旗を翻し、古代最大の内乱といわれる壬申の乱が勃発しました（六七一〜六七二年）。戦いに勝利したのは大海人皇子でした。皇子は都を近江から飛鳥に遷都し（飛鳥浄御原宮）、即位しました（天武天皇）。

天武天皇は新しい律令編纂を指示しましたが完成前に崩御してしまい、皇后の持統天皇と草壁皇子の手によって六八九年に完成しました。それが「飛鳥浄御原令《あすかきよみはらりょう》」です。この令は天武帝の遺志を継承するために、急遽まとめられたものだといわれていて、内容も不備が多かったようです。飛鳥浄御原令が完成してからも、律令の編纂作業は続けられました。

そして完成したのが大宝律令です。大宝元年（七〇一）に完成しました。内容は律が六巻、令が十一巻の全十七巻ではじめて律と令が揃いました。編纂には中国の唐王朝の律令を参考にしたといいます。

編纂者は刑部親王と藤原不比等《ふひと》で、実質的な代表者は不比等だといわれています。ただ残念なことに大宝律令の原文は今日に伝わっていません。

大宝律令完成以降も不比等はより完璧を期するために編纂を続けていましたが、養老四年（七二〇）に不比等が死去してしまったために中断してしまいます。これが養老律令で、今日まで伝わっています。しかし大宝律令はその後およそ五十年間にわたって施行され続け、養老律令が施行されたのは天平宝字元年（七五七）のことです。養老律令は平安中期には形ばかりとなってしまい実質的な効力はなくなってしまいましたが、正式に廃止されたという法令は朝廷から出されていないため、理論的には明治維新まで効力を持ち続けたと言われています（野村忠夫「養老律令」『国史大辞典』第十四巻）。

その後、桓武天皇は神護景雲三年（七六九）に養老律令の欠陥を補うために刪定律令《さんていりつりょう》を編纂し、延暦十年（七九一）に施行しました。しかし逆に混乱を招いてしまったため、弘仁三年（八一二）に事実上廃止してしまいます。ということは自動的に養老律令に戻ったということになります。

このように律令は近江令以来編纂され続けたのですが、このような法典を編纂するためには多くの書籍を参考にしなければなりません。それらの書物をもたらしたのが遣唐使です。例えば吉備真備は唐に滞在すること十八年に及び天平七年（七三五）に帰国しましたが、その際に『礼記《らいき》』一三〇巻を持ち帰っています。養老律令が完成して既に施行されていましたが、律令は常に改訂作業が続けられていたので、真備がもたらした書籍は参考になったと思われます。

飛鳥時代から始まった律令の編纂事業ですが、国家的な一大プロジェクトですので多くの文献を蒐集し、それを活用して歴代の律令が編纂されたと想像されます。この時代、遣隋使・遣唐使を通して大量の書籍が輸入されたと思われますが、それがどのように保管され利用されていたのか、ほぼ文献が存在していないため不明です。

図書館の誕生

当時の書籍は、今日のように娯楽的な内容のものは全くなく、記録や仏典でした。したがって読書行為も余暇の楽しみといったことではなく、学問的な動機からくるものでした。すなわち仏典研究、歴史書編纂、律令編纂といった学問的・立法的な要請から生まれたものではないかと思われます。

飛鳥時代にそのような活動を行った代表的な人物は、聖徳太子です。太子の活動や周囲の状況からおそらくその周辺には、今日の図書館のように大量の文献をいつでも取り出せるように分類し、また目録も完備した何らかの施設があったと考えられます。ここに、図書館が誕生したと考えられます。

第三節　奈良時代の図書館

律令体制の確立

大宝律令が完成し、元明天皇は和銅三年（七一〇）に平城京に遷都します。平城京は唐の都長安をモデルにして作られた一大都市で、延暦十三年（七九四）に平安京に遷都されるまでを奈良時代と呼んでいます。

奈良時代は大宝律令、養老律令といった律令による統治、天皇中心で中央集権的な政治が目指された時代でした。飛鳥時代のように有力な豪族によって政権が運営されることはなく、律令に規定された官僚制度によって国が運営されていました。

しかし律令体制はなかなかうまくいかず、早くも奈良時代の終わりには破綻しかけてしまいます。それによって皇族や藤原氏などの有力貴族によって政治が行われるようになってしまうのです。

書籍や文書も、律令によって規定された図書寮《ずしょりょう》が管理をするようになります。それまでは聖徳太子や蘇我氏といった個人が設置した文庫に書籍は収蔵されていましたが、律令によってはじめて国家によって管理されるようになったのです。

奈良時代は、文書によってあらゆることが記録されるようになっていましたので、公の立場からそれらを管理する国立図書館や国立公文書館のような施設が必要とされていたのです。

図書寮

大宝律令によってはじめて「図書寮」という機関が設置されました。図書寮は律令によって規定された官僚機構である二官八省のうちの一つ、中務省《なかつかさしょう》の管轄で、『和名抄』によれば「ふみのつかさ」と読まれていますが、今日では一般的に「ずしょりょう」と呼ばれています。

ちなみに中務省とは天皇の補佐、詔勅の宣下や叙位任官など、朝廷のかなり重要な職務を担っていました。その下に置かれていた図書寮も図書館のルーツの一つといえますが、その役割は今日の国立国会図書館、国立公文書館、宮内庁書陵部を足して二で割った施設といった方がわかりやすいかもしれません。

図書寮の最も重要な仕事は、国家の蔵書を管理することでした。この時代の図書寮の蔵書は天皇の私物であるのか、国家の財産であるのか明確な区分はありませんでした。天皇がすなわち日本国そのものであったので区別をする必要はなかったのでしょう。

図書寮の職制

養老令で規定されている図書寮の職制をみてみましょう。次のようになっています。

・図書頭《ずしょのかみ》……図書寮の長官　一名
・図書助《ずしょのすけ》……長官の補佐　一名
・大允　一名
・少允　一名
・大属　一名
・少属　一名
・書写手　二十名
・装潢手《そうこうしゅ》　四名
・造紙手　四名
・造墨手　四名
・造筆手　十名
・使部　二十名
・直丁　二名

まずトップに「図書頭」が置かれ、それを補佐する「図書助」が配置しています。その下に実務の担当者がいます。注目すべきは書写手と装潢手が置かれていることです。

書写手は二十名の定員が設定されており、図書や記録類の写本作成を担当している役職で、装潢手は図書の表装を担っている役職です。

遣隋使や遣唐使によってもたらされた多くの図書や仏典が、図書寮に収蔵されていたことは前に説明しましたが、保管しているうちに虫やねずみに食べられるなどの被害も発生していました。また、全巻揃っておらず、途中の巻が抜けている本もあったようです。

図書寮の管理は、最初期は不十分でしたが、元明天皇の御代（七〇七～七一五）に藤原武智麻呂が図書頭となり、図書や経典類を点検して欠本や虫害などがあった場合には書写して補うなどの整備に努めました。

ほかに注目したい職に造墨手と造筆手がいます。墨や筆の製作も行っていたのです。さらに造紙手という職もあります。図書寮附属の製紙工場「紙屋院《かみやいん》」が設置され、諸官庁で使用する用紙も製作していました。平安京に遷都しても存続し、平安時代には、現在の京都市西部を流れている小河川で紙漉きを行っていたので、その川が紙屋川と呼ばれ、その名称は現在も使われています。図書寮は墨・筆・紙を製作するだけではなく、出納管理も行っていました。さらに仏典を多く所蔵していたからでしょうが仏像までも管理していたようです。

図書寮の貸出・閲覧

図書寮では閲覧だけではなく、貸出も許可していました。とはいえ朝廷の図書館ですので誰でも自由に、というわけでは当然なく、親王以下一部の朝廷の役人には許していたようです。

これは特筆してもよいことだと思います。

古代の図書館では館内での閲覧は許されていても、館外への貸出は貴重な図書の紛失と情報漏えいにもつながるので許されていないというのが諸外国では一般的でした。ごく限られた身分の高い皇族や上級役人のみとはいえこれを許可していたのは驚くべきことです。

しかし神亀五年（七二八）九月六日に、聖武天皇はこれを禁止してしまいました。『類聚三代格』巻十二禁制事には次のように記されています（傍線引用者）。

勅。於二図書寮一所レ蔵。仏像。及内外典籍。書法。屏風。障子。幷雑図絵等類。一物已上。自今以後。不レ得三輙借二親王以下及庶人一。若不二奏聞一。私借者。本司科二違勅罪一。

神亀五年九月六日

（『神道大系　古典編十　類聚三代格』三五九頁）

傍線部に着目すると、これ以降図書寮に所蔵されているものは貸与できないと読めます。逆に言えば、それ以前は貸与が可能であったということです。「親王以下及び庶人」は禁止ということなので、天皇は閲覧が可能であったということでしょう。

図書寮は、古代の図書館的施設としては、ごく限られた人だけとはいえ所蔵資料の借覧を許していたことは、貴重な文献の保存だけではなく、所蔵資料の「利用」という点も考えられていたと思われます。

朝廷は奈良・平安期に六国史（古代に朝廷が編纂した『日本書紀』にはじまる六種類の歴史書）を編纂しましたが、そのために図書寮の所蔵資料は活用されていたといえるでしょう。図書寮の資料は死蔵されていたわけではないのです。もちろん、保存の方が重点を置かれていたわけですが、利用という側面も見逃してはならないと思います。

女官の図書出納係・書司

さて、養老令の公式解説書である『令義解《りょうのぎげ》』（八三三年成立）の後宮職員令中女性の官位に書司《ふみのつかさ》というのがみられます。小野則秋氏によればこれが司書の語源ではないかとしています。

書司の職務内容について『令義解』では、図書、経典の供奉とあるので、これは明らかに図書の出納係です。図書寮から図書を出納して天皇の閲覧に供していたと考えられるのです（小野則秋『日本図書館史　補正版』十九頁）。ただ、図書寮とこの書司の規定との関係性は分かっていないので推測の域は出ません。

文殿

図書寮は国家の図書館、つまり国立図書館ですが、それとは別に各官庁が政務に必要な書類を保管する文殿《ふどの》と呼ばれる書庫がありました。今日で言えば公文書館のようなものでしょうか。

この文殿の管理は図書寮よりも厳重でした。政務上重要な公文書が多かったからだと考えられています。特に太政官に設置された文殿は「官文殿」と呼ばれ、『延喜式』巻第十一に「凡太政官及左右文殿雑書、不レ得レ出二閫外一」（傍線引用者）（『神道大系　古典編十一　延喜式』上、四八一頁）とあり、傍線部は「閫外《こんがい》に出すことを得ず」と読み、持ち出しは厳禁でした。図書寮よりもはるかに厳しく管理されている点に注目してください。

ただ平安時代に入り徐々に律令体制が崩壊していくにしたがって、官文殿もさほど重要視されなくなります。

その官文殿も嘉禄二年（一二二六）に焼失してしまいます。その後太政官の文殿は復興されることはなく、公文書の副本を所蔵していた左大史小槻《おつき》家の私設文庫を官文殿に準じる扱いをして、官庫もしくは官務文庫と称しました。

官文殿は律令制の崩壊に伴って有名無実化し火災によって建物が焼失すると再建されることは

なく、その役目は一役人に任されることになるのです。

大学と国学

奈良時代には高等教育機関も整備されました。大宝令によって首都・奈良に大学、各国の国府（政庁）に国学が設けられたのです。簡単にいえば、大学は官僚養成機関、国学は地方役人の養成を目的としていました。

天平七年（七三五）に唐から帰国した吉備真備が大学頭《だいがくのかみ》に任命され、以降大学が整備され、授業のカリキュラムも充実されました。『令義解』によれば、学生定員は四百名で、五位以上の家の十歳以上の子弟の入学が許可されましたが、後には六位以下の家の子弟の入学も許可されるようになりました。

地方に置かれた国学は、国司の管理下におかれ、国の規模によって学生定員が決められていました。国学には地方の役人である郡司《ぐんじ》の子弟で、十三歳以上十六歳以下の聡明な者を選抜して入学させていました。なかでも、九州の大宰府に置かれた国学は「府学」と呼ばれ、重んじられていたようです。

大学の教官の陣容は、大学博士《だいがくのはかせ》一人、助教、音博士《おんはかせ》、書博士、算博士《さんはかせ》が各二名となっていました。後に明法博士《みょうぼうはかせ》、文章博士《もんじょうはかせ》、直講《ちょくこう》三名が増員されています。

ちなみに大学博士、助教、直講は明経道《みょうぎょうどう》と呼ばれた儒学を教えます。音博士は、音道《おんどう》といって中国語の発音を、書博士は書道、算博士は算道《さんどう》といって数学を、明法博士は明法道《みょうぼうどう》と呼ばれた法律、文章博士は歴史と漢文学を教授しました。

大学で使われていた教科書は、例えば明法道ならばまず『孝経』・『論語』といった儒学の基本的な文献を習い、さらに『周易』・『尚書』・『周礼』・『儀礼』・『礼記』・『毛詩』・『春秋左氏伝』といった文献も兼習させていました。結構ハードな授業内容だと思います。

一方、地方に設置された国学の教官は国博士《くにのはかせ》一名、国医師《くにのいし》一名で、授業内容は史料が不足していてよく分かっていませんが、大学のミニチュア版のようなものだったようです。

大学・国学の蔵書

大学・国学ともに官僚養成機関であるので、学生の勉強のためにそれなりの蔵書数があったことは想像に難くありません

平安時代に入ってからの史料ですが、延長五年（九二七）成立の格式《きゃくしき》（律令の施行細則）である『延喜式』には次の記述があります。

凡寮家雑書、不レ得三輙借二与他人一、但聴下学生於二寮中一読閲上之、

（『神道大系　古典編十一　延喜式』上、七七九頁）

この規定によると、館外貸し出しは禁止されていたことが分かります。ただ、学生は学内に居住することが義務付けられていたので、学内であればどこでも蔵書の閲覧は許可されていたようです。

またこのような規定もあります。

凡寮家官書、三年一度曝涼、諸学生役二其事一、

（『神道大系　古典編十一　延喜式』上、七七九頁）

三年に一回は曝書《ばくしょ》（虫干し）することが決まっており、その作業には学生が参加させられたようです。三年に一回虫干しをするほどなので、相当の蔵書があったことがうかがわれます。冊数は相当あったようですが、目録などの検索ツールはなかったのでしょうか。『延喜式』には次のような規定もあります。

凡寮家官書、目録造二三通一、其一通進レ省、一通送二勘解由使一

（『神道大系　古典編十一　延喜式』上、七七九頁）

これによると目録は三通作成され、一通は大学を管轄している式部省に、一通は行政機関を監査する勘解由使《かげゆし》に送られたとあります。おそらく残りの一通は検索用に大学に備え付けられたのでしょう。

大学の主務官庁や監査機関にまで目録が送られたということは、それほど厳重に管理されていたということを物語っています。ただ、当時作成された目録は現存していないので、どのような分類法であったのかなどの細かい点は何も分かっていません。

この『延喜式』の規定は後世に文章としてまとめられたと考えられますので、実際には早くからこのような決まり事があったのではないかと考えられます。つまり、日本の図書館史ではじめて、図書館の規則が書かれて伝わっているのは、大学附属の図書館であったのです。

では地方の国学はどうでしょうか。国学も蔵書を有していたと想像されますが、こちらの方は大学以上に史料がなくて詳細は不明です。

ただ大学に比べると蔵書数は圧倒的に少なかったようです。大宰府に附置された府学《ふがく》でも、五経（『詩』・『書』・『礼』・『易』・『春秋』）のみで三史（『史記』・『漢書』・『後漢書』）は所蔵していなかったといいます。神護景雲三年（七六九）十月には、蔵書が少ないため、『史記』・『漢書』・『後漢書』・『三国志』・『晋書』各一部を、府学に称徳天皇が下賜したとあります。大宰府に設置された府学でもこのような有様でしたから、それ以外の国学ですと、蔵書らしい蔵書はなかったと考えられるでしょう。

情報センターとしての経蔵・写経所

仏教の伝来とともに、日本には大量の仏教関係の書籍や経典がもたらされました。日本で書き写されたものも含めてですが、九千巻あまりの経典が、寺院や僧侶はもちろん朝廷や貴族も所有していました（坂本太郎『日本全史』第二巻）。そのため、寺院にはそれらを保管するための経蔵は早くから附設されていました。

法隆寺の経蔵が最も古く、和銅元年（七〇八）の頃には既に存在していました。同時代には四天王寺にも経蔵があったことが文献から確認されています。どちらも聖徳太子が建立した寺院で、仏教研究が盛んだったことがうかがえます。

奈良時代に入ると、興福寺、東大寺など多くの寺院に経蔵が附設されました。

興福寺は六六九年に建立され、藤原氏の氏寺として大いに栄えたのですが、治承四年（一一八〇）の平重衡《たいらのしげひら》による南都焼討によって、その建物の大半を失ってしまいました。九条兼実《くじょうかねざね》の書いた日記『玉葉《ぎょくよう》』には、経蔵も焼け落ち数多くの経典が消失してしまったと記されています。

東大寺は八世紀前半に聖武天皇によって建立されました。東大寺の経蔵は複数存在し、本坊経蔵、聖語蔵《しょうごぞう》、勧学院経蔵などが存在し、これらにはみな仏書が収められていました。聖語蔵所蔵書の中に「積善藤家《せきぜんとうけ》」の蔵書印を捺してあるものがあり、これは光明皇后のもので蔵書印としては日本最古だということです。

奈良時代は写経が盛んに行われ、聖武天皇も光明皇后とともに写経に勤しんだことがわかっていますが、写経を行う写経所が東大寺内にも設けられていました。

写経所では仏書はもちろん、それ以外の書籍もさかんに書写され写本が作成されていました。また大量の経典を書写するだけではなく、数多くの経典を蓄積して、宮中や貴族、他の寺院などに儀式や学習のために貸し出していました。写経所は、書写用の経典の借り受けのためにどこの寺にどのような経典があるのか調査を行って記録しています。以下、小川徹氏の研究に拠りながらみていきましょう。

奈良の正倉院に収められている『正倉院文書』には、経典の原本調査をした調査結果が残されています。「応写疏本勘定目録」という史料には、東大寺僧の智憬《ちけい》が経典の所蔵調査を行った結果が記されているのですが、五十あまりの書名が確認されます。驚くべきことには、寺院や僧侶だけにとどまらず、時の右大臣藤原豊成の個人蔵書まで調査対象に入っていることです。

光明皇后の蔵書印「積善藤家」

写経所がこのような調査を行っているのは、良質な写本を作成するために原本はどこの誰が所蔵しているのか、書物ごとにリスト化する必要があったからです。右大臣という極めて高い官職にあった者でも調査対象になっていることは、日常的に所有する書物を相互に貸借し合うのが当たり前の行為だったことがうかがえます。

写経所の活動は、このお経の原本はどこの寺が、あるいは誰が所蔵しているのか突きとめリスト化していたわけですから、いわば「経典の情報センター」としての役割を担っていたといえるでしょう。

ちなみに写経所は経典だけではなく、依頼に応じて写本作成も行っています。例えば「足万呂」という人物が、自身が所有している『文選《もんぜん》』という中国の本を書写してもらったという事例が確認されています。当時は書写技術も未熟な者が多く、写経所に依頼するというケースも多かったようです。

天平二十年（七四八）現在の、これから書写される予定の書籍リストがあるのですが、そこには経典と共に、仏書以外の歴史書や儒書などの名前も多く挙がっています。

おそらく書写の原本として貸与に応じる習慣が奈良時代には貴族や僧侶の間ではすでに定着していたと考えられます。経蔵・写経所はその所蔵先をきちんとした調査によって把握しており、そこからの依頼によって所蔵者は貸し出しに応じていたと推測されます（小川徹「いわゆるわが国最初の公開図書館・芸亭について」）。

経蔵・写経所というと、従来の図書館史では保存書庫という側面でのみ捉えていましたが、その一方で経典の情報センターとしての役割も担っており、こちらの点に着目すると今日の「情報の集積基地」としての図書館に近い役割を果たしていたといえるでしょう。

貴族や僧侶といったごく限られた身分の人たちの間だけですが、書物を媒介としたコミュニケーションネットワークが構築されていたことが、この事例から読み取れます。いわば、当時の上流階級全体が、大きな「図書館」であったわけです。

蔵書家・橘奈良麻呂

今までみてきた図書寮、文殿、大学・国学、経蔵は国家や大寺院が設けた機関ですが、奈良時代には一個人でもかなりの蔵書を所有する有力貴族が出てきます。

最初にその名が記録に表れるのは橘奈良麻呂《たちばなのならまろ》です。奈良麻呂は左大臣橘諸兄《たちばなのもろえ》の子として聖武天皇の御代に辣腕を振るいましたが、父が失脚してしまうと急速に勢力を失いました。聖武天皇は娘である孝謙天皇に譲位をしましたが、実権を掌握したのは聖武帝の皇后の光明皇后と藤原仲麻呂でした。

奈良麻呂は光明皇后・仲麻呂政権にかなり批判的で、天平宝字元年（七五七）に遂に謀反を起こすことを決意します（橘奈良麻呂の乱）。しかしながら決起の計画は密告者によって仲麻呂の知るところとなり、奈良麻呂をはじめ全員捕縛されてしまいます。奈良麻呂は拷問の末に獄死してしまいました。

さて、そういった政治家のイメージが強い奈良麻呂ですが、実はかなりの蔵書を所蔵していたことが史料から判明しています。奈良麻呂が反乱を計画して捕縛された後、その財産は国家に没収されますが、その中に図書が四八〇巻もあったことが記されています。

奈良麻呂がその図書を公開していたというわけではないようですが、奈良時代に入ると個人で蔵書を構築することが有力貴族では可能になってきたことがわかります。

ちなみに没収された図書は、平安時代に入ってから嵯峨天皇の皇子の一人である秀良《ひでなが》親王に下賜されています。

蔵書家・石上宅嗣

さて奈良時代随一の蔵書家といえば、石上宅嗣《いそのかみのやかつぐ》になるでしょう。ここでは宅嗣と、彼が開設した古代の図書館である芸亭《うんてい》についてふれておきたいと思います。

そもそも石上氏は排仏派の物部氏の後裔といわれています。物部氏は五八七年に蘇我氏に滅ぼされてしまいますが実は滅びたのは本家だけで、分家の中には命脈を保ったところもあるようです。

そのなかの一つが朱鳥元年（六八六）に「石上」と改めました。大和国山辺郡石上郷付近を本拠地とした分家であるとみられていますが、詳細はわかっていません。

物部氏はもともと朝廷の軍事を司る一族でしたので、いわば武門の家柄でした。石上氏も基本的にその役目は変わらず、武人を多く輩出しています。

宅嗣は天平元年（七二九）に生まれ、藤原仲麻呂政権下で従五位上相模守、三河守、上総守と地方官を歴任し、遣唐副使にも就任していますが、実際に唐に渡ることなく他者に交代させられています。この事件は藤原仲麻呂との確執が取り沙汰されています（木本好信『奈良時代の人びとと政争』）。その証拠として、後に宅嗣は仲麻呂を政権から放逐しようと謀反の計画を練っています。しかしこれが露見して大宰府に左遷させられてしまいました。

天平宝字八年（七六四）九月、藤原仲麻呂が反乱を起こしますが鎮圧されます。同年十月に宅嗣はすぐさま平城京に呼び戻され復権を果たすことができました。

称徳天皇、道鏡政権下で宅嗣は順調に出世していきます。参議にもなり、官位も従三位《じゅさんみ》というかなり高い地位にまで上り詰めます。称徳帝崩御後、宅嗣は光仁天皇擁立を推進したので、光仁朝にも重職にとどまります。最終官位は大納言正三位《しょうさんみ》兼式部卿でした。天応元年（七八一）に死去します。享年五十三。多くの人が宅嗣の死を嘆き悲しんだといいます。

以上のように宅嗣は政治家としても相当の辣腕を振るったようですし、藤原仲麻呂を排斥しようと武力蜂起まで計画していたのですから、武力にも自信があったのでしょう。

宅嗣は賢明で物事の理解が早く、立派な容姿をしていたといいます。武門の出ではありましたが、学問をこよなく愛し漢詩、和歌に秀でていました。その作品は勅撰（天皇の命で編纂された）漢詩文集『経国集《けいこくしゅう》』にも、『万葉集』にも収録されています。

宅嗣は儒教の本、中国の歴史書、仏教書を多く蒐集していました。その蔵書を一般に公開したのが芸亭です。次に芸亭についてみていきましょう。

古代の図書館・芸亭

芸亭については、古くから「日本初の公開図書館」であるとか「活動的な図書館」であるなどの高い評価を得ています。

その「芸亭」という名称ですが、このような説があります。植松安氏によれば、芸とは芸香草、すなわちヘンルウダのことであるといいます。ヘンルウダは銀杏の葉と同様に防虫効果があると考えられていました。中国では古くから文庫を「芸台」と呼んでいましたが、その「芸」は防虫効果があるヘンルウダから取ったものです。宅嗣は中国の古典にも大変詳しかったので、そのような故事も踏まえて「芸亭」と名付けたと考えられます（植松安『書庫ノ起源：芸草庵ヲ訪フ古典叢書話』）。

宅嗣は、晩年自宅を阿閦寺《あしゅくじ》という寺院にしていましたが、その東南に芸亭を建てました。芸亭は全体が広大な庭園の造りで、そのなかに西南に禅門、東北に方丈を併せもつものであったとされています。方丈は思索の場、討論の場であったと思われます。おそらく所蔵されている書籍を使用しての講義、読書会、討論を行う場であったかと推測されています（小川徹「いわゆるわが国最初の公開図書館・芸亭について」）。

　ここで重要なのは、芸亭が単なる「公開図書館」ではなかったことです。好学の貴族・僧侶に自由に閲覧をさせているだけではなく、所蔵されている書籍を使って講義や討論までも行われていたことです。昭和初期に橋川正氏が芸亭のことを「頗る動的な図書館であった」（橋川正「石上宅嗣の芸亭院のことども」）という評価を下していますが、「動的な図書館」とは今日の図書館にも通用する言葉であると思います。図書館とは一人で静かに読書や勉強をする場所だけではなく、グループで読書会を行い、課題について討論を行う活動的な場所でもあったのです。古代の図書館は静かなだけの空間ではなかったのです。

芸亭跡地（Wikimedia Commons より。©Fraxinus2）

　さて、芸亭は多くの好学の士に利用されたと推察されますが、具体的な人名はほとんど分かっていません。唯一判明している人物は賀陽豊年《かやのとよとし》で、奈良末期・平安初期に活躍した学者です。豊年は、平城・嵯峨両天皇に仕えました。豊年は若年の頃、芸亭に通って幅広くさまざまな本を閲覧して研究を進めました。おそらく同年代の友人と討論も行ったでしょう。そうやって学者としての素地を芸亭で身につけたのです。

さてその芸亭ですが、平城京のどこにあったのか、いつ創建されたのか、具体的なことは何も分かっていません。宅嗣が没したのが天応元年（七八一）であることから、奈良時代末期の創建ではないかと考えられています。延暦十三年（七九四）に都が平安京に遷りますが、それ以前から芸亭の荒廃は進んでいたようです。ただ延暦十六年（七九七）に編纂された『続日本紀』に、その存在が示されていることから、そこまでは一応存続していたものと思われます。ごく短期間の存続ではないかと思われます。

芸亭には相当の蔵書があったと推測され、おそらく蔵書目録もあったと思われるのですが、残念ながら現代には何も残されていません。

宴会場としての図書館

『万葉集』巻五に次のような一文が載っています。

書殿《しょでん》にて餞酒《せんしゅ》せし日の倭歌《やまとうた》四首

（『新日本古典文学大系1　萬葉集』一、四九三頁）

これは九州の大宰府で、都に帰る大伴旅人《おおとものたびと》を送るために山上憶良《やまのうえのおくら》が「書殿」で宴を開き、その際に詠んだ四首の歌という意味です。万葉集の研究者がいろいろな解釈を提示していますが、いずれにしても「書殿」は図書館的なものという見解で一致しています（小川徹「日本最古の図書館「書屋」について」）。

書物を保管する場所で宴会を行うというのは、今日では考えられない行為ですが、当時の貴族の宴会は単なる酒盛りではなく、歌や漢詩を相互に送り合う社交の場でもあったので、それらを詠むために必要な参考文献が数多く所蔵されている図書館が、宴会の会場になってもおかしくはないのかもしれません。

古代日本において図書館は、静寂な場所だけではなく、賑やかな場所でもあったようです。宴会に出席した人たちは、情報を交換しコミュニケーションを深めたことでしょう。図書館にはそのような役割も古代にはあったのです。

第四節　平安時代の図書館

律令体制の崩壊

桓武天皇は延暦十三年（七九四）に都を平安京に遷都しました。鎌倉幕府ができるまでのおよその四百年の間は平安時代と呼ばれます。

この時代は奈良時代で確立された律令体制が徐々に崩れていく時代でもあります。律令制の崩壊によって、図書寮や大学・国学などの公権力が開設した図書館は徐々に機能しなくなります。律令制の崩壊は図書館にどのような影響を与えたのでしょうか。公権力の図書館に代わり、どのような図書館が台頭してきたのでしょうか。

図書寮の衰退

律令制の形骸化にともなって、図書寮の職務も行われなくなってしまい、元慶七年（八八三）十一月には火災も起きてしまいます。さらに平安中期の万寿四年（一〇二七）二月にまた火災が起き、図書寮の所蔵物のほとんどが灰燼に帰してしまったとあります。その二十年後の長久三年（一〇四二）正月にも図書寮が火事に遭ってしまいます。

史料には長久三年以降の図書寮についてはなにも記されていません。つまりここら辺りから図書寮は有名無実化したと考えられます。ただ形式的には平安・鎌倉・室町・戦国・江戸と続き明治維新までは存続しています。明治になり宮内省図書寮となり、戦後は宮内庁書陵部になり今日に至っています。現在は皇室の貴重な文物を保存する職務や、『昭和天皇実紀』の編纂などを行っています。

大学・国学の衰退と私学の興隆

国家の官僚養成機関として設立された大学・国学も、律令制の崩壊とともに衰退してしまいます。その原因はいろいろ考えられると思いますが、岩猿敏生氏は次の二点を挙げています。

まず経済的基盤の崩壊です。大学の運営費として学料田《がくりょうでん》という田を支給されていました。そこからの収入で運営されていたのです。しかし十世紀以降、貴族の私的領地である荘園が増加していくにつれ、学料田も押領（強奪）されていってしまったのです。学料田の消滅に伴い、経済的基盤を失った大学は衰退していかざるをえませんでした。

もう一つは、九世紀以降に設立された有力貴族の子弟の教育施設である大学別曹《だいがくべっそう》の存在です。有名な大学別曹としては、弘仁十二年（八二一）に藤原冬嗣《ふゆつぐ》が一族の貧しい学生を収容するために大学の南に建てた勧学院《かんがくいん》、承和《じょうわ》年間（八三四〜八四八）に嵯峨天皇の皇后 橘《たちばなの》 嘉智子《かちこ》が設立した学館院《がっかんいん》、在原行平《ありわらのゆきひら》が元慶五年（八八一）に勧学院の西に建てた奨学院《しょうがくいん》などがあります。また大同年間（八〇六〜八一〇）ごろには、和気広世《ひろよ》が大学南辺に私宅を建て弘文院《こうぶんいん》を設置し、そこには数千巻の経書を所蔵していました。しかし嘉祥元年（八四八）七月に落雷によって焼失してしまったようです。

中でも藤原氏の勧学院は有名で、平安中期に成立したとみられる『宇津保物語』の「祭の使」の条の挿絵の説明に、わずかですがその様子が記されています。

こゝは勧学院の西、藤英ガ曹司。藤英、文机にむかひて、文どもめぐりに山の如く積みて、虫、袋に入れて、文《ふみ》の上に置きて、太き布のかたびら一を著てゐたり。（傍線引用者）

（『日本古典文學大系10　宇津保物語』一、四三〇頁）

これを現代語訳すると次のようになります。

（前略）勧学院。先ず藤英の住む西の曹司。（中略）机に向う。本の上に蛍の入った袋を置く。藤英は本に埋まっている。（河野多麻訳）（傍線引用者）

（『日本古典文學大系10　宇津保物語』一、四三一頁頭注）

傍線を付した箇所に明らかなように、勧学院内に図書を備えていたことが分かります。それほど隆盛を極めた勧学院ですが、天徳四年（九六〇）九月二十日に火事で焼失してしまいました。『扶桑略記』には「勧学院倉庫一宇」とあるので、この倉庫というのが図書館ではなかったかと指摘されています（小野則秋『日本図書館史　補正版』五十六頁）。以降も一応存続はしていますが、鎌倉期に衰え、室町期までは存在が確認されています。

他にも九世紀に始まった藤原北家独占の摂関政治も、大学衰退の一因と考えられています。朝廷での出世は学問ができる・できないではなく、氏素性のほうが重要視されるようになったため、まじめに大学で勉強する必要がなくなったのです。

摂関が藤原北家独占状態になると、他の官職も平安中期以降貴族の世襲化が固定されます。学問の分野でも例外ではなく、儒学は清原・中原、紀伝道（歴史・文学）は大江・菅原・藤原式家・藤原南家、神祇は中臣・忌部《いんべ》、医学は和気・丹波、天文・陰陽道は賀茂・安部、算道は三善などの一族です。

それぞれの学問が、その家の学問として世襲化されてしまうと、相対的に大学の発展が滞ってしまいます。新しい風が入らなくなるからでしょう。しかし、各分野の専門書がそれぞれの貴族の個人蔵書として蓄積され大切に保管されるようになったので、現在まで残されたともいえます。一概に学問の世襲化が悪いことだとも言えませんね（岩猿敏生『日本図書館史概説』三十八〜三十九頁）。

さて律令体制の崩壊によって、図書寮や大学・国学などの「国立の図書館」が機能不全に陥ると、書籍は有力な貴族の下に集まってきます。貴族たちは競うように図書館を設立しました。ここではいくつかの有名な貴族の図書館をとりあげてみたいと思います。

菅原氏の紅梅殿

学者の家系として名高い菅原氏も私設図書館を開設しています。そもそも菅原氏の出自は、相撲の元祖といわれる野見宿禰《のみのすくね》の子孫である土師《はじ》氏の流れを汲む一族です。古人《ふるひと》の代に大和国添下《そえじも》郡《ぐん》菅原に住んでいたことから菅原を氏とするようになりました。

古人自身も学者として高名で、大学頭《だいがくのかみ》になり次いで文章博士《もんじょうはかせ》も兼ねるようになりました。清公、是善も大学頭、文章博士となり菅原家が学問の家系として台頭していくことになります。

是善の息子が有名な道真です。道真は歴史書『類聚国史』二百五巻、『日本三代実録』五十巻の撰述を始めとして、自らの詩文を集めた『菅家文草』全十二巻、大宰府での作品を集めた『菅家後集』などの著作も著し、また従二位右大臣まで上り詰めるなど、単なる学者ではなく政治にも深く関与していました。それがもとで左大臣藤原時平に妬まれ、大宰府に左遷させられ失意のうちにその地で没します。死後怨霊になり、それを鎮めるために神社に祀られるようになったというのは有名な話ですね。

その菅原家の私設図書館が紅梅殿《こうばいどの》です。前庭に一株の梅の木があったことにちなんで名づけられました。

紅梅殿は、父の是善から道真に与えられたもので、最初は道真の書斎として使われていました。それを後に菅原一門に限って閲覧を許可したのです。ここには道真の著作を始め、菅原家累代の貴重な書籍が収蔵されており、菅原家の一族はこの紅梅殿の図書館を利用して学問で出世を遂げていったのです。

しかし学問の一族である菅原家にも不心得者がいたらしく、道真はその様子を著書『書斎記』で嘆いています。それによると、妄りに貴重書を閲覧したがる者、刀で閲覧用の机を削る者、筆をもてあそんで書籍を汚す者、道真が重要だと思った箇所に差し挟んだ藁（現代でも重要だと思った頁には本に付箋を貼ったり栞を挟んだりしますが、それと同様の意味でしょう）を、知識がない故に意味が分からず全部引き抜いてしまう者、などが実例として挙げられています。

道真は昌泰四年（九〇一）一月に大宰府に左遷させられますが、大体この頃までは紅梅殿はあったと推測されます。左遷時には菅原家は一家離散になってしまったので、紅梅殿の蔵書が朝廷に没収されてしまったと考えられます。

大江氏の江家文庫

学問の家系で菅原家と双璧をなす家系に大江氏があります。

大江氏も名門の出で、菅原氏と同じ野見宿禰の後裔とされる土師氏の出です。後に桓武天皇の縁戚となるにおよんで「大枝」という姓を下賜され、さらに貞観八年（八六六）に「大江」と改姓し、時の当主音人《おとひと》が初めて名乗ります。

音人は道真の父菅原是善に学問を学び、後に大江が学問の家として拠って立つ基礎を築きます。以降、子孫が代々文章博士《もんじょうはかせ》になり、天皇の侍講（学問上の師）や大学頭も輩出します。白河法皇の院政期に大学者といわれた大江匡房《おおえのまさふさ》や、源頼朝に仕えて最初期の鎌倉幕府のブレーンとなった大江広元《おおえのひろもと》などはかなり有名です。広元の子孫に戦国大名の毛利氏などがいます。

さて大江氏は学者や文人を多数輩出した家系となるのですが、代々の当主は書籍を蒐集しており、その数はかなりのものになったといわれています。匡房がそれらの蔵書を収蔵する江家文庫《ごうけぶんこ》を設立しました。その時期は寛治五年（一〇九一）ごろといわれています。

しかし残念なことに、江家文庫の詳細は紅梅殿とちがってよく分かっていません。

諸種の史料によると「火災が怖いですね」と人から言われたら、設立者の匡房は「日本国が滅ぶ時がこの文庫が滅ぶ時、朝廷が滅ぶ時が来たならば、この文庫が滅ぶ時が来たのです。火事など恐れるに足らず」と豪語していたようです。史料がないので具体的にどのような規模であったのかは不明ですが、匡房のかなりの自信からそれなりの設備があったのでしょう。

しかし匡房が豪語した江家文庫も、仁平三年（一一五三）四月の大火によって焼失してしまいました。火事が大敵であった当時としては、六十年間も存続したのは長期間といえるでしょう。

安元の大火による書籍の被害

菅原氏や大江氏といった学者の家系の蔵書をみてきましたが、平安期には特に学者の家系ではなくても大量の蔵書を所蔵している貴族がいました。

安元三年（一一七七）四月に起こった大火では夜間ということもあり、大極殿以下多くの官庁を焼失させ、公家の邸宅でも藤原基房《もとふさ》、同師長《もろなが》、源定房《さだふさ》ら十四家、民家は二万余りも焼け落ちてしまいました。焼死者は数千人といわれています。

この安元の大火で貴族が私蔵していた貴重な蔵書も焼失してしまいました。九条兼実の日記『玉葉』に記された具体的な事例をみてみましょう。

源雅頼《まさより》の邸宅は焼け落ちてしまい、自身も命からがら逃げのびたのですが、移動可能な書庫である文車《ふぐるま》六両に乗せて管理していた「文書」は、うち三両が車輪の破損によって焼け落ちてしまったといいます。

小槻隆職《おつきたかもと》の管理する朝廷の文書も、少しは取りだすことに成功しましたが、その多くは燃えてしまいました。

また、平基親も時範・定家・親範三代の記録はなんとか取り出せたものの、その他の代の記録はほとんど焼失してしまったと記されています。

さらに前大納言藤原実定《さねさだ》が所蔵していた『花薗左大臣記』八十巻余り、『四条戸部記』百余巻、その他数万巻も焼失しまったそうです。

全体で何万冊、何十万冊の書籍が焼失したのか分かりませんが、兼実は「我が朝の衰滅」を意味することで、「悲しむべし悲しむべし」と感想を書いています。書物の焼失については事細かく記していますが、二万戸余りも焼け出されている一般庶民の窮乏についてはほぼ記されていないので、兼実の興味は「貴重書」にあったのでしょう。

さて、兼実は蔵書を多く所持している「実定・隆季・資長・忠親・雅頼・俊経」といった貴族たちを「文書に富める家」という言葉で表現をしています（小野則秋『日本図書館史 補正版』五十一〜五十二頁）。このフレーズについて、長らく深い検討はされてきませんでしたが、近年に至って松薗斉《まつぞのひとし》氏によってなされています（松薗斉『日記の家――中世国家の記録組織――』）。次項では、松薗氏の研究に拠りながら、このフレーズに着目してみたいと思います。意外に図書館に関係することなのです。

日記の家

今までの研究では「文書に富める家」という文言は、単に「蔵書家」という程度に解釈されており、特に深い意味があるものとは考えられてきませんでした。松薗斉氏はこの文言に着目して分析した結果、単純に古文書や書籍一般のことを指すものではないと考え、特に貴族の日記の中で、貴族たちの所蔵対象となっている「文書」とは古文書・書籍類を含みながらも、その中核は多様な形態をとる日記・記録類であるとしています。

これらの日記・記録類は一代限りで終わったものではなく、代々書き継がれていったものでした。それも個人的な趣味で日々の備忘録として書き継がれていったものではなく、そこから引き出される先例・故実が、朝廷の儀式・政務の場での貴族たちの行動規範（マニュアル）となるものだったのです。

本来こういった役務は、太政官の外記局《げききょく》や弁官局《べんかんきょく》が担っていましたが、律令制の崩壊に伴い儀式の先例調査機関として機能しなくなってしまいます。

そこで、こうしたことを記録した家々のことが俄然重要視されてきます。これら日記を代々書き続けていった家系のことを、「日記の家」と呼ばれるようになりました。

九条兼実は大量の日記・記録類が焼失したことは、「我が朝の衰滅」＝日本という国家の衰退と滅亡に関わる重大な問題だと指摘していますが、その理由として松薗氏は二点挙げています。一点は、家の文書の焼失が家自体の消滅と同様のものと理解されていることです。その家の存在価値は、代々日記を書き継いで儀礼や政務上の行動の指針とすることにありました。それが火事で記録類がなくなってしまったら、その家の存在価値にまで影響すると兼実は考えていたのです。

二つめは、これら家のもつ文書がまったくの私的な所有物というわけではなく、その用途から国家の所有物と認識されていた点です。儀式の手順などの実務的なことを知らないと、為政者である貴族として単に恥をかくから代々日記を付けて記録したというわけではなく、儀式の運営技術の保持が貴族としての地位の維持と深く関わってくるからです。印刷技術や教育制度も完備されていない時代においては、代々の当主が書き継いできた記録類は、個々の家ごとに集積されてきたものであり、他の代替が効かないものでした。

では次項で、日記の家の一つと目されている藤原摂関家に注目してみましょう。

藤原道長・頼通父子の漢籍蒐集

平安時代に入ると有力な貴族たちは、儀礼や政務の記録として当主が日記を毎日つけるようになり、関連して書籍も蒐集するようになります。

特に摂関を独占している藤原北家の一族はかなりの蔵書量を有していたようです。天皇家の外戚として栄耀栄華を極めた藤原道長もかなりの蔵書量を誇っていました（小野則秋『日本文庫史研究改訂新版』上巻、三二五～三二六頁）。

例えば、道長の傍らに置いてある棚厨子二つには、三史（『史記』・『漢書』・『後漢書』）、八代史（晋・宋・斉・梁・陳・周・隋・唐各王朝の歴史書）、『文選』、『日本書紀』、律令・式に関係する書籍二千余巻が備えられていました。

また誰それが念願の本を持ってきたので、道長は「感悦極まり無い」と記しています。道長の本好きもよく分かりますが、日常的に本の貸借が行われていたこともうかがえる記述です。

息子の頼通も本好きだったようです。頼通は、新しく中国からもたらされた書物を閲覧するために、ある貴族の邸宅に滞在しますが、そこで、閲覧しようと思っていた『白氏文集《はくしもんじゅう》』を献上されたと書いています（岩猿敏生『日本図書館史概説』四十頁）。

道長も頼通も特に図書館を設置したわけではありませんが、本がたいへん好きだったことは間違いがないようです。

藤原頼長の書籍蒐集と読書

摂関家出身ながら平安末期に政務に辣腕を揮った藤原頼長も、稀代の大学者で読書好きの公卿として著名でした。天台宗のトップである座主の地位にあった慈円《じえん》も「日本一の大学者で、和漢の学に精通している」と讃辞を惜しまないほどでした。

頼長は保安元年（一一二〇）五月、摂政関白太政大臣藤原忠実の三男として誕生しました。末っ子ということもあり、両親の寵愛を一身に受けていたようです。父忠実の強力な後押しにより従一位左大臣になり、兄藤原忠通《ただみち》を差し置いて一時期独裁政治ともいえる権勢をふるいました。聖徳太子の十七条憲法の精神に立ち返ることを主張し、当時すでに有名無実化していた律令政治の復活を画策していたようです。しかし、時代に逆抗する頼長の政治は周囲の反発を買い、兄忠通との対立から保元の乱が勃発、敗死してしまいます。享年三十七。若すぎる死でした。

一方頼長は型破りな行動と、罪人には容赦ない厳罰を与えたことなどから、「悪左府《あくさふ》」（「左府」

とは左大臣のこと）と呼ばれ恐れられていました。また頼長は同性愛者で、貴族の子弟や武士とも関係をもっていました。そういったごくプライベートなことも頼長の日記『台記《たいき》』には詳細に書かれています。

さて、そんな頼長ですが「日本一の大学者」と言われるだけはあって、常人離れした読書家でした。頼長の読書エピソードをいくつか紹介しましょう。

鳥羽法皇の御幸に同行した際、はげしい嵐のために、しぶきが容赦なくかかる舟の中でも、平然と『孝経』を読んでいたといわれています。

頼長は牛車で移動中でも車内に『太平御覧《たいへいぎょらん》』という本を持ち込んで勉強をしていました。わからないことがあると、同行させていた学問に通じた家人（家来）に質問をしていました。また、食事や沐浴の際にも頼長は家来に本を読ませて聞いていました。まさに寸暇を惜しんで読書をしていたのです。

さらにただ読むだけではなく、『春秋』などの儒教の本を徹底的に読みこみ、見出しをつけて重要だと思われる部分を抜き出して研究し、側近の学者と議論を闘わしていました。さらに側近の学者だけでは分からないことが出てくると、高名な学者も交えて研究会を開催して議論を深めるといったことも行っています。

頼長の読書スタイルも謹厳そのものでした。『台記』康治二年十二月八日（一一四四年一月十四日）には、儒教の古典的名著である『周易』を読書するにあたって、吉日を選び、手を洗い口を漱ぎ、服装も烏帽子に直衣と威儀を正したと記されています。また他の図書を読むときにも烏帽子は必ず着用したと書かれています。

こうして読破した図書は数千巻にも及ぶといわれています。『台記』によれば、頼長は一読だけではなく、同じ本を再読していることが分かっていますので、それらも数に入れると文字通り膨大な数に登ります。しかも漫然と乱読をしているわけではなく、充分に考えて組織的・系統的に読書をしていました。それらの膨大な知識を元にして政務にあたっていたのでしょう。

頼長はかなりの読書家だったわけですが、同時に蔵書家でもありました。当時は印刷術がかなり不完全でしたので、書写によって本を入手していました。しかし写本では誤記や脱漏などが多く、正確に原本から写し取られているのか否かよく分からなかったのです。しかも当時は巻子本（巻物）が本の主流でしたので、使い勝手もかなり悪かったのです。

それで学問好きな平安貴族たちが争って手に入れたかったのが、宋から輸入された印刷本でした。宋の本は冊子本でしたので読みやすく、また内容の校正もしっかり行われていて誤記・脱漏なども少なかったといわれています。

頼長は早くから宋本の重要性に着目していて、蒐集を怠りませんでした。『台記』にもその苦労の後が垣間見えます。

康治元年（一一四二）五月九日、『史記』の印刷本が手に入り「感悦余り有る」と素直に欲しい本が手に入った感動を記しています。

同二年（一一四三）には、学者の藤原信俊から『周易正義』の印刷本を借りて写本を作りました。しかしどうしても原本が欲しくなり、写本との交換を信俊に申し出てしまいます。信俊はしぶしぶ認めるのですが、望みの本を手にして帰る途中「千金に甚だしい」と頼長は小躍りするぐらいに喜んでいます。

久安二年（一一四六）に清原頼業から、大学の教官である藤原信憲が宋本の『周礼疏《しゅうらいそ》』（儒教の重要書籍『周礼』の注釈書）を所蔵していることを知った頼長は、なんとしてもこれが欲しくなってしまいます。いろいろと思い悩んだ末に、陰陽博士《おんみょうはかせ》加茂泰親《かものやすちか》に入手の可否を占ってもらい、「可」とでたので早速行動に移します。まずは誰に信憲の元に使者を立てるべきか占わせ、「清原頼業」と出たので使者に立ってもらい、交渉の末になんとか信憲に譲ってもらったというエピソードが記されています。

日記の家としての頼長の行動

さて頼長は藤原摂関家の出身ですが、近年の研究では摂関家自身も日記の家であったと考えられています（松薗斉『日記の家――中世国家の記録組織――』二〇二～二一七頁）。

『台記』の久安四年（一一四八）七月十一日には、頼長の養女・多子《まさるこ》の近衛天皇への入内の準備を進めている様子が見られますが、その儀式の準備として大量の日記を頼長は蒐集していました。多くが自家に代々伝わった日記だと思われますが、ほかにも中御門《なかみかど》流藤原氏、小野宮《おののみや》流藤原氏、村上源氏、大江氏、平氏などから日記を借りていました。また、天皇家が所蔵していたものまで借りていたのです。多くの日記を活用して、過去の入内の様子を研究して来るべき多子入内《じゅだい》の日に備えていたのです。

頼長は、頻繁に日記や図書の貸借を他の貴族と行っていました。それらに記された情報を、朝廷の儀式や政務に活用していたのです。

頼長の「宇治文蔵」

これほどの蔵書を有していた頼長ですから、それを収納する文庫にも関心を寄せていました。文庫は宇治文蔵《うじのふみぐら》と呼ばれますが、天養二年（一一四五）正月に起工し四月二日には完成しています。完成当時は盛大な式典を行ったと『台記』には見えます。頼長は二十五歳でした。

その建築は、高さ一尺（約三十センチ）の基礎の上に、高さ一丈一尺（約三メートル三十センチ）・東西二丈三尺（約六メートル九十センチ）・南北一丈二尺（約三メートル六十センチ）の建物を建て、南北に戸を設置し、四方の壁には板張の上に石灰を塗り、屋根には瓦葺、建物から六尺（約一メー

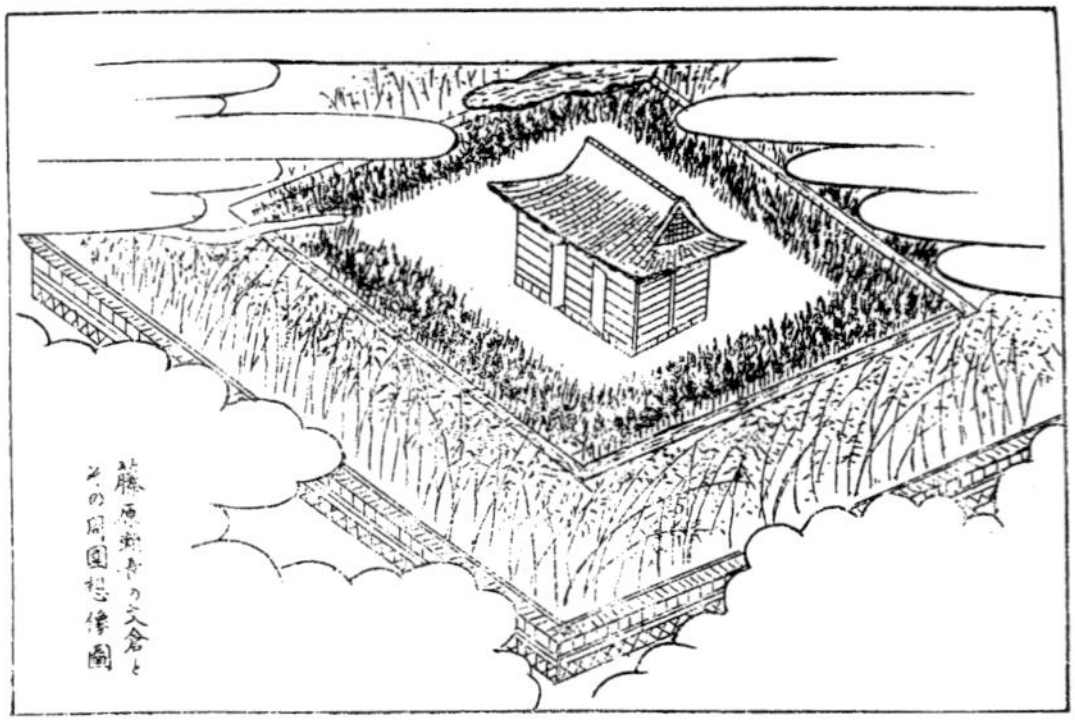

宇治文蔵想像図（川崎操「頼長の文倉」（『図書館雑誌』35-1、1941年1月）より）

トル八十センチ）離れて芝垣を廻らし、その外に堀、その外に竹を植え廻らし、さらにその外に普通の築垣を設けて災害に十分備えたものでした（岩猿敏生『日本図書館史概説』四十〜四十一頁）。

内部はよく分かっていないのですが、巻子本が多かったので櫃に書物を収めて棚に置いたとあります。棚は東西に五段と六段の棚があったようです。

落成式の後、十一日から十四日までの四日間、書物を読める者を集めて早速目録を編纂しています。書物を入れた櫃に番号を付して図書を整理し、全経・史書・雑説・本朝の四部に分類したとありますが、詳細はよく分かっていません。

この目録で注目すべきは、それまで本というと中国から渡ってきた漢籍が中心であったので、図書＝漢籍という固定観念があった当時において、「本朝」という日本で製作された本の分類を入れたことです。日本製作の本が着実に増えていることを物語っています。

文庫が完成すると頼長は前にもまして書籍の蒐集に励みましたが、文庫は保元元年（一一五六）

七月に勃発した保元の乱によって頼長の邸宅と共に灰燼に帰してしまいました。

最近、頼長のイメージは男色に耽っていたことばかりが、面白おかしく喧伝されている嫌いがありますが、『台記』を読むと読書をすることで様々な知識を身につけ、それを実際の政治に活かそうと奮闘したことが見えてきます。ただ現実は書物の中に書かれてある知識の通りに事が運ばないことがほとんどです。頼長はその違いがよく分からず、最期は非業の死を遂げてしまったのかもしれません。

頼長の宇治文蔵はいわゆる「公開型」の図書館ではなく、頼長の個人蔵書の性格が強かったのですが、さまざまな伝手を用いて貴重な書籍の写本を収集しており、平安貴族にも本を媒介としたネットワークが存在したことを物語っています。

『玉葉』にみる、九条兼実の図書の貸借

『玉葉』は平安末期から鎌倉初期にかけて活躍した貴族、九条兼実が長寛二年（一一六四）から正治二年（一二〇〇）にかけて書き続けた日記です。兼実は藤原摂関家の流れを汲む名門でしたが、兼実が生きた時代には藤原氏の往年の勢いは最早なく、既に武士の時代となっていました。藤原摂関家も古くからの朝廷の行事や儀礼を伝える家として、生き残りを模索せざるをえませんでした。兼実はそうした役割に対応するべく、率先してそういった内容の書籍を蒐集しています。

兼実が記した『玉葉』には、書籍の借用の記事が散見されます。その様子をいくつか挙げてみましょう。なお、『玉葉』の原文は漢文で書かれており、それを引用するだけでは、一般書という本書の性格を考えると読者の方には不親切です。ここは専門家である高橋貞一氏の書き下し文を引用したいと思います。専門家の読者の方は是非原文をご確認ください。

（治承四年（一一八〇）八月─引用者）四日甲申。（中略）未の刻、大外記頼業来たり、帝王略論一部五巻を持ち来たる。借り召すに依りてなり。又先日加点のため、下し給ふ所の貞観政要、同じくこれを進らす。

（高橋貞一『訓読玉葉』第四巻、三一二頁）

大外記の清原頼業《きよはらのよりなり》が『帝王略論《ていおうりゃくろん》』五巻を持ってきたとありますので、兼実が借りたのでしょう。未の刻ですから午後一時から三時ごろのことです。『貞観政要《じょうがんせいよう》』の方は本文に訓点を打つために兼実が頼業に預けていたのを、その仕事を終えて返却されたという意味です。

『帝王略論』は中国唐の時代の成立で、虞世南《ぐせいなん》の撰とされています。その内容は唐以前の歴代帝王の事蹟を略述し、規範となるものは規範とし、戒めとすべきものは戒めとすることを目的に編纂された書物でした。当時でもかなり珍しい本のようです。

清原頼業という人物は兼実が最も信頼を寄せた学者です。兼実は頼業を頻繁に自邸に呼び寄せ和漢の文談に興じており、その博覧強記ぶりを高く評価しています。頼業の官位は低いものでしたが、兼実はその垣根を越えて重用しており、息子の良通、良経の学問の師に抜擢しています。

返却の記述も『玉葉』にはあります。

（治承四年十一月―引用者註）二十九日丁丑。（中略）申の刻大外記頼業来たる。（中略）先日借り進らする所の帝王略論五巻返し給ひ了んぬ。

（高橋貞一『訓読玉葉』第四巻、三三六〜三三七頁）

申の刻ですから午後三時から五時の間にまた頼業がやってきて、兼実は『帝王略論』を返却したとあります。返却期限は特になかったようですが、三か月程度借りていたことになりましょうか。兼実は自身も相当な学問好きでしたから、おそらく自ら書き写して写本を作成していたのでしょう。学者の藤原光盛を招いて、『帝王略論』の読み合わせも行っています。

（治承五年閏二月十七日―引用者註）今日、光盛帝王略論を持ち来たる。先づ第一巻を読み合はす。

（高橋貞一『訓読玉葉』第五巻、三八頁）

（治承五年三月十四日―引用者註）光盛参上し、帝王略論第四巻を読み合はす。

（高橋貞一『訓読玉葉』第五巻、四六頁）

兼実は学者である光盛と一緒に読み合せを行うことによって、誤読や誤った解釈を正していたのです。

兼実は子息たちのためにも本を借りています。

（元暦二年五月二十九日—引用者註）大外記頼業来たる。左伝第三を大将に授く

（高橋貞一『訓読玉葉』第五巻、三四七頁）

「大将」とは息子である藤原良通のことで、「左伝」とは孔子が編纂したとされる歴史書『春秋』の注釈書『春秋左氏伝《しゅんじゅうさしでん》』のことです。以降も、たびたび頼業は兼実邸を訪れて良通に『春秋左氏伝』を貸しています。ただ貸すだけではなく講義も行っていたかもしれません。良通は元暦二年（一一八五）当時満十八歳でした。兼実は、良通に九条家の跡取りとして恥じない教養を身につけさせようとしていたのでしょう。ただ残念なことに良通は二十二歳で夭折してしまいます。

兼実は親しい頼業や光盛などから大量に本を借りていますが、自分より身分の高い人物からも

書物を借りています。

（治承三年九月四日―引用者註）内より玄宗皇帝の絵六巻を賜はり預る。一見せしめんためなり。

（高橋貞一『訓読玉葉』第四巻、一四八頁）

高倉天皇から「玄宗皇帝絵六巻」を借りています。これは白楽天の長編漢詩『長恨歌《ちょうごんか》』のことで、唐の時代の玄宗皇帝と楊貴妃のことを歌ったといわれています。平安時代の文学に多大な影響を与えました。

この記述は、天皇も兼実の図書貸借ネットワークに入っていたことを裏付けているといえます。兼実はかなり身分の高い貴族とはいえ天皇は別格でしょう。しかし本の借用においてはある意味対等な関係だったといえないでしょうか。

『玉葉』の記述からは、兼実が本を他者に貸す記述はあまり見られませんが、養和元年（一一八一）十月三十日に、自らが所蔵する『三略』を清原頼業に閲覧させたという記事があります（佐藤道生「九条兼実の読書生活――『素書』と『和漢朗詠集』――」）。

『三略』とは、古代中国の兵法書で、著者は周建国の忠臣太公望といわれています。日本でも非常に有名な書物です。兼実は頼業から本を借りるだけではなく、蔵書を閲覧させているのです。

頼業とは図書の相互貸借関係が成立していたといえるでしょう。

　このように、奈良時代に引き続いて平安期にも貴族の間では、かなり広範な図書貸借のネットワークが構築されていたと考えられます。貴族たちはどこそこの家にはどのような書物を所蔵しているのか把握していたと考えられ、そのネットワークを使って相互貸借をしていたと思われます。

第五節　古代の図書館のまとめ

　本章では古代の図書館を中心にお話してきました。その特徴をまとめると次のようになるでしょう。

　現在我々が普通に用いている「漢字」という文字が大陸からもたらされたことによって、それまで語り部の「記憶」程度しか情報を蓄積する手段をもたなかった日本人は、記録媒体がなくならない限り半永久的に、それらを保存しておくことが可能になりました。そして何十年、何百年前の「知的財産」を後世の人間が読んで、活用することが可能になったのです。

　これは革命的な出来事だと思います。

　最初期の図書は木簡や竹簡という短冊状に切った木片に文字を書き、それを紐で束ねて巻いたものでした。中国から輸入された図書はそういった形態のもので、内容は仏教や儒教に関係するものが中心であったと考えられています。

それらの図書は、聖徳太子や蘇我氏などの政権を担っていた有力者の私的蔵書として蓄積されたと思われます。聖徳太子や蘇我馬子などはそれらの図書を参考にしながら、仏典の注釈書や歴史書を編纂しました。私的蔵書とはいえ、まったくプライベートな性格の蔵書ではなく、「国家の蔵書」としての性格も有していたと考えられます。

また有力な寺院にも仏典研究のために蔵書が形成されていましたが、それらも太子や馬子の庇護の下に発展していったのです。

太子や馬子が日本を動かしていた飛鳥時代は、少数の有力豪族によって朝廷が運営されており、「国家機関」としてそれらの蔵書を管理する施設はありませんでした。

日本における図書館は政権担当者の私的蔵書として誕生したといえます。

ところが、六四五年の大化改新はそれら有力豪族の連合政権のような性格を帯びていた朝廷を一変させました。天皇を中心とする中央集権国家へと舵を切ることになったのです。

その完成が大宝律令、養老律令による律令国家です。それまで私的に蔵書が蓄積されていましたが、図書寮という国立図書館を設置しそこで保存・管理することになりました。図書寮は、限られていた身分の者たちのみでしたが閲覧が許されていました。

また奈良に大学、地方に国学が設置され、それぞれ図書館が附設されました。教官や学生が日々の研究や勉学に活用していたと思われ、今日でいう研究型図書館に近い働きをしていました。大きな寺院には経蔵や写経所という経典保管施設や写経を行う機関が設けられていましたが、これらは効率的に写経作業が行えるように、経典の情報センターのような役割も担っていました。その一方で有力な貴族は個人的に書籍を蒐集し、それを公開する者も現れてきます。石上宅嗣の芸亭が代表的です。芸亭は「動的な図書館」と戦前から指摘されていましたが、まさにその通りで、一人で読書や勉学を進める場所だけではなく、読書会や討論会なども開催されていました。また芸亭ではありませんが、送別会の宴会の場としても図書館が活用されていました。おそらく当時の宴会というと、酔って漢詩や歌を詠む人が多かったと思います。その際に参考文献が必要となるので、書物がたくさんある図書館に会場を設定したのでは…と、筆者は勝手に想像しています。

奈良時代は「公的機関としての図書館」と、「私的な図書館」が並立した時代だったといえるでしょう。

平安時代に入ると、律令は徐々に機能不全に陥ります。その影響はあらゆるところに及びますが、図書館も例外ではありませんでした。図書寮は機能しなくなり、代わって皇族や有力貴族の個人蔵書が国家機関の代替としての機能を有するようになります。

大学や国学の図書館の役割は、菅原氏や大江氏の私的図書館がその代わりをするようになっていきます。

また太政官に設置されていた朝廷の儀礼や政務などの記録を保管している外記局などが機能しなくなり、代わって日記の家と呼ばれる、代々当主が日記を書き継ぐことを「家の仕事」とする家系の貴族が自然に成立していきます。

これら日記の家はもとより、平安期の貴族は大量に書籍を蒐集していました。

蒐集した書籍は、貴族の間だけでしたがネットワークが構築されていたと考えられます。朝廷の儀礼や政務は「先例主義」といって、過去の記録を参考にしながら行っていました。それを調べるのに多くの日記や書籍が必要とされたのです。貴族の日記には、儀礼や政務を円滑に行うために、他の貴族や天皇家にまで本を借りている様子がみられました。一方的に借りるだけではなく、当然貸す場合も多々ありました。

平安時代は律令体制の崩壊によって、公的機関としての図書館が有名無実化してしまいましたが、私的な図書館が多いに発展した時代であるといえます。

こうしてみてみると、古代の図書館は公文書管理や歴史書編纂、仏教研究といった研究型図書館や公文書館的な役割を担うために誕生したといえます。奈良時代に律令が整備されると、そうした役割は図書寮などに引き継がれます。しかし図書寮のような国家管理の図書館は、たとえ上級貴族であっても自由に利用はできませんでした。

したがって貴族同士は寺院や皇族も巻き込んで、蔵書の貸し借りをするようになります。そのネットワークは平安時代に入ると「日記の家」と呼ばれる貴族を中心にして、より密接なつながりになっていきます。本章では藤原頼長と九条兼実を例に取り上げました。いわば上流社会全体が、ひとつの巨大な「図書館」になっていたのです。

そして、貴族たちの私的なネットワークの方が、蔵書の貸借や読書会などのイベントも行われているので、蔵書の「利用」という観点からは、「図書館」らしい活動をしていました。

【引用・参考文献】

安部巳・菅原春雄『新図書館学の基礎　新版三版』杉山書店、二〇〇〇年

市　大樹「黎明期の日本古代木簡」『国立歴史民俗博物館研究報告』第一九四集、二〇一五年三月

岩猿敏生『日本図書館史概説』日外アソシエーツ、二〇〇七年

植松　安『書庫ノ起源：芸草庵ヲ訪フ古典叢書話』間宮商店、図書館研究叢書第五篇、一九二七年

小川　徹「いわゆるわが国最初の公開図書館・芸亭について」『法政大学文学部紀要』第二十八号、一九八二年

小川　徹『圖書館史落ち穂拾ひ』南風舎、一九九八年

小川　徹「日本最古の図書館「書屋」について」『図書館文化史研究』第十九号、二〇〇二年

小川徹・奥泉和久・小黒浩司『公共図書館サービス・運動の歴史』一、日本図書館協会、ＪＬＡ図

書館実践シリーズ四、二〇〇六年
小野則秋『日本図書館史　補正版』玄文社、一九七三年
小野則秋『日本文庫史研究　改訂新版』上巻、臨川書店、一九七九年
河野多麻校注『日本古典文學大系10　宇津保物語』一、岩波書店、一九六四年
川崎　操「『頼長の文倉』」『図書館雑誌』第三十五巻第一号、一九四一年一月
木本好信『律令貴族と政争：藤原氏と石上氏をめぐって』塙書房、塙選書、二〇〇一年
木本好信『奈良時代の人びとと政争』おうふう、二〇〇三年
草野正名『日本学校図書館史概説』理想社、一九五五年
坂本太郎『日本全史』第二巻、東京大学出版会、一九六〇年
佐竹昭広・山田英雄・工藤力男・大谷雅夫・山崎福之校注『新日本古典文学大系1　萬葉集』一、岩波書店、一九九九年
佐藤道生「九条兼実の読書生活――『素書』と『和漢朗詠集』――」小原仁編『『玉葉』を読む――九条兼実とその時代』勉誠出版、二〇一三年
神道大系編纂会編『神道大系　古典編十　類聚三代格』神道大系編纂会、一九九三年
神道大系編纂会編『神道大系　古典編十一　延喜式』上、神道大系編纂会、一九九一年
新藤　透『図書館と江戸時代の人びと』柏書房、二〇一七年
多賀宗隼編著『玉葉索引　藤原兼実の研究』吉川弘文館、一九七四年
高橋貞一『訓読玉葉』全八巻、高科書店、一九八八～一九九〇年
舘野和己「釈迦三尊像台座から新発見の墨書銘」『伊珂留我』第十五号、一九九四年四月
野村忠夫「養老律令」国史大辞典編集委員会編『国史大辞典』第十四巻、吉川弘文館、一九九三年
橋川　正「石上宅嗣の芸亭院のことども」石上宅嗣卿顕彰会編『石上宅嗣卿』石上宅嗣卿顕彰会、一九三〇年

松薗　斉『日記の家――中世国家の記録組織――』吉川弘文館、一九九七年
松薗　斉『日記で読む日本史13　日記に魅入られた人々　王朝貴族と中世公家』臨川書店、二〇一七年
桃　裕行『上代学制論攷　桃裕行著作集』第二巻、思文閣出版、一九九三年
綿抜豊昭『図書・図書館史』学文社、ライブラリー図書館情報学一〇、二〇一四年

第二章　中世の図書館

第一節　鎌倉時代の図書館

貴族の没落

律令体制の崩壊後、第一章でみたように貴族が書籍蒐集に励みました。中でも日記の家と呼ばれる朝廷の儀礼や政務の先例を、日々記録することが義務付けられた貴族が私設図書館を設け、書籍貸借の情報ネットワークを構築することによって、あたかも京都の貴族全体が巨大な図書館のようだと指摘しました。

しかし源頼朝が鎌倉幕府を開くと、ブレーンとして招かれて鎌倉に移住する中・下級の貴族もいました。しかも大半が学者でした。ブレーンとして招いたのですから、ある意味当然なのかもしれません。中原親能《なかはらちかよし》、大江広元《おおえのひろもと》、三善康信《みよしやすのぶ》らが、頼朝に招かれて鎌倉に下向しています。学者が頼朝に引き抜かれてしまったので、徐々に京都の貴族が文化の中心ではなくなっていきます。八代集の最後である『新古今和歌集』が編まれたのが、元久二年（一二〇五）のことで、さらに承久三年（一二二一）の承久の乱によって後鳥羽上皇が敗れると、最早貴族に文化を担う力はなくなってしまいます。

とはいえ、無骨な武士が文化的なものに関心を示すようになるには、しばらく時間が必要でした。

貴族文庫

鎌倉時代には、貴族が開設した図書館にはあまり見るべきものはありませんでしたが、いくつかここでは取り上げてみましょう。

後白河法皇の発願によって蓮華王院《れんげおういん》（その本堂が三十三間堂）は、長寛二年（一一六四）に造営されました。その宝蔵は東大寺の正倉院とも匹敵するほどの宮廷の貴重品所蔵庫として機能していました。律令制の崩壊後、図書寮の代替施設のような役割を果たしていたと考えられます。当然書籍も大量に所蔵されていました。当初は目録も作成されたようですが、現存していません。

蓮華王院宝蔵は、漢籍よりも国書（日本で製作された書籍）や記録類の方を重点的に蒐集していたようです。『吉記《きっき》』によれば、「日本の書籍も諸家の記録もことごとく集めるべし」と記されており、資料の取捨選択を厳密に行うのではなく、結構網羅的に集めていたようです。

しかしこの貴重な蔵書も、行政上の必要から宮中に貸し出され返却されなかったり、盗賊の被害にあったりして次第に散逸していきます。宝蔵の点検作業もいつの間にか行われなくなり、室町時代に入ると壊滅したものと考えられています（小野則秋『日本文庫史研究　改訂新版』上巻、四七三頁・岩猿敏生『日本図書館史概説』五十三頁）。

さて、蓮華王院宝蔵は宮廷の図書館のような役割を果たしていましたが、公文書館的な役割を果たしていたのが、官務家小槻《おつき》家の官務文庫です。

本来はこの役目は太政官の文殿が行っていましたが、徐々にその機能を失っていき、鎌倉中期に火事で文殿が消失してしまうと再建されず、小槻家の官務文庫にその役割が移譲されます。小槻家の家職は、もともと宮廷の行事の執行と各種公文書管理でしたので適任だといえましょう。しかし官務文庫は小槻家の私的な文庫でしたので、その重責は時代が下るにしたがって重くのしかかってくるようになりました。

一条兼良《いちじょうかねよし》の『壬生官庫記《みぶかんこき》』によれば、文庫専用の建物を建築し、蔵書はその中に千個ほどの函に入れて所蔵していたようです。この函に目印となる籤を付けて分類して排架していたようです。

しかし応仁の乱後は小槻家も単独での文庫維持が困難になり、蔵書も雨露が凌げなくなりますが、なんとか戦国時代を乗り切って現在は宮内庁書陵部が保管しています。

他にも鎌倉・室町中期ぐらいまでは、平安期ほどではありませんが貴族文庫が存在していました。参議従二位権中納言藤原宗隆《ふじわらのむねたか》の梅小路文庫《うめこうじぶんこ》、一条兼良の桃華坊文庫《とうかぼうぶんこ》などが有名です。しかし、梅小路文庫は嘉禄二年（一二二六）に火事で焼失、桃華坊文庫は応仁元年（一四六七）に勃発した応仁の乱により、兵士だか盗賊だか区別のつかない不逞の輩に蹂躙されてしまいました。

このように貴族文庫は、武士の台頭と戦乱によって失われてしまいました。しかし貴族が武力的に無力であったからとはいえ、まったく存在価値がなくなったわけではありません。戦国後期になれば、大いに活躍する貴族も出現してきますが、それは後で述べたいと思います。

貴族はこのような有様になってしまっていますが、では奈良・平安期に勢力を誇っていた寺院はどうなのでしょうか。

寺院と出版活動

貴族が鎌倉期に入ると次第に没落していくのに対して、寺院は鎌倉新仏教と呼ばれる新しい宗派が台頭してきました。特に禅宗は武士と結びついて勢力を拡大することに成功します。

鎌倉初期には寺院で出版がかなり盛んに行われています。奈良の興福寺、東大寺、西大寺、京都では延暦寺、醍醐寺、東寺、泉涌寺《せんにゅうじ》などで、仏典を中心に出版事業が行われています。特に泉涌寺では宋から輸入された版木を使って、仏典が刊行されています。

また高野山でも「高野版」といった出版が活発になっていますし、法然が開祖の浄土宗でも「浄土教版」と呼ばれる出版を行っていました。

さて、寺院の出版活動で外すことができないのは鎌倉・京都両五山による「五山版」です。五山とは、鎌倉幕府によって任命された臨済宗の五つのお寺のことです。最初、五代執権北条時頼によって鎌倉五山が制定されました。

鎌倉五山の内訳は、京都の南禅寺を別格として上位に位置づけ、その下に建長寺・円覚寺・寿福寺・浄智寺・浄妙寺と一位から五位まで整然と格付けされていました。

京都五山は鎌倉末期に制定されたようですが、当初は寺院の移動も多く、明確に定まっていませんでした。それが確立するのは室町期に入ってからで、三代将軍足利義満が整備しました。内訳は、やはり南禅寺は別格で上位に置かれ、天龍寺・相国寺・建仁寺・東福寺・万寿寺の順番となっています。

五山版は仏書を中心に刊行されていますが、いつ頃から始まったのかはっきりとしたことは分かっていません。北条氏の一族である金沢顕時《かねさわあきとき》が刊行に関与した『伝心法要《でんしんほうよう》』が最も古いとされています。鎌倉期に始まった五山版は室町末期まで続きます。

寺院文庫

寺院の出版活動と書籍蒐集は密接な関係がありました。奈良の諸寺や比叡山、高野山、鎌倉・京都の両五山には、原本となるべき多数の仏書が蒐集され、所蔵されていたはずです。しかしこれらの寺院には特に図書館的な活動をしたとの明確な記録は残っていません。

鎌倉時代には多数の僧侶が宋に渡り、経典を多く持ち帰りました。僧たちはそれらを自分のお寺に収蔵して蔵書を構築しました。

ここでは、京都五山第四位の東福寺の文庫についてみていきたいと思います。東福寺は臨済宗東福寺派の総本山で、嘉禎二年（一二三六）に関白九条道家《くじょうみちいえ》によって創建されました。

ここに文庫をつくったのは円爾《えんに》です。円爾《えんに》は嘉禎元年（一二三五）に宋に渡り、仁治二年（一二四一）に帰国し、その際に経典数千巻を持ち帰りました。円爾は道家の求めに応じて東福寺に入り、数千巻の書物を収蔵する普門院文庫《ふもんいんぶんこ》を開設しています。

円爾は普門院文庫開設直後に、自ら『三教典籍目録』を編み検索に用いたようですが、残念ながらこの目録は現存していません。『元亨釈書《げんこうしゃくしょ》』によれば「内外の書」とみえるので、内典（仏書）だけではなく外典（仏書以外の本）も収蔵されていたようです。円爾は普門院文庫に入り読書に親しみ、仏典研究に励んだようですが、あまり他者には閲覧させなかったようです。

普門院文庫の目録については、円爾自ら編纂したものは伝わっていませんが、弟子筋に当たる大道《だいどう》が編纂した『普門院経論章疏語録儒書等目録』は現存しています。この目録の成立時期について木宮泰彦氏によれば、大道が東福寺に住持の地位についていたのは正平八年／文和二年（一三五三）であるから、おそらくその頃に編纂されたものではと推測しています（木宮泰彦『日本古印刷文化史　三版』一五九頁）。ちなみに、蔵書印は「普門院」と捺されています。

東福寺にはもう一つ寺院文庫があります。『元亨釈書』を著わした虎関師錬《こかんしれん》が設けたものです。師錬は東福寺、次いで南禅寺の住持を務めましたが、興国二年／暦応四年（一三四一）に、多くの書物と共に東福寺海蔵院に移りました。この文庫を海蔵院文庫《かいぞういんぶんこ》と呼びます。しかし文庫は弘和二年／永徳二年（一三八二）に火事で灰燼に帰してしまいました。

他にも鎌倉期に創建された寺院文庫はありますが、関係者以外には門外不出とされていたようです（岩猿敏生『日本図書館史概説』五十二頁）。いわば「秘蔵」されていたわけですので、今日の「図書館」と比較すると限られた仏僧のみが利用できる施設でした。

経蔵

むしろ奈良・平安時代から存在している経典の保管施設、経蔵《きょうぞう》のほうが図書館的な活動をしていたと考えられます。

経蔵の機能については堀祥岳氏によれば、書写・校合《きょうごう》と転読があったといいます。

鎌倉期には多くの僧侶が宋に渡り、多くの経典を日本に持ち帰りました。

経蔵は貴重な経典を数多く所蔵していましたので、書写や校合に用いるために閲覧されることがありました。観応三年（一三五二）、既に書写されていた経典の校合が飛驒国（岐阜県）の長滝寺経蔵で行われたと、岐阜・新宮神社所蔵の『観普賢経』に記されています（堀祥岳「《経蔵》再考――類型と機能――」）。校合とは書誌学の用語で「他の書物の本文と較べ合わせて、何れがより正しい本文であるかを考究しようとすること」（川瀬一馬『日本書誌学用語辞典』八十一頁）です。誤って書き写されてしまうことが多かったので、その確認のためにも校合は必要だったのです。

同じく飛騨国の安国寺でも応永年間（一三九四〜一四二八）に、一切経が校合されたと記録に残っています（堀祥岳「《経蔵》再考――類型と機能――」）。

さて、転読はどうなのでしょうか。「転読」とは、「一部の仏典を全部読まず一部分を抜き読みしてすますこと」（川瀬一馬『日本書誌学用語辞典』二〇〇頁）という意味で、すなわち転読を行っていたということは、経典を経蔵から持ち出していたことになります。

興福寺の僧・尋尊《じんそん》が記録した『大乗院寺社雑事記《だいじょういんじしゃぞうじき》』にも経蔵から経典を出納して、転読をしている記述が見出されます。寛正三年（一四六二）十月二十七日には、「毎月六个度」貸し出していたとあります。つまり毎月六回も一切経は出納されていたのです。他の記述では、毎日転読が行われたとあるので、読み終わったら返却をして新しい経典を貸し出していたと思われます。それが月に六回あったということなのでしょう（堀祥岳「《経蔵》再考――類型と機能――」）。

大寺院の経蔵では、鎌倉・室町期に入っても前時代と同様に書写・校合、転読が行われており、そのために貸し出されていたことが史料上から確認できます。

しかしこういった経蔵の活動も戦国時代に突入すると、寺院の管理もままならなくなるので、停滞は免れなくなります。

このように、貴族も寺院も没落してしまい勢力が低下していきます。図書館は勢力が強いものが設置する傾向が前近代では見受けられるのですが、中世に入ると新たに台頭してきた武士が、書籍に関心を持つようになります。

武士の台頭

平安期までの武士の身分は低く、貴族のボディガードや、地方で反乱が起こると朝廷の命で討伐のために出兵するのが主な任務でした。しかし武士の中でも天皇に出自をもつ清和源氏と桓武平氏が徐々に台頭していきます。

天皇家・藤原摂関家の内紛に、武士が双方の傭兵となって京都を舞台に市街戦が起こりました。それを保元・平治の乱といいます。

平治の乱は源氏と平氏の事実上の決戦でした。それに勝利した平清盛は武士を中心とした政権を築きますが、藤原摂関家の貴族政治と大差ないものでした。

本格的に武士に政権が移るのは、源頼朝が開いた鎌倉幕府に始まります。幕府の開設された年は諸説が乱立していますが、現在の有力説は文治元年(一一八五)のようです。

頼朝が鎌倉に幕府を開いたとはいえ、それが直ちに全国政権を意味するものではありませんでした。文治五年(一一八九)に頼朝は源義経を匿った科で平泉の奥州藤原氏を滅ぼし、関東・東北地方に勢力を確立しますが、頼朝の代はそれまででした。最初期の鎌倉幕府は東国政権の性格が非常に強かったのです。京都の朝廷の力は依然として強く、西日本はいまだ幕府の指揮下に完全には入っていませんでした。

それが初めて全国規模にまで拡大するのが、承久三年（一二二一）に勃発した承久の乱を鎮圧した後です。はじめて西国まで幕府の力が及ぶようになりました。

こうして鎌倉幕府は全国政権にようやくなり、政治の実権を掌握するのですが、文化面では貴族にとても適うものではありませんでした。三代将軍の源実朝のように、和歌に親しみ自ら歌集『金槐和歌集《きんかいわかしゅう》』も編むほどの歌人もいましたが、一般の武士はまだまだ風雅を理解する者はごく少数でした。

したがって、鎌倉初期には武士はいまだ書籍の蒐集とも図書館とも無縁の存在だったのです。鎌倉初期は貴族と寺院が京都を中心に文化的な権威を依然として持っていたので、しばらくは両者が書籍文化と図書館機能を受け持つのですが、鎌倉中期頃になると武士の中でも学問に関心を持ち、書籍を大量に蒐集する者が出てきます。

武家文庫

鎌倉幕府の源氏将軍は、三代で滅亡してしまいます。代わって執権の北条氏が事実上の幕府のトップに立ちます。しかし北条一族の内部対立も断続的に起こっており、結果として「得宗《とくそう》」と呼ばれる北条本家の当主が分家の北条氏を執権に就かせて、裏で舵を取るというスタイルになります。もちろん、得宗自ら執権に就いた者もいます。鎌倉後期には、得宗家の執事に過ぎなかった内管領《うちかんれい》の長崎氏が幕府の実権を握り幕政を壟断します。

鎌倉幕府はこのように何重もの権力が絡み合っており、複雑な権力構造をもっていました。執権北条氏の政治が安定するのは鎌倉中期になってからです。したがって北条氏が図書館を設立するようになるのは、鎌倉時代が半ばを過ぎたころになってしまいます。

鎌倉初期の武家文庫と呼ばれているものは、設置者をみれば一目瞭然ですが、頼朝の招きに応じて京都から鎌倉に下向した貴族たちが設けたものでした。その子孫はみな武士化していますので、広い意味で武家文庫に含めても良いのかもしれません。本書では通説にしたがって、それらの文庫も武家文庫に含めることにします。

名越文庫

最初に取り上げるのは、三善康信《みよしのやすのぶ》の名越《なごえ》文庫です。康信はもともと太政官の少納言局に属する下級役人の家系で、行政の実務に明るくまた律令にも詳しかったようです。

康信の母の妹が頼朝の乳母の一人で、その縁で頼朝とかなり親しい関係にありました。平治の乱後、平清盛によって頼朝が伊豆修善寺に流されると、康信は頻繁に京都の情勢を頼朝に報告しています。

頼朝が幕府を開いてからは鎌倉に呼び寄せられ、ブレーンとして大江広元と共に働きます。政治の実権を掌握したとはいえ、実務的な面では武士には到底切り盛りする能力はなく、実務に明るい下級役人の力を頼朝は必要としていたのです。

元暦元年（一一八四）、康信は鎌倉に下り、鶴岡八幡宮で頼朝と対面します。その際頼朝は、訴訟事案を進達する係と裁判事務などを司る問注所《もんちゅうじょ》の設置、その長官就任を康信に要請しました。以降、三善氏が問注所の長官に代々任命されるようになります。

康信はそういった職務上、将軍公務用の記録や書籍を多数保管していましたので、もともと三善家に伝わっていた貴重な書物と一緒にして、新しく文庫を設立しました。

それを名越文庫と呼びます。名前の由来は、康信の私邸が鎌倉の名越にあったからです。名越文庫は康信の職務上、半官半私の性格を有していました。この文庫も貴族から武士に政権が移る過渡期に設立されたもので、貴族文庫と武家文庫の両方の性格をあわせもつものといえます。

その後、名越文庫は承元二年（一二〇八）正月に火災によって焼失してしまいます。鎌倉時代の歴史書『吾妻鏡《あづまかがみ》』巻十九には、将軍家の文書や日記など累代の貴重な資料がことごとく灰燼に帰したと記されており、康信は憔悴してしまったとあります。

それでも康信は奮起して、文庫の再興を思い立ち達成します。しかし承久三年（一二二一）正月にまたしても火災が発生し、康信が蒐集した貴重な資料が灰になってしまいました。もともと病に罹っていた康信は火事で気落ちしたのか、その年の八月に亡くなってしまいます。康信没後、遂に名越文庫が再建されることはありませんでした。

名越文庫は記録に乏しく、図書の閲覧や貸借を広く許していたのかはよく分かっておりません。

長井氏・二階堂氏の文庫

名越文庫以外に設置された武家文庫は、記録上いくつか散見されます。

長井宗秀は鎌倉後期の武将で、先祖は頼朝に京都から招かれた大江広元《おおえのひろもと》です。長井氏は広元の息子の時広が出羽国置賜郡長井荘（現・山形県長井市）を領したことから、「長井」と名乗りました。広元は貴族ですが、時広から幕府御家人となり武士化していました。宗秀は執権北条時宗から一字を賜って「宗秀」と名乗っているほどですので、幕府重職を歴任しています。宗秀も史料から文庫を設けていたようですが、詳細は不明です。

宗秀と同時代の武士に二階堂行藤《にかいどうゆきふじ》という者がいました。この行藤も文庫を設立していたようです。これも現在に伝わっていないので詳細は不明です。

宗秀と行藤の文庫のことは、医書『万安方《まんあんぽう》』の宮内庁書陵部所蔵の写本に記されています（小野則秋『日本図書館史　補正版』六十六頁）。

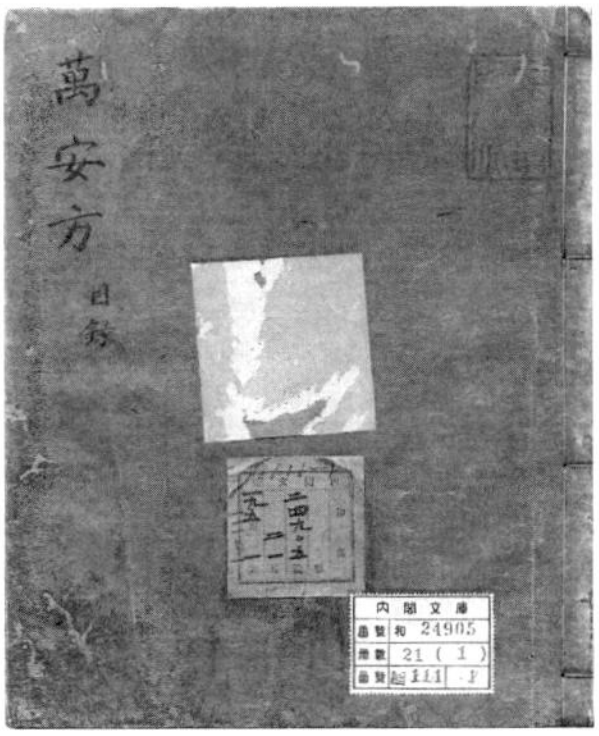

『万安方』（国立公文書館蔵）

『万安方』は鎌倉後期・室町初期の医師梶原《かじわら》性全《しょうぜん》が、中国の医書を参考にして著した全五十巻の医学の集大成で、秘書とされていたものです。

性全は『万安方』執筆のために膨大な数の医書を参考にしたようなのですが、宮内庁所蔵本によると、性全は宗秀と行藤の文庫所蔵の書物を参考にしたと記されています。両者の文庫は、部外者である性全にも閲覧を許可していますので、ある程度公開されていたと考えられます。

金沢文庫

鎌倉時代を代表する武家文庫といえば、金沢文庫《かねさわぶんこ》を見逃すわけにはいきません。金沢文庫はかなり有名で、図書館司書課程科目「図書・図書館史」の教科書にも必ず取り上げられているほどです。

それはなぜでしょうか。

金沢文庫は初めて武士によって設立された本格的な「図書館」であるからです。

今までの文庫の設立者は、京都から下向してきた下級貴族の子孫であったりして、純然とした武士ではありませんでした。

鎌倉時代も半ばを過ぎて、執権北条一族の中からこのような「図書館」が設立されたのは意義深いといえるでしょう。

今まで武辺一辺倒で、書籍とはまったく無縁の存在だと認識されていた武士が、後述しますが、多くの貴重書を蒐集して貸し出しも許可していた先進的な「図書館」を建設したことは、書籍文化の担い手が貴族から武士に移行したことを象徴した出来事だといえます。

ここまで説明してきてなんですが、実は金沢文庫はいつ創建されたのか、誰が設立したのかはっきりとしたことは分かっていません。通説では、北条一族の分家筋にあたる北条実時《さねとき》が創建したといわれています。

北条実時が創設したとの説は、江戸時代の書物奉行近藤《こんどう》重蔵《じゅうぞう》守重《もりしげ》が支持し、明治以降この近藤説を信奉する者が多かったので、いつのまにか通説となってしまいました。もちろん近藤は根拠を示して実時創建を主張しているのですが、実ははっきりとした史料は現在まで見つかっていません。

北条実時の書籍蒐集

ただ金沢文庫の書籍は、金沢移住前から実時が蒐集したものが母体になっていることは、確かなことのようです（岩猿敏生『日本図書館史概説』五十六～五十八頁）。

北条実時は前述したように得宗家（本家）の出ではないものの、得宗家と良好な関係を保っていた金沢流北条氏の出身で、学問に秀でた人物でした。若くして幕府の要職を歴任しますが、その傍ら宋から貴重な書籍を取り寄せ、あるいは写本を作成するなどして書籍蒐集に余念がありませんでした。

実時はいろいろな伝手を頼って、貴重な本を借り受けています。鎌倉中期の時代では、いくら位の高い貴族の家でも多種多様な書籍を所蔵しているわけではありませんでした。それぞれ専門にしている学問に関係した本のみを持っていました。ですからいくつかの有力な貴族の家を訪ねて事足りるというわけではなく、何年にもわたって貴重書の所蔵先を調べあげることから始めなければならなかったと推測されます。例えば『源氏物語』も良質な写本から転写していますし、『大鏡』なども著者直筆原本を持っている家の秘蔵本を、直接写させてもらっている可能性が高いと思います。

武士の地位はまだまだ低かったので、良質な本をもっている貴族でも何か伝手がないと閲覧はさせてもらえず、ましてや借り受けることなどかなり難しかったと思われます。そこを実時は、清原教隆《きよはらののりたか》や菅原家、冷泉為相《れいぜいためすけ》など、幕府に近い学者の協力も仰いだと考えられます。

また、金沢文庫の写本もただ写したというわけではなく装丁も大変凝ったものでした。平安前期頃までは、書籍といえば巻物が一般的でした。書誌学的に言えば巻子本《かんすぼん》といいます。ところが、平安末期以降になると、物語や和歌の本は枡形本《ますがたぼん》といって正方形をした小型の和綴本で制作されることがほとんどでした。これは余分な部分が少なくなるので、紙の節約になったからです。それを実時は敢えて巻子本で写本を作ったのです。冊子体をした写本は、ほとんど製作されなかったようです。

では実時は、なぜ一生懸命に書籍蒐集を行ったのでしょうか。川瀬一馬氏はこの点について次のように指摘しています。

金沢文庫の和漢書蒐集は、ひとり金沢北条氏の為すわざではなくて、北条執権を中心とする北条幕府の意図するところであると思われます。北条氏の一族の中にも文庫的な集書を持っていた者も複数あったようですが、おそらく金沢北条氏は六波羅探題となって京都に駐在したため、京都の公家衆に対して家伝の古書の複本を乞い受ける便宜があるので、その役目を担当したものだと思うのです。

（川瀬一馬『日本における書籍蒐蔵の歴史』二十一頁）

単に実時の趣味ではなく、北条氏の政治的な思惑もあったと川瀬氏は推測しています。では政治的思惑とはなんでしょうか。川瀬氏の説明を聞いてみましょう。

鎌倉幕府は、武家政権の実をあげる新政治を行おうとして、源頼朝は京都から公家の学識者、大江広元・三善康信等を招き、直接すぐ前の平清盛並びに院政時代の政治行政を参酌して、新しく簡素な政治行政の形態を整えましたが、北条執権はさらにこれを推し進めて、武家政権における真の文武両道の道を探り当て、北条泰時に至って御成敗式目を制定、武家政治の軌範を確立し得て、武家文化の基礎を明白にしました。(中略)

この大事な基礎を確かにするために、北条氏は、律令制度の法治主義の実態を検討し、その政治思想、実際の運営等を承知すべく、その文化の培養に資した典籍、並びにその業績を書き留めた記録文献等の蒐集にも努めたと考えられます

(川瀬一馬『日本における書籍蒐蔵の歴史』二十四頁)

実時の書籍蒐集は、国家的な要請があって行われたと川瀬氏は指摘しています。筆者もこの考えを支持します。死の直前まで写本作成に勤しんでいた実時ですが、通説では「実時の学問好き」という個人的趣味で片付けていました。しかし趣味だけでそこまで頑張れるのかという疑問は残っていました。

それを裏付ける史料は特に川瀬氏は提示してはいないようですが、執権北条氏は、貴族から文化を武家に移譲させることで、真の武家政権を目指していたと考えたほうが自然でしょう。

公開型図書館・金沢文庫

金沢文庫の蔵書はみな「金沢文庫」の蔵書印が捺され、仏書も多数所蔵されていましたが、その他に『論語』、『春秋左氏伝《しゅんじゅうさしでん》』、『群書治要《ぐんしょちよう》』、『礼記《らいき》』などの漢籍と、『律令』、『続日本紀』、『続本朝文粋』、『類聚三代格』、『吾妻鏡』、『源氏物語』などの和書も多くあって、あらゆる分野の図書が収蔵されていました。またこの文庫は一般にも貸し出されており、公開型の図書館であったことが窺えます。以下、小野則秋氏の研究に拠って、文庫の利用実態をみてみましょう。

『北条九代記』には「読書講学望みある輩は、貴賤道俗立籠りて、学文を勤めたり」と書かれており、身分の上下や僧侶等にも関係なく貸しだされていたことがうかがわれます。

同じ北条一族で歌人の大仏時通《おさらぎときみち》は、『論語』、『御絵』、宋版『列子』、『風土記』、『千字文』などを借りています。

また、武家の女性も金沢文庫を利用していたようです。「枕草子たまはり候はんすらんうれしく候」などと史料に記されています。女性たちは平安時代に盛んに書かれた物語類を中心に借りていたようです。政治の中心が鎌倉に移って久しい時期とはいえ、まだまだ文化面では京都に遠く及ばなかったので、『枕草子』が読めて嬉しかったのでしょう。

最後の金沢流当主である貞顕《さだあき》が上洛中に、自分の夫人に宛てて『源氏物語』の最初の十帖を送るようにという手紙が残されています。『源氏物語』は全部で五十四帖ありますから、いっぺんに送ると大変なので、少しずつ送れということなのでしょう。次の手紙には、最初の十帖を返還するとともに、次の十帖を送ってくれと記されています。『源氏物語』は特に女性の読者が多かったのですが、上洛中の貞顕は「武州」という人の求めに応じて、『源氏物語』を取り寄せていました。「武州」なる人物の詳細は明らかになっていません。

また鎌倉幕府滅亡直後の元弘四年（一三三四）に、称名寺《しょうみょうじ》の学僧も文庫の本を借りていたことが分かっています。

文庫の出納業務は、称名寺の僧が行っていました。これは金沢流北条氏が健在のころからそうなっていたようです。金沢流北条氏は、歴代の当主が幕府重臣で、鎌倉だけではなく六波羅探題等の京都の出先機関にも赴任することも多く、とても文庫を管理する日常業務まで手が回らなかったからだと思われます（小野則秋『日本文庫史研究　改訂新版』上巻、六〇二～六〇八頁）。

金沢文庫蔵書目録と蔵書印

目録も作成されたようですが、ただ残念なことにまとまった形では今日に残っておりません。断片的なものから、また今日の神奈川県立金沢文庫に残された蔵書から、その全貌を推測するしかありません。

金沢文庫の蔵書印はいろいろな種類が伝わっており、十八種ほど確認されています。形はみな

金沢文庫蔵書印（西岡芳文「金沢文庫文書　秘められた鎌倉の遺宝」（『書物学』8、勉誠出版、二〇一六年）より）

短冊型で、朱印と墨印が確認されています。特に両者に区別は設けていなかったようです。

金沢文庫の最盛期はやはり鎌倉時代で、以降は長らく顧みられなくなります。

実時の孫にあたる金沢貞顕は、ごく短期間（十日）ですが執権職に就いたことがあります。金沢流北条氏としては唯一です。しかし貞顕には実権はなく、内管領長崎円喜《ながさきえんき》、高資父子が権力を掌握しており、貞顕はいわば傀儡でした。

貞顕は鎌倉幕府滅亡の際、北条一族とともに自刃しています。幕府滅亡の際は、鎌倉の市街地で激戦が繰り広げられ、貞顕の嫡男・貞将《さだゆき》も討死し、ここに金沢流北条氏は滅亡します。

しかし幸いなことに金沢の地は鎌倉郊外に位置していたので、金沢文庫が被害を受けることはありませんでした。では蔵書が安全であったかというと、そんなことはありません。むしろその後の管理が大問題だったのです。室町以降の金沢文庫については、次節で説明することにします。

第二節　南北朝・室町・戦国の図書館

動乱の時代

南北朝・室町・戦国時代をひとことで説明しろと言われれば、筆者は「動乱の時代」と答えます。これほど戦争に明け暮れ、人心の荒廃が進んだ時代は、日本史上珍しいと思います（高野秀行・清水克行『世界の辺境とハードボイルド室町時代』）。

鎌倉幕府を倒した後醍醐天皇が始めた建武の新政は、武士層の不満の高まりからわずか二年で崩壊しました。足利尊氏は別の天皇を独自に擁立し、後醍醐帝は吉野（奈良県）に逃れ、ここに南北朝時代が幕を開けます。

延元三年／暦応元年（一三三八）に、尊氏は自身が擁立した北朝の光明天皇から征夷大将軍に任じられ、室町幕府を開きます。しかし既に京都に北朝、吉野に南朝が並立する南北朝時代に突入していますので、日本全国の武士が北朝方、南朝方に分裂し戦っていました。

室町幕府内部も磐石ではなく、当初は尊氏と弟の足利直義との二元政治が行われており、尊氏の執事高師直と、直義との間で幕府を二分する観応の擾乱と呼ばれる内紛が武力をともなって断続的に行われているという状況でした。

南北朝は三代将軍足利義満の明徳三年（一三九二）に、合体して終わりを遂げます。義満の時代が室町幕府全盛の時代でした。しかし幕府は将軍権力があまり強くなく、守護大名の連合政権といった性格が強く、義満が亡くなるとすぐ動揺をきたしてしまいます。

六代将軍足利義教は義満をお手本にして将軍権力強化をはかりますが、恐怖政治の故に大名に謀殺されてしまい、かえって将軍の権威低下を引き起こしてしまいます。

八代足利義政は、当初は政治に並々ならぬ関心を寄せていましたが、徐々に興味を失い趣味に生きるようになります。義政の文化に対する貢献は大きいですが、優柔不断な性格から応仁の乱を引き起こしてしまい、戦国時代の端緒をつくってしまいました。

京都を中心に市街戦が繰り広げられた応仁の乱は、すっかり都を荒廃させてしまいます。荘園からの収入も途絶えがちになってしまったので、貴族たちは地方の有力な戦国大名を頼って落ち延びて行きます。却ってこれが京文化の地方伝播になります。

戦国時代は常に戦《いくさ》が日本のどこかで行われている時代でしたが、戦国大名たちは朝廷や足利将軍に接近し、官位や幕府の役職に任じてもらうことで自己の権威を高めることを狙いました。そのためには京都の公家たちとも交際を深めなければならず、文学を中心とした教養が必要とされました。それらの情報をもたらしてくれる人物として、再び日記の家の貴族たちが、大名たちに必要とされるようになってくるのです。

早速動乱の時代の図書館についてみていきましょう。まずは金沢文庫の「その後」についてです。

金沢文庫蔵書の散逸

金沢流北条氏の滅亡後、管理は近くにある称名寺が引き継ぎました。しかし称名寺管理になった室町期以降、蔵書を「秘蔵」としてしまったので、閲覧することは容易なことではありませんでした。

文中二年／応安六年（一三七三）、三代将軍足利義満の命で禅僧の義堂周信《ぎどうしゅうしん》が、金沢文庫を訪れた際に詠んだ漢詩が『空華集《くうげしゅう》』に残されています。

漢詩の内容から判断すると、文中二年／応安六年（一三七三）は鎌倉幕府滅亡から約四十年を経ていますが、その間の称名寺の管理は相当杜撰で、文庫は荒れるに任せていたようです。

創建当初、金沢文庫は独立した建物を備えていましたが、荒廃が進んでしまったため、称名寺に全蔵書が移されてしまいます。そうなると今度は、もともと称名寺にあった蔵書と金沢文庫の蔵書が混ざり合ってしまい、区別がつかなくなってしまいました。

荒廃は、単に建物が荒れていただけではありません。金沢文庫の蔵書が外部に流れていってしまったのです。それがどのように流失してしまったのかは、はっきりとは分かっていません。川瀬一馬氏によれば、最初は応永年間（一三九四～一四二八）のことで、将軍義満が文庫の管理が杜撰なのを知って、貴重な本を足利将軍家の所有物にしてしまったのではないかと推測しています（川瀬一馬『日本における書籍蒐蔵の歴史』二十八～三十二頁）。

義満の後に金沢文庫蔵書を接収したのは、関東管領上杉憲実です。関東管領は室町幕府の役職で、関東八カ国と伊豆（静岡県）、甲斐（山梨県）、陸奥（福島、宮城、岩手、青森県）、出羽（山形、秋田県）を統治する鎌倉公方を補佐する役職で、上杉氏が世襲していました。普段は鎌倉に居住していましたので、関東管領の権威で金沢文庫の蔵書を接収するぐらい、たいしたことではなかったと思います。

憲実は下野国足利（栃木県足利市）の足利学校を再興した人物として有名で、永享十一年（一四三九）に足利学校へ、宋で刊行された五経と『唐書』を寄進しています（川瀬一馬『日本における書籍蒐蔵の歴史』三十三頁）。

五経とは儒教の基本的な書物のことで、『唐書』は中国唐王朝の正史です。これら宋で刊行された本は間違いが少ないということで、大変重視されていました。

さて戦国時代に入ると、鎌倉は小田原の戦国大名北条氏の支配下になります。北条氏は執権北条氏の後継者を自称していましたので、金沢文庫について多少は関心を持っていたようですが、それも文庫の復興にはつながりませんでした。永禄三年（一五六〇）に北条氏政が、文庫の旧蔵書『文選』を足利学校に納めています。接収した本の一部を足利学校に寄進したのでしょう。

このように管理の杜撰さから、蔵書は戦国大名に接収されてしまうことになります。豊臣秀吉の甥にあたる関白豊臣秀次も、蔵書を持ち去っています。

天正十八年（一五九〇）に、小田原の北条氏を滅ぼそうと秀吉が大軍を率いて小田原城を包囲します。小田原征伐と呼ばれる、秀吉が天下統一を果たした戦いです。

諸将は戦利品として鎌倉の古刹の貴重な文物を鹵獲していきましたが、そういうものに目がなかった秀次は真っ先に接収していきました。接収というと、言葉がきれいでイメージがしにくいのですが事実上は強奪です。

後述しますが、秀次は足利学校でも書籍を接収していますが、金沢文庫でも大量に接収していたことがうかがわれます。川瀬氏によれば「全蔵書」を接収したと指摘しています。

接収した図書は、秀次は私蔵するのではなく、気前よく家臣に貸与、譲渡、閲覧を許可していました。例えば医者の多紀氏は後に徳川将軍家に仕えますが、金沢文庫本の宋版『太平御覧《たいへいぎょらん》』などを所持していました。これらは秀次から譲渡されたもののようです。ちなみに『太平御覧』とは中国で編纂された一種の百科事典のことで、当時はなかなか貴重な書籍でした。

また、秀次は『侍中群要抄《じちゅうぐんようしょう》』を日野家に与えたことも分かっていますので、家臣だけではなく親交のあった貴族にも書籍を譲渡したことがうかがえます。

秀次は文禄四年（一五九五）の三月から六月にかけて『謡抄《うたいしょう》』の編纂を行っており、五月九日には一部分の印刷もできています。『謡抄』とは能謡の注釈書で、この事業を発案した秀次は風流を愛した文化人であるといえます。もちろん秀次自らが編纂をしたわけではありません。実際の編纂は貴族や京都五山の僧侶などが行ったものと思われますが、彼らは秀次の手許にあった和漢の古典籍を参考資料として借用していたと推測されます。

しかし『謡抄』完成前に、秀次は太閤秀吉から謀反の嫌疑をかけられ、切腹させられてしまいます。貴族や五山の僧侶の手許には秀次から借りた貴重書が残されていたと思いますが、金沢文庫に返却されたものはわずかで、多くはネコババしてしまったのではと川瀬氏は推測しています（川瀬一馬『日本における書籍蒐蔵の歴史』五十九頁）。

さて、天下は太閤秀吉死去の後、徳川家康のものになります。家康は無類の学問好きで、書籍の蒐集も余念がありませんでした。大坂の陣の最中に出版事業も行っていたほどですので、相当の本好きであることは間違いありません（新藤透『図書館と江戸時代の人びと』四十八〜五十五頁）。

家康は戦国大名北条氏滅亡後、江戸城に拠点を構え関東を統治するのですが、足利学校所在地の足利も、金沢文庫がある鎌倉も領地になっていました。秀次が行った書籍接収に関して心を痛めていたのかは分かりませんが、慶長二年（一五九七）の九月・十月頃に金沢文庫に返却させています。返却したのは、『群書治要』、『太平御覧』、『史記抄』のようで、その差配は家康側近の榊原康政《さかきばらやすまさ》が行ったのではないかという説もあります（川瀬一馬『日本における書籍蒐蔵の歴史』五十七

〜五十八頁）。

ただ家康も金沢文庫所蔵本で、自分の手元に置いておきたい本は残していますので、秀次のことは悪くは言えません。自身が江戸城に設置した富士見亭《ふじみてい》文庫（後の紅葉山《もみじやま》文庫）、駿府城に設置した駿河文庫に所蔵してしまったようです。

さらに後年、徳川将軍家から前田家、水戸徳川家に旧金沢文庫蔵書が贈られてしまい、前田家は尊敬閣文庫に、水戸徳川家は彰考館に収蔵しました。

さまざまな大名に接収されてしまい、残った金沢文庫の蔵書はほとんどが仏教関係書ばかりになってしまいます。江戸後期の文政初期に、書物奉行近藤重蔵守重が再興を計画したようですが、近藤が失脚してしまったために果たせず、明治に入り旧館林藩士族の岡谷繁実《おかのやしげざね》が復興を計画し、伊藤博文の手によって実現されたようです。

しかし関東大震災で被害を受けてしまい、昭和五年（一九三〇）に神奈川県立金沢文庫《かなざわぶんこ》として、ようやく復活を遂げることが出来ました。当初は神奈川県立図書館・博物館としての機能も有していましたが、戦後になって横浜と川崎に新たに県立図書館が建設されたので公共図書館機能はそちらに譲り、鎌倉期以来の古典籍を所蔵する博物館として金沢文庫は現在も存続しています。金沢文庫は鎌倉時代に創建された武家文庫ですが、紆余曲折があったとはいえ、現在も存在している稀有な事例だといえます。

金沢文庫は「図書館」か

金沢文庫は、現在でもその名を冠した博物館が存在していますが、その機能は鎌倉中期に設立された頃と比較すると、かなり変わっていると思います。

金沢文庫が多くの人びと（といっても武士層が中心でしょうが）に利用されていたのは、せいぜい鎌倉時代までのことでした。以降は図書館の体をなしておらず、足利義満や上杉憲実、戦国大名北条氏、豊臣秀次、徳川家康と時の権力者に貴重書を接収されてしまい、蔵書が散逸していく一方という、およそ図書館としては最悪の状態に長く置かれてしまいます。それが図書館として再び機能し始めるのは、昭和に入ってからです。

接収された図書は、さらにまたそれらの人々から貸し出されたり、譲渡されたりして拡散していきます。川瀬氏によれば、戦国末期・江戸初期にかけて活躍した上杉家執政直江兼続の蔵書にも、秀次から流失した金沢文庫本が紛れ込んでいた可能性があるといいます（川瀬一馬『日本における書籍蒐蔵の歴史』五十九〜六十頁）。

金沢文庫本の流失経路を探れば、当時の上流階級の書籍を媒介とした交友関係などの情報ネットワークが分かると思いますが、史料で裏付けることは困難かもしれません。

足利学校

金沢文庫と並び称される、中世を代表する図書館といえば足利学校の文庫です。

足利学校は下野国足利荘五箇郷村（栃木県足利市）に存在した学校です。特に戦国時代に「坂東の大学」と呼ばれ全国から学生が集まった、今日で言えば大学レベルに相当する高等教育機関です。室町中期に関東管領上杉憲実によって再興されました。日本史の教科書にも取り上げられていますので、名前だけは知っている人も多いと思います。また足利学校はかなりな蔵書量を有していたので、図書館史の観点からも古くから重視されていました。

足利学校（Wikimedia Commons より。©John Hill）

このように足利学校はさまざまな視点から重要視されているのですが、実は誰が創建したのか、何年に設立されたのか、はっきりしたことは分かっていません。

平安時代の小野篁《おののたかむら》、平安末期の足利義兼《よしかね》、極端な説としては中興の祖とされている上杉憲実が、実は設立者ではないのかというものまであります。最後の説は、憲実以前にも学校があった史料が断片的に残っていますので成り立ちませんが、設立者と年代は不明としかいいようがありません。

足利学校は戦国時代に最盛期を迎えますが、戦乱の中にあっても全国から学生が集まり、足利の地を統治した歴代の戦国大名から保護を受けて存続していました。当時は「日本最大の高等教育機関」でしたので、有数の蔵書も保有していました。研究・教育のための図書館であったと言えるでしょう。大学図書館の元祖という見方も存在します。ここでは足利学校の歴史を付属文庫を中心として、少し詳しくお話ししたいと思います。

足利学校の再興と上杉憲実

創建年に関しては諸説があって、いまだ通説と呼べるほど根拠があるものはありませんが、いずれにしても中世になってから足利学校はかなり衰微していたのは確かなことのようです。

それを復活させたのが上杉憲実です。永享四年（一四三二）に憲実は足利の地を自らの領地とし、同十一年（一四三九）に数々の貴重書を寄贈しています。

憲実が寄贈した本とは、『礼記正義《らいきせいぎ》』、『春秋左氏伝註疏《しゅんじゅうさしでんちゅうそ》』、『毛詩註疏《もうしちゅうそ》』、『尚書正義《しょうしょせいぎ》』と、嫡子憲忠が『周易註疏《しゅうえきちゅうそ》』を憲実の遺命により寄贈しています。これらの本は「五経」と呼ばれており、現在は国宝に指定されています。

この五経註疏本に憲実は自ら識語（書き込み）を行っています。それには「此書学校の圏外に

出るを許さず　憲実（花押）」と記されており、憲実が如何にこれらの本を大事にしていたのかがうかがえます。

また憲実は五経註疏本閲覧のために、「野州足利学校置五経疏本条目」を制定しています。その内容について、結城陸郎氏は次のようにまとめています。

（1）収納・帯出を厳重にし、披見は収納舎屋内に一冊限りとすること
（2）書籍取扱者の交代に関しては、予定を定め、新旧相対して巻数の点検を行うこと
（3）借覧に当っては鄭重を旨とし、書入、汚損のないようにすること
（4）曝書等によって朽損を避け、火難を避けること
（5）売却・入質・窬盗《ゆとう》には最大の罰を加えること

（結城陸郎『足利学校の教育史的研究』五十九〜六十頁）

足利学校の文庫は、図書館としては閉鎖的だったようです。館外貸し出しは行わず、館内での閲覧が義務づけられており、それも一冊しか許されなかったようです。文庫の蔵書は、一点もの限りの貴重書が多かったので、盗難亡失の観点からこのような厳しい閲覧規則となったのでしょう。

さらに憲実は文安三年（一四四六）に「学規三条」を定め、教学の基本方針を示しています。

その内容は「足利学校で学ぶべき学問の内容や規則を守らない学生の在校を許さない」・「就学に不熱心な学生の在学を許さない」・「学生は入学に際して僧侶の身分となる」(「史跡足利学校」ホームページ　足利学校Q&A)というものだったようです。

憲実が足利学校を再興した永享十一年(一四三九)という年は、憲実の主君である鎌倉公方足利持氏が永享の乱によって敗死した年でした。乱の原因は持氏と憲実の長年にわたる対立で、憲実暗殺を持氏は画策していたようです。この対立に、これまた持氏と仲が悪かった京都の六代将軍足利義教が介入してきます。

結果として持氏は挙兵して幕府軍と交戦し破れてしまいます。義教は憲実に対して持氏殺害を命じますが、憲実は相当逡巡したようです。その間行ったことが、衰微していた足利学校の再興でした。しかし幕府の命には逆らえず、遂に持氏と嫡男の義久を攻め滅ぼします。世の無常を感じたのか、晩年は出家して諸国を流浪しています。最期は大内氏を頼り長門国(山口県)で死去しました。

初代庠主・快元

永享十一年(一四三九)に上杉憲実は、鎌倉円覚寺の禅僧快元を招いて初代庠主《しょうしゅ》(校長)に据え、足利学校の本格的な再興を計りました。

しかし残念なことに、室町・戦国期の足利学校の史料はほとんど残っておらず、快元の生年月日も、庠主になった正確な年も、退任した年も実はまったく分かっていません。明和七年（一七七〇）に記された足利学校の「由緒書」には、「儒釈同一の学を以て学徒をただし、足利学校中興の第一世となし」と記されています。

「儒釈同一」とは中国で生まれた思想で、儒教と仏教を根本的に相通じるものとして、その融合調和を考える立場のことです。これは五山派の禅僧たちに広く受容されており、中世の学問・文学の中心になる思想です。快元もこの立場をとっていたようです。

快元は鎌倉の円覚寺に入り、儒教と仏教を学びました。さらに明に渡り儒教を深めようとしましたが、思うところあって中止してしまいました。快元は特に易学に精通していたようで、足利学校が易学を中心に教えるようになったのは快元の影響も大きかったということです。快元は三十年ほど庠主を務め、文明元年（一四六九）ごろに退任したといわれています（倉澤昭壽『近世足利学校の歴史』二十四～二十五頁）。

戦国期の足利学校

一般的に戦国時代は、応仁元年（一四六七）から十一年にわたって京都で市街戦を繰り広げた応仁の乱によって始まったと思われていますが、関東ではそれよりも早く戦乱に突入していました。

享徳の乱です。享徳三年十二月（一四五五年一月）から文明十四年十一月（一四八三年一月）まで、およそ二十八年間にわたって断続的に関東で戦闘が行われました。原因は鎌倉公方足利成氏（持氏の子）と、関東管領上杉憲忠の対立にありました。成氏が憲忠を謀殺したのが、この大乱の直接的な引き金です。関東管領側には京都の将軍足利義政が加担し、全面的に成氏と争うことになったのでなかなか収束しなかったということもありました。ちなみに成氏に暗殺された憲忠は、足利学校を再興した上杉憲実の嫡男でした。

享徳の乱は、結果として敵対する鎌倉公方足利氏・関東管領上杉氏両陣営の衰退につながっていってしまいます。鎌倉公方は鎌倉に戻ることができず、常陸国古河（茨城県古河市）に拠って古河公方となり、やがて衰微していきます。南関東には戦国大名北条氏が侵出してきました。北関東では以降、上杉氏と北条氏とが対立を深めます。

この間の足利学校はどうなっていたのでしょうか。実は十五世紀末期から十六世紀はじめにかけての足利学校の記録は存在しておらず、何も分かっていません。しかし存続はしていたようです。東井之好《とうせいしこく》が永正六年（一五〇九）から大永四年（一五二四）にかけて、第五世庠主に就きますが、この代に小田原の伊勢宗瑞《いせそうずい》（北条早雲《ほうじょうそううん》）から狩野祐清《かのうゆうせい》の「孔子・顔回《がんかい》・子路《しろ》」の画像の寄進があったようです。また憲実の孫にあたる関東管領上杉憲房《うえすぎのりふさ》からも漢籍が寄進されました。さらに京都から高名な連歌師宗長《そうちょう》が足利学校を訪問しています。

これらのことから足利学校の名声は京都にまで届いており、上杉氏はもとより、新興勢力の北条氏も高い関心を寄せていたことが推察されます。

天文十八年（一五四九）十月、山口に滞在していたイエズス会宣教師フランシスコ・ザビエルは、インドのゴアの大司教座に宛てた報告書の中で、足利学校のことを次のように紹介しています。

都の大学の外に、尚、有名な学校が五つあつて、その中の四つは、都からほど近い所にあるといふ。（中略）日本に於て、最も大きいのは、坂東（関東）であつて、都を去ること、最も遠く、学生の数も遙かに多いといふ。

（アルーペ神父・井上郁二訳『聖フランシスコ・デ・サビエル書翰抄』下巻、五十一～五十二頁）。

これは第六世庠主文伯日新《ぶんぱくにっしん》の頃の足利学校の様子ですが、ザビエルは足利に来たことはありません。この書簡を書いたときは鹿児島に滞在していました。鹿児島までその名声は届いていたのです。

一説には、この日新の代に大火災に遭い、多くの建物を焼失してしまったといわれていますがはっきりしません。

第七世玉崗瑞璵九華《ぎょくこうずいよきゅうか》の代が、戦国期でもっとも栄えたといわれています。学生は日本全国から集まり、南は琉球から来た学生も在学していたようです。その数は三千人ともいわれていますが、この数はすこし誇張が入っているかもしれませんね。

九華は薩摩で生まれ、鎌倉の建長寺で修行し、後に足利学校に入学し之好や日新について学びました。卒業生から庠主になったのです。それまで度重なる火災で多くの建物が失われていたのですが、九華はその復興に心を砕きました。

九華は北条氏と親交があったようで、永禄三年（一五六〇）に北条氏政から金沢文庫所蔵の宋版『文選』を譲り受けています。金沢文庫は当時北条氏の支配下にあったようですが、荒廃が進んでいたので、足利学校の方がこの貴重な書物を所有するのにふさわしいと判断したのでしょうか。

八世古月宗銀《こげつそうぎん》の代の天正八年（一五八〇）に、甲斐（山梨県）の武田勝頼は東上野《ひがしこうずけ》に出陣しますが、その際足利学校への乱暴狼藉を禁止した禁制《きんぜい》を発しています。

さらに北条氏政も天正九年（一五八一）に、兵馬の狼藉を固く禁止した禁制を下しています。このように、足利付近に出兵した戦国大名も、足利学校には貴重な書籍が多かったことから、それが失われることを恐れたのです。

足利学校の教育

ここで足利学校の教育方法について簡単にふれておきましょう。

足利学校の在学生は僧籍にある者が原則でした。時代が下るにつれて僧でない者がみられるようになりますが、在学中は剃髪をした法体《ほったい》が義務付けられていました。

初代庠主の快元は易学に通じていましたが、戦乱のこの時代、軍を動かすのは占いによって決めていました。吉凶を重んじていたのです。その任に当たったのが禅僧でした。ですから足利学校で易学を学べば、各地の戦国大名に仕官することができたのです。現代風にいえば就職に直結した「実学」を教えていたのです。

就職率が高く、また身分の低い者の入学も許されていたので、実に多種多様な学生がいたようです。快元の後の二代から四代までの庠主は出自不明なのですが、ひょっとしたら低い身分の出身者が認められて庠主になったのかもしれません。

学習のスタイルは、基本的に自学自習でした。現在の学校のように時間割がキチッと決まっていたわけではなく、儒教・兵学・易学で好きなように学び、分からなければ先輩や先生に質問し、あるいは討論をして学びを深めていったようです。在学年限はなく、学生自身で決めていました。長い人で十年、短い人だとわずか一日という者もいたようです。

自学自習ですので、参考図書がなければ勉強はできません。ですので、足利学校には上杉憲実の寄贈した本を基礎として、大量の蔵書を有していました。

足利学校付属文庫の蔵書

では戦国期の足利学校には、どの程度の蔵書があったのでしょうか。十五世紀半ばの上杉憲実による復興以後、着実に整備が進んできたと思われますが、戦国期の足利学校の記録はほぼ残っていないので、具体的な蔵書の内訳はよく分からないというのが現状です。

川瀬一馬氏はそのような困難な状況から研究を進め、室町期の蔵書数について一応の数字を出しています。それによると、九世庠主閑室元佶《かんしつげんきつさんよう》三要以前は、刊本（印刷された本）十九部、写本三十七部、計五十六部、三要時代の増加分は、刊本二十一部、写本三部、計二十四部となっていります（川瀬一馬『増補新訂　足利学校の研究　新装版』一五四頁）。金沢文庫と比較すると、かなり少数ですが、良質な書籍のみを選択して収集した結果ではないかと思われます。

国書とは日本で出版されたか、製作された本のことを指しますが、儒教を中心に教えていたので、国書は少数しか所蔵していませんでした。これが江戸時代に入ると、総計六三一部、四九三四冊を数えることができます。これは、享和二年（一八〇二）の『足利文庫目録』の数字です（結城陸郎『足利学校の教育史的研究』六一〇～六一一頁）。

岩猿敏生氏はこの点について次のような見解を示しています。

足利学校の文庫では儒書が中心であったと思われるが、室町期の蔵書目録がないため、実際どのような蔵書であったかは解らない。（中略）（江戸時代の蔵書目録では―引用者註）国書や仏典も含まれている。これは、時代とともに学校の教育方針も変わってきたと思われるので、当初の教育方針をそのまま示す蔵書状況とは言えない。（岩猿敏生『日本図書館史概説』七十二頁）

平和な江戸時代は徳川幕府の保護を受け、安定期を迎えるのですが、かつてのような賑わいはなくなってしまいました。安定というよりも衰退期に入ってしまったという方が正確かもしれません。

時代とともに足利学校も役割を変えてきたので、蔵書も戦国と江戸では大きく変化している可能性もあります。実はそう考える根拠として、戦国末期に大きな事件が足利学校を襲ったのです。

豊臣秀次の庠主「拉致」事件

天正十七年（一五八九）、九華門下の三要が九世庠主に就任します。三要は足利学校の経営に尽力したことは、遺した数多くの書籍からもうかがえますが、戦国末期は学校を取り巻く状況が大きく変化します。

足利学校はそれまで関東管領上杉氏、次いで戦国大名北条氏の庇護を主に受けていましたが、天正十八年（一五九〇）の豊臣秀吉による小田原征伐によって北条氏は滅亡してしまい、保護をする大名がいなくなってしまいます。

北条氏に代わって、江戸に徳川家康が入府してきますが、倉澤昭壽氏は三要がこの頃に家康に接近したのではと推測しています（倉澤昭壽『近世足利学校の歴史』三十六～三十七頁）。

天正十九年（一五九一）、奥州で九戸《くのへ》政実《まさざね》という武将が居城の九戸城に立て籠って反乱を起こしました。秀吉は即座に鎮圧軍を派遣し、秀次が総大将として出陣します。

首尾よく九戸の反乱を鎮めた帰途、秀次は帰り道に常陸国古河（茨城県古河市）に立ち寄ります。古河まで出迎えた三要は、そこで思いもかけないことを秀次から命じられます。足利学校所蔵の「孔子画像」、什器及び『五経註疏』、『群書治要』、『太平御覧』、『史記抄』などの搬出と、三要の上洛を告げられました。秀次による足利学校蔵書の「強奪」と、庠主である三要の「拉致」といってもよい事件でしょう。翌文禄元年（一五九二）、三要は上洛します（結城陸郎『足利学校の教育史的研究』一四〇頁）。

その間の様子を、宣教師のルイス・フロイスは次のように、著書『日本史』の中で描写しています。

> 関東地方の下野と称せられる国に足利という、日本でもっとも古くかつ重要な著名な大学がある。そこには、学位を獲得して、各自の僧院において権威を保ち、有名な説教家になるこ

とを願うすべての仏僧たちが諸国から参集していた。その大学には、日本の神と仏の諸宗派や儀式を始め、漢字を教授する教師たちがいた。関白は暴虐にも彼ら（学僧たち）を自らの支配下に置こうとし、事実それを実施したここ数年というものは、当地方には、戦争、謀叛、叛乱が相次いだ。そして足利の大学もまた火災と破壊（を伴う）叛乱に曝され、教師も学僧たちも四散し、総合学舎があった場所は壊され蹂躙された。

（松田毅一・川崎桃太訳『フロイス日本史　5　五畿内篇Ⅲ』二九六頁）

実際は足利学校の建物は火災にも遭っていませんし、破壊行為も秀次からされてはいないのですが、遠く離れた京都にいたフロイスにはそのように伝わっていたのでしょう。三要の上洛と大量の学校蔵書の移送について、秀次の背後に太閤秀吉の意向があったのかどうかは今のところ分かりません。秀吉はそれほど書物に対する関心がなかったようなので、おそらく秀次単独の行動ではないかと思います。

その後、秀次は秀吉に謀反の疑いをかけられ切腹を命じられてしまいますが、主を失った三要は徳川家康のもとに身を寄せます。

家康は三要を招いて、慶長四年（一五九九）から同十一年（一六〇六）にかけて木製の活字を制作させ、『孔子家語』を出版しています。これを伏見版と呼びます。『孔子家語』とは孔子一門の説話を蒐集したとされる本です。足利学校にはこの時に使用した木活字が少々と、伏見版の書物が四部所蔵されています。

三要は出版業の他にも、家康のブレーンとして外交文書の作成などにも参画しています。家康が駿府に引退したあとも一緒についていったようです。そのため家康は三要のために京都と駿府に円光寺を建立しています。

三要上洛後の足利学校はどうなってしまったのでしょうか。竜派《りゅうは》禅珠《ぜんしゅ》寒松《かんしょう》が、天正十九年（一五九一）に事実上の十世庠主になったのではと思われます（倉澤昭壽『近世足利学校の歴史』三十七頁）。三要は家康の側近として、後方で足利学校発展のために尽力したのです。

秀次によって持ち去られた大量の足利学校の蔵書は、家康の手によって返却されました。その年がいつだったか分からないのですが、結城陸郎氏によれば慶長四年（一五九九）としています。さらに家康は新たに『孟子注』、『貞観政要』、『六韜』などを寄進しています（結城陸郎『足利学校の教育史的研究』一四一頁）。

秀次の足利学校蔵書強奪と庠主拉致事件は、史料が不足していてよく分かっていません。またこの時に大量に足利学校の蔵書が持ち去られてしまったので、戦国期と江戸期の蔵書は大きく違っている可能性があると前に指摘しましたが、秀次のこの行動のせいなのです。

近世以降の足利学校

江戸時代に入っても代々の徳川将軍は保護を与え、中でも八代将軍徳川吉宗は足利学校の蔵書調査を家臣にさせています。

寛政五年（一七九三）には蒲生君平《がもうくんぺい》らによって学校の規則、いわゆる「足利学式」が制定されています。中には図書館に関する規定も存在し、閲覧についてもふれています。これによると、図書館の管理は、司監・司籍・訓導が担当しており、館内閲覧のみが許され、館外貸し出しは行っていないとされています。

足利学校は明治五年（一八七二）に廃校とされますが、その蔵書管理のために同三十六年（一九〇三）に足利学校遺蹟図書館が開館しています。現在は旧足利学校の蔵書を引き継いだ古典籍専門の図書館となっていますが、開館当初は栃木県下初の公共図書館で、広く一般住民に向けてサービスをしていました。昭和五十五年（一九八〇）に栃木県立足利図書館が開館し、一般向けのサービスはそちらに移ります。ちなみに平成二十八年（二〇一六）四月に県立足利図書館は足利市立図書館としてリニューアルオープンしています。

足利学校は、上杉氏や北条氏、徳川氏によって保護を受け存続していましたが、では戦国大名は書籍に関心を寄せ、蒐集していたのでしょうか。答えを先に言ってしまうと、大名によってはかつての貴族以上に蔵書数を誇る者もいました。次項から戦国大名の蒐書と図書館についてもみていきましょう。

戦国大名と書籍蒐集

戦国時代に突入すると、京都の治安が悪くなるので、貴族たちが地方の有力な大名を頼って下向していきます。各地の戦国大名は文化に強い関心を持ち、書籍も大量に蒐集する者が登場してきます。

それまでは執権北条一族や足利将軍家など、中央政権を担っている一族が中心でしたが、それらが求心力を失うと反比例に地方の大名が本を集め始めるのです。

ここでは西国の大大名大内氏と、東国の戦国初期の武将太田道灌を取り上げてみましょう。

大内氏の特徴は、文化に高い関心を示しており、それが一代ではなく室町期の義弘に始まり、盛見《もりはる》、教弘、政弘、義興、義隆まで六代にわたって継続されていることに大きな特徴があります。これは他の大名にはみられないことです。それほど大内氏は文化面に関心が深かったのでしょう。ここでは少し詳しく見ていきたいと思います。

太田道灌は、後述しますが大名ではありません。しかし江戸城を築城した武将として夙に著名ですが、そればかりではなく当代随一の文化人でもありました。江戸城は、徳川将軍家によって紅葉山文庫が設けられますが、築城当初から文庫があった稀有な城です。道灌の文庫も紹介したいと思います。

大内氏の出自と版図

大内氏の出自は少し変わっています。先祖は古代朝鮮の百済王国第二十六代聖王の孫にあたる琳聖太子《りんしょうたいし》と伝わっています。太子は推古天皇の御代の六一一年に周防国多々良浜に着岸したので、姓を「多々良」と称しました。そして大内村を領したので、氏《うじ》を「大内」と名乗ったということです。先祖が朝鮮王族というのが公称ですので、そのいわれを活用して明や朝鮮との貿易を行って、莫大な財を築きました。

以降、大内氏は周防国を拠点として勢力を拡大し、最大版図は長門（山口県）・石見（島根県）・安芸（広島県）・備後（広島県）・豊前（福岡県・大分県）・筑前（福岡県）と北九州にまで支配下にしますが、家臣の陶晴賢の裏切りにより宗家が滅亡してしまいます。晴賢も国衆の毛利元就に倒され、以降旧大内領国は毛利の支配となります。

歴代大内氏当主の書籍蒐集

大内氏は朝鮮（高麗・李氏）と貿易をしていたので、義弘はそのルートで貴重な『大蔵経』（高麗版。高麗で印刷された大蔵経）を取り寄せています。当時は印刷技術が未確立だったので、経典も間違いが多々ありました。海外から正確な経典のテキストを輸入するというのは、非常に意義深いものでしたが、なかなか実行しようと思ってもできることではありません。朝鮮との関係が深い義弘であるからこそ可能だったのです。

また義弘は仏典ばかりではなく連歌にも興味があり、当時の有名な歌人二条良基《にじょうよしもと》とも交流がありました。『十問最秘抄《じゅうもんさいひしょう》』などの書物も良基から贈られており、国書や儒教関係書も多く集めたと思われます。

しかし義弘は、三代将軍足利義満の挑発を受け、応永六年（一三九九）に反乱を起こしてしまいます（応永の乱）。翌年乱は幕府軍に鎮圧され、大内氏は一時勢力を衰退させます。

義弘敗死後は、弟の盛見が家督を継ぎました。盛見もまた書籍蒐集に励み、『蔵乗法数《ぞうじょうほっすう》』（一四一〇年）、『理趣分』（一四二六年）、『法華経』（一四二八年）などを印刷して諸寺院に配布していま す。これが大内氏の出版事業「大内版」の嚆矢です。盛見の後の持世、教弘も本集めは止めず、特に歌集、草紙などの文芸書を好んだようです。

歴代当主の中で特筆すべき人物として、まずあげなければならないのは教弘の後の政弘です。

政弘は三条西実隆や宗祇から、和歌や連歌を学び、桂庵玄樹《けいあんげんじゅ》や京都の貴族たちを多く山口に呼び寄せました。政弘は山名宗全亡き後、応仁の乱で活躍し西軍の総大将として和睦までこぎつけたほどの人物ですが、学問や書籍を愛した一流の文化人でもあったのです。

当時の書籍の蒐集は、もっぱら良質な本を見つけ、写本を製作するというのが一般的でした。その良質な写本の情報ネットワークは、この時代は貴族だけではなく地方の大名にまで含まれていたことが分かります。政弘は一条兼良という、蔵書家としても有名な貴族と親交を結んでいました。兼良は政弘に『源語秘訣』、『花鳥余情《かちょうよせい》』などの書物を贈っています。この二冊はいずれも兼良の著作で、『源氏物語』の注釈書です。

兼良の他にも、三条公敦《さんじょうきんあつ》、三条西実隆《さんじょうにしさねたか》、姉小路基綱《あねがこうじもとつな》、飛鳥井雅康《あすかいまさやす》、能阿弥《のうあみ》、道証《どうしょう》など、貴族、能役者、僧侶（尼）と実に多彩な人物が本を写し、政弘に贈ったことが明らかになっています。逆に政弘も他人に本を貸しているケースもあるようです。

政弘の息子の義興も、朝鮮との貿易で多数の珍しい本を取り寄せています。明応三年（一四九四）には正平版『論語集解《ろんごしっかい》』を覆刻させています。

ちなみに義興は武将、政治家としても一流でした。京都から落ち延びてきた十代将軍足利義植を奉じて上洛し、十一代将軍足利義澄を追い落とし、再び義植を将軍職に就けるという荒業を行っています。義興自身は管領代という幕府の職に就き、幕政を主導しました。

義興の子息である義隆の時代が、最も華やいだ時代であったといわれています。京都から多くの貴族を招き、山口を京都にも負けない一大文化都市にしました。明や朝鮮から多くの書籍を求め、相当の量に達していたと思われます。また大内版も義興の代よりも力をいれ、貴重な書物の出版を行っています。

しかし義隆と父・義興との最大の相違点は、義隆は政治や軍事にあまり興味を示さなかったことです。京都に上洛して天下（当時の「天下」とは畿内一円を指した）に号令をかけるほどの器量はなかったようです。家中も遊惰に流れてしまい、譜代の家臣の陶晴賢《すえはるかた》の謀反により、天文二十年（一五五一）に滅びてしまいました。その際に大内氏の蔵書もすべて焼失してしまったようです。残念なことに大内氏がどの程度の蔵書を誇っていたのか、具体的なことはあまり分かりません。

山口殿中文庫

少ない史料を寄せ集めてみると、大内氏の文庫は「山口殿中文庫」と称されていたようです。和歌や連歌の懐紙、歌書などはもちろん、大内氏の氏寺・興隆寺《こうりゅうじ》で行われる祭礼の記録と、興隆寺に差し出した大内氏の文書の控えも収蔵されていたようです。このことから、図書館的な機能だけではなく、今日でいう公文書館のような役割もあったと推測されます（和田秀作「大内氏の文書管理について」）。

大内氏は政弘の代に、貴族や能役者、僧侶などと本の貸借をしており、情報のネットワークを築いていました。一例をあげると、享禄四年（一五三一）に大和国（奈良県）の国衆十市遠忠《とおちとおただ》が、山口殿中文庫所蔵の『李花集』（後醍醐天皇の皇子、宗良親王の和歌集）を書写し、写本を作成していたことが分かっています（和田秀作「大内氏の文書管理について」）。大内氏の文庫は大和の国衆まで貸しだされていたのです。

この書籍を媒介とする情報ネットワークでは、どの貴重書は誰が所蔵しているかなど、本の所在情報も流れていたことと思われますし、政治的な情報も交わされたと思われます。それが大内氏の書籍蒐集や出版事業、そして中央政権への進出のために役に立ったと思われます。政弘と義興はこの情報ネットワークを活用して成功しましたが、義隆は活かしきれなかったのかもしれません。

太田道灌の静勝軒文庫

さて、大内氏は西国の大大名でしたが、東国では文庫を開設していた武将はあるのでしょうか。東国は大内氏ほどの文庫を開設している大名はおりません。もともと関東には大きな領地を有する大名は存在せず、鎌倉公方と関東管領が武力衝突を繰り返していた土地ですので、大勢力になるような武将はいなかったのです。

そのような中で特筆すべき人物として、室町末期から戦国初期にかけて活躍した太田道灌《おおたどうかん》がいます。道灌は江戸城を築城した人物で、軍事的才能だけでなく、学問や和歌にも造詣が深い文武両道の名将でした。

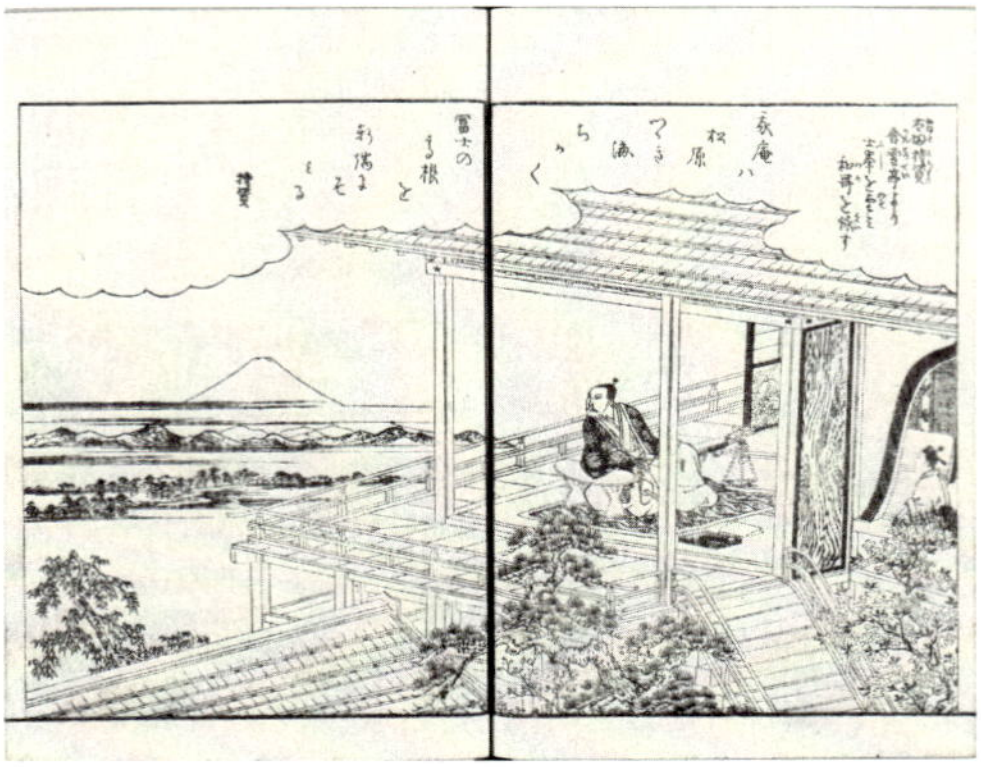

江戸城内の静勝軒文庫で詩歌を楽しむ太田道灌の想像図（『江戸名所図会』国立国会図書館蔵）

道灌の家系は、関東管領上杉氏の一族である扇《おうぎ》谷《がやつ》上杉氏の家宰を代々務めた家柄で、武士としては名門でした。幼少時には鎌倉五山、次いで足利学校でも学んだといいます。

道灌の生涯は戦いの連続でした。前にも述べましたが、古河公方足利成氏と関東管領上杉氏が利根川を挟んで長期間対立する享徳の乱が勃発します。道灌は関東管領側の武将として参戦し活躍をします。その過程で康正三年（一四五七）、江戸城を築城しました。

文明五年（一四七三）に、上杉氏の一族である山内上杉氏の家宰就任をめぐる不満から長尾景春が挙兵します（長尾景春の乱）。道灌はこの戦いで大活躍をして景春を滅ぼします。

道灌の名声は高まりますが、あくまでも道灌の立場は扇谷上杉氏の家宰でした。家臣の名声に妬みと危機感を覚えた扇谷上杉定正は、文明十八年（一四八六）に道灌を館に招き暗殺してしまいます。享年五十五。

さて肝心の文庫ですが、それはなんと築城まもない江戸城内に設置されました。「静勝軒」という文庫をつくり、蔵書は「千余函」あったといいますから、相当な量だったと推察されます。その内訳は、薬学、兵書、物語、歴史、歌書なども多かったといいます。戦いの最中にあっても、歌を詠み学問も嗜み書籍を蒐集していた道灌は、それらによって心を癒していたのかもしれません。

残念なことに道灌暗殺後は、静勝軒の蔵書は散逸してしまいました。図書館のように公開型であったのかどうかも不明です。ただ時の管領細川勝元《ほそかわかつもと》に兵書を贈ったとされていますので、本を通してのさまざまな階層との交流や情報の交換はあったと推測されます。道灌は江戸城内で連歌の会なども催していますので、蔵書はたいへん役に立ったのでしょう。

西国の大内氏、東国の太田道灌の事例を挙げましたが、他にも戦国大名は文化に深い関心を寄せていたことが分かっています。彼らは京都にいる貴族から学んでいました。戦乱によって経済基盤である荘園を武士に強奪されてしまった貴族は困窮していたので、それらを地方の戦国大名に教授することによって、食いつないでいたのです（米原正義『戦国大名と文芸の研究』）。

戦国大名と貴族

貴族社会には「日記の家」と呼ばれる、日記を代々書き継がれる家系があることを第一章では紹介しました。日記の家自体も相当の蔵書家であって、書籍を中核とした皇族・貴族や寺社との情報ネットワークが存在していたことも確認しました。

第一章では平安時代の様子でしたが、鎌倉・室町・戦国時代には、これら日記の家は存続していたのでしょうか。

結論からいえば、さすがに平安朝よりは衰えたとはいえ、「文化の伝道師」としての貴族の役割は健在でした。

特に戦国時代後期になり、地方の戦国大名が天皇や足利将軍の権威を借りて領国統治の正統性をアピールしようとしますが、そのためには貴族の援助は必要不可欠でした。

例えば越後（新潟県）の上杉謙信は、室町幕府の役職である関東管領に任じられ、それを根拠にして関東統治の正統性を主張しました。

奥州の伊達晴宗《だてはるむね》も、形式的な職になっていた奥州探題を幕府から命じられています。ちなみに孫の政宗は奥州探題を自称していました。謙信も晴宗も、自らの強い希望で幕府に工作をして任じてもらったのです。関東管領も奥州探題も戦国時代にあっては名誉職のようなもので、実質的な権限はなにもありません。しかしこれらの職は関東や奥州を統治する格好の口実になりました。武力でのし上がってきたのではなく、足利将軍から正式にその土地を治めることを認められたという形式が欲しかったのだと思われます。戦国の「風雲児」や「麒麟児」と近年称賛されている織田信長も、この例外ではありません。

以上は足利将軍の権威ですが、天皇の権威というと朝廷から与えられる官位です。陸奥守や山城守、従五位下や従三位といったものです。これらも戦国時代には形式的なものですが、陸奥守・山城守は本来陸奥国や山城国（京都府）を統治する国司のトップで、従五位下や従三位などの官位は朝廷での序列です。もともとは貴族のものですが、平安期から武士にも与えられるようになり、この序列が貴族や武士社会においても大きな影響力をもっていました。

これらの官位をもらうためには、貴族にいろいろ工作をしてもらう必要がありました。しかしいきなり訪ねて行っても、地方の大名のために貴族は力を貸してくれるはずがありません。普段から貴族と付きあっていかなければならないわけですが、そのためには古典文学や連歌などの文学的な教養が必要不可欠でした。また衰えたとはいえ、貴族は相当な蔵書を誇っていましたので、それらを勉強しようとすると貴族から書籍を借りる必要があったのです。

前述したように、貴族の方からしてみれば経済的基盤である荘園を戦で踏みにじられてしまったので、戦国武将たちに連歌などを教えて生活の糧にする必要がありました。いわば持ちつ持たれつの関係だったのです。

本書では紙幅の都合から多く紹介できませんが、代表例として山科家を取り上げたいと思います。

日記の家・山科家

山科家は藤原北家四条家の分家の一つで、貴族の家格としては羽林家《うりんけ》にあたります。羽林家は貴族としては中流になりましょうか。

歴代の山科家当主で一番有名なのは、戦国後期の言継《ときつぐ》でしょう。織田信秀、その子どもの信長、今川義元ら諸国の戦国大名や武将に和歌や音曲、蹴鞠などを教え、さらに武将から朝廷への多額の献金をもたらさせるなど、縦横無尽な活躍をしています。

言継はかなりの蔵書家で、「図書館」的な活動も行っていました。彼が日々つけていた『言継《ときつぐ》卿《きょう》記《き》』には、その様子が記されています。

言継は自身の蔵書を求められて貸し出すだけではなく、求める蔵書が山科家になければ、他から借りてきて写本を作成して貸し出しています。また他家が所蔵している本の閲覧を希望している人がいれば、仲介者の役目も積極的に果たしています。多くの本が言継を介して貸し借りされています。時には天皇の依頼に応じて、『源氏物語』の一部を書き写したりもしています。

言継が貸借、書写、校合した書物は『源氏物語』、『風雅集』などの文学作品、『日本書紀』、『公卿補任』、『禁中補任』、『諸家伝』、『禁秘御抄』などの歴史書や、宮中の年中行事関係の書籍が多かったようです。これらは戦国時代にあっても、平安以来の儀礼のしきたりを維持するうえで必要不可欠の文献でありました。

また、戦乱の時代であったため、蔵書を唐櫃に入れてさまざまな人に預け、いわば疎開させていました。言継は時には預けた先に出向いて行って、必要な本を取り出し、中身の点検もしていたようです（小川徹・奥泉和久・小黒浩司『公共図書館サービス・運動の歴史』一、三十八〜三十九頁）。

言継はこのような活動を行っていますが、では言継以外の歴代当主も同様なことをしていたのでしょうか。

言継の父・言綱《ときつな》の日記はありませんが、祖父・言国《ときくに》は『言国卿記』という日記が残されており、言継の子の言経《ときつね》も『言経卿記』があります。さらに、言継の先祖の教言《のりこと》も『教言卿記』という日記を書いていますので、これらの内容を検討すれば、山科家の書籍交流活動がわかると思います。

本書では紙幅の都合もあることから、応仁の乱（一四六七〜七七）末期から戦国最初期の記述がある、山科言国の『言国卿記』を例にして見てみましょう。

山科言国と『言国卿記』

山科言国は享徳元年（一四五二）に、山科家庶流の保宗の子として生まれましたが、本家の顕《あき》言《こと》が嗣子なくして寛正三年（一四六二）に没したため、本家の家督を継ぎました。言国は文亀三年（一五〇三）に没しています。

『言国卿記』は、文明六年（一四七四）から文亀二年（一五〇二）までの約三十年間にわたって記された言国の日記です。この期間は応仁の乱末期から明応の政変（一四九三）を経て、本格的に戦国時代に突入した最初期にあたっており、当時の京都の世相や朝廷、幕府の動向を知るのに格好の史料となっています。

では『言国卿記』から山科家の「図書館」的活動を覗いてみましょう。

図書の貸出

『言国卿記』には図書の貸出の記述が散見されます。いくつかみてみましょう。

文明八年（一四七六）二月十五日の記事に次のようなことが書かれています。大意を記します。

去年「執当」に貸した『源氏物語』の梅枝・藤裏葉・花散里・須磨・賢木が返却された。

（『言国卿記』第二、四十四頁）

「執当」とは寺社の雑事を行う人物のことです。

同一人物と思われる「執当」からは、四月五日に再び『源氏』の梅枝巻を貸しています。（『言国卿記』第二、七十九頁）。返却されたのは八月一日のことでした（『言国卿記』第二、一三八頁）。

文明八年（一四七六）八月三日に次のような記述があります。

三井寺の南洞院房実に、予が所持している『続古今和歌集』下巻を貸した。門跡の用か。
（『言国卿記』第二、一三九頁）

返却された日の日記にはこう書いてあります。九月十二日のことでした。

昨夕、大津に到着した。今日、三井寺に寄り、南洞院房実から『続古今和歌集』下巻を返却された。
（『言国卿記』第二、一六五頁）

他にも『言国卿記』には図書の貸出の記事が、それほど多くはありませんが散見されます。

図書の購入

購入の記述も一件だけですが確認されます。文明八年（一四七六）十二月十八日の記事にはこうあります。

近所の店に『続千載和歌集』があるのを発見した。これは禁裏御本である。この本の値段は百疋だそうだ。
（『言国卿記』第二、二一一頁）

禁裏御本ですから天皇所蔵の書籍ですが、なぜかそれが流出して店で販売されていたのです。百疋とは現代の貨幣で換算すると十万円ほどでしょう。翌十九日に言国は五十疋にまけさせて購入しています（『言国卿記』第二、二一一頁）。

漢籍等の輸入品は購入する場合が多かったのですが、和書が店頭で販売されているということは稀であったと思われます。当時は印刷技術が未熟でしたので、他人から書籍を借りて書き写して写本を製作し、自らの蔵書としていたのです。この記述は珍しいといえるでしょう。

図書の書写

言国が他人から借りてきた本は、書き写して写本を製作しています。書写の記述が『言国卿記』ではもっとも多く確認できます。

書写は自発的に行った場合もありますが、他人から依頼されて行うことも頻繁にあったようです。一例を挙げてみましょう。家格は羽林家である山科家よりは落ちますが、半家《はんけ》の高倉永継という貴族から、『後撰和歌集』の書写を文明十三年（一四八一）三月十二日に依頼されています（『言国卿記』第三、一七三頁）。うち上巻は四月十九日に終了し（『言国卿記』第三、一九六頁）、すべて終わったのが六月二十二日のことでした（『言国卿記』第三、二三二頁）。『後撰和歌集』は、『古今和歌集』に次いで二番目に編まれた勅撰和歌集です。平安初期に成立しました。

永継は男性ですが、女性からも書写の依頼は多かったようです。文明八年（一四七六）十月十三日には次のように記されています。

勾当局より依頼された『源氏物語』の書写を始める。（『言国卿記』第二、一七九頁）

勾当局《こうとうのつぼね》という女官から『源氏物語』の書写の依頼がありました。この書写が終わったのは十八日のことですので、おそらく勾当局の求めに応じて、一部分を書写したのでしょう。五十四帖全てではもちろんありません（『言国卿記』第二、一八〇頁）。

文明十年（一四七八）五月二十七日には、勝仁親王《かつひとしんのう》（後の後柏原天皇）の上﨟《じょうろう》（高級女官）の「あちゃちゃ」より依頼を受けて、『題林抄』上下巻を写しています（『言国卿記』第三、一四頁）。勝仁親王からも書写の依頼があったようです。明応七年（一四九八）閏十月六日に、親王から命じられていた『源氏物語』を写し、献上したとあります（『言国卿記』第六、一八二頁）。親王の上﨟「あちゃちゃ」からの推薦でしょうか。

言国は将軍や天皇からも書写を依頼されています。文明八年（一四七六）二月二十日には、八代将軍足利義政からの求めに応じて、連歌を写しています（『言国卿記』第二、四十七頁）。文明十年（一四七八）八月十四日には、義政の所望により『古今和歌集』収録の和歌五首を写して献上しています（『言国卿記』第三、五十三頁）。

また、後土御門天皇からも書写の依頼がたびたび来ています。文明十年（一四七八）四月二十八日には『鴨長明集』の書写を天皇の御前で命じられています。翌二十九日には早くもその仕事を終え、校合をしています（『言国卿記』第二、二八二・二八三頁）。さらに明応三年（一四九四）五月十九日には、勅命により『平家物語』二十巻の書写を命じられています（『言国卿記』第五、八十二頁）。後土御門帝は、文学に関心を寄せていたのか『新古今和歌集』の校合を自らも参加して行っています（文明十年八月十七日）（『言国卿記』第三、五十五・五十六頁）。

また言国は、『明恵上人絵詞』の詞書《ことばがき》の部分だけ写しています（『言国卿記』第三、八十八〜九十一頁）。これは「絵詞」とあるように、明恵の生涯を絵と文章で記したものです。さすがに絵師ではないので絵は写さなかったようですが、自分の手に負えない場合は他者に依頼をしています。

文明六年（一四七四）八月二十三日に、橘通任《たちばなのみちとう》という人物を天皇の命で呼んで諸国の絵図を写させています（『言国卿記』第一、一四三頁）。通任は絵師のようで、絵の部分を最初に写させ、文字の部分は二十五日に、三条西実隆に頼んで写してもらっています（『言国卿記』第一、一四五頁）。この絵図は借り物だったらしく、二十七日に甘露寺親長《かんろじちかなが》に返却しています（『言国卿記』第一、一四六頁）。

しかし書写の依頼をして、中には断られることもあったようです。文明八年（一四七六）五月四日に鷲尾隆顕《わしのおたかあき》の頼みによって、『千載和歌集』の書写を中御門宣胤《なかみかどのぶたね》に依頼しています。が、翌五日に宣胤からは断られてしまいました。言国は「無念無念」とたいへん残念がっています（『言国卿記』第二、九十二頁）。

おそらく隆顕が宣胤の筆による『千載和歌集』の写本が欲しかったのでしょうが、伝手がなく依頼ができません。そこで隆顕・宣胤両者と親交のあった言国に、隆顕が書写を依頼したということだと思います。言国は書写依頼の仲介も行っていたのです。鷲尾家と言国との関係は次項で説明します。

さらに書写の指導も言国は行っています。明応三年（一四九四）六月十四日に、『平家物語』の書写を、後土御門帝から勧修寺《かじゅうじ》経茂《つねしげ》らに命じられたのですが、言国がその書き方の指導も命じられています（『言国卿記』第五、九十四頁）。

写本製作

言国は文明六年（一四七四）閏五月六日に、鷲尾隆憲から『古今和歌集』の上巻を借りて書写を開始しています（『言国卿記』第一、七十九頁）。

鷲尾家は藤原北家四条流の貴族で、隆憲は七代当主隆遠の庶子で当主にはなっていません。鷲尾家の家格は山科家と同じ羽林家なので、同じ藤原北家四条流の出ということもあって交流も深かったのでしょう。その伝手で『古今和歌集』を借用したのだと思われます。

言国は同月十五日昼前に上巻の書写を終えています（『言国卿記』第一、八十三頁）。翌十六日に、『古今和歌集』上巻を他の系統の写本二種（「少将・兵衛両本」）と校合をし、十七日に終え（『言国卿記』第二』八十四頁）、二十日に隆憲に返却しています（『言国卿記』第一、八十六頁）。

鷲尾家所蔵の『古今和歌集』は上下巻だったようで、下巻は二十五日に借りています。そして翌々日の二十七日から転写を開始しています（『言国卿記』第一、八十八～九頁）。下巻がいつ写し終わったのか判然としませんが、八月二十日には校合のために冷泉家から『古今和歌集』を借用しています（『言国卿記』第一、一四二頁）。

冷泉家所蔵本は藤原定家系統のものと思われ、当時も誤りの少ない良質な本と広く認識されていたのでしょう。それゆえ言国は冷泉本と校合したのだと考えられます。隆憲に下巻を返却したのは十一月十二日のことでした（『言国卿記』第一、一五五頁）。

下巻の書写に約三か月も費やしていますが、この間の言国は多忙を極めていたようです。また『言国卿記』のところどころに「今日、（西軍が─引用者注）早朝ニ西京ヲヤキハライ」（七月二十六日）、「山科ヨリ、御構ヲ、テキヨリ大せメスヘキ由」（七月二十九日）、「テキ東ノ構ヘカクル也」（八月七日）などの記述があります。言国は東軍（細川勝元）に味方していたらしく、西軍（山名宗全）を「敵」と書いています。

応仁の乱は京都市街で戦闘が行われたわけですが、そのような中にあっても『古今和歌集』を借りて書写し、良質な写本と校合して完璧を期するなどの文化的な活動が、戦場の只中で行われていたことは特筆すべきことでしょう。

ただ文明六年（一四七四）はもう東西両軍ともにやる気がなくなっている時期なので、戦闘もそれほど激しいものではないようです。細川勝元も山名宗全も前年（一四七三）に相次いで死去しており、後を継いだ細川政元と山名政豊との間で文明六年（一四七四）四月に和議が既に成立していました。『言国卿記』に書かれた七月以降の戦いは、東西両軍の残存勢力が交戦していたに過ぎなかったのです。

さて、言国の『古今和歌集』書写の流れをまとめると次のようになります。

文明六年（一四七四）
閏五月六日　鷲尾隆憲から『古今和歌集』上巻を借用
　十五日　上巻書写終了
　十六日　他系統の写本二種と校合
　十七日　校合終了
　二十日　隆憲に上巻を返却
二十五日　隆憲から下巻を借用

二十七日　書写開始
※この間に下巻書写終了か
八月二十日　下巻校合のため、冷泉家から『古今和歌集』を借用
十一月十二日　冷泉家に返却

『古今和歌集』は隆憲から言国が借りたわけですが、逆に言国から隆憲へは『源氏物語』を貸していました。文明七年（一四七五）四月十二日に言国に返却されたとの記述があります（『言国卿記』第一、二四七頁）。

『言国卿記』にみる図書を核とした交流

言国は室町末期・戦国初期といった動乱の時代にあって、図書の貸借・写本作成を通して他の貴族はもとより、天皇・皇族、僧侶、また女官なども含めて上流社会の各層と交流をもっていたことが分かります。言国の代にはまだ地方の大名との関係は築かれていないので日記には登場しませんが、このネットワークに言継の代になると、戦国大名や武将が入ってくるのです。ネットワーク自体は言継の祖父・言国の代にはすでに構築されていたと考えられます。

また単に写本製作を行っているだけではなく、仲介や後進の指導なども行っていました。書籍

で他者と結びついた関係は、次章で紹介する江戸後期の「蔵書の家」とかなり近い形であったと言え、その原形をみている感じがします。

読書の庶民への普及

山科言国の事例からも分かるように、応仁の乱末期から戦国初期という戦乱に明け暮れた時代でも、書籍を媒介とした交流は変わらずに続けられていたことが確認されました。

では貴族や武家以外の庶民は、本とまったく無関係だったのでしょうか。

戦国末期から安土・桃山、江戸初期にかけての京都の様子を描いた「洛中洛外図」には、街角に巻子本と冊子本を置いた本屋らしき店が描かれています（小川徹・奥泉和久・小黒浩司『公共図書館サービス・運動の歴史』一、四十一頁）。

室町後半から戦国期は庶民向けの書物も出現してくるので、店頭販売も行われるようになりました。御伽草子と呼ばれる、仮名で書かれ絵が主体となっている物語がそれです。

娯楽書だけではなく、実用書も刊行されるようになります。『節用集《せつようしゅう》』という庶民向けの簡便な国語辞典・用字集です。十五世紀半ばに編纂され、写本で流布していましたが、それが十六世紀末に堺で出版されました（岩猿敏生『日本図書館史概説』七十五〜七十七頁）。

また連歌や俳諧といった趣味の領域も、上層町人や上層農民も嗜むようになってきます。彼等も書籍を個人的に所蔵するようになっていきます。

庶民が書籍に日常的に親しむようになるのは、江戸時代も半ばを過ぎたころでしたが、室町末期から戦国期は、このように萌芽的なものが確認されます。武士たちが戦乱に明け暮れている時代でしたが、文化的な面では前時代に比べると徐々に向上していることが確認されます。

第三節　中世の図書館のまとめ

古代では皇族や貴族、僧侶が図書館経営と利用者の中心でした。中世に入ると、武士がそれらに取って代わります。

源頼朝は京都から遠く離れた鎌倉に幕府を構えますが、承久の乱以前は全国を実行支配するだけの権力はなく、東国を中心とした政権でした。承久の乱を鎮めた後、朝廷の権力が大幅に衰えて名実ともに全国政権となったのです。

しかし武士の都である鎌倉が、すぐ文化の中心地になったわけではありませんでした。当初は、京都や奈良に住む貴族や僧侶が担っていたのです。

寺院は鎌倉期に入っても経蔵を備えて多数の蔵書を保有し、出版事業も行っていました。経蔵は単なる経典の書庫ではなく、転読のためにお教を貸借するなどの図書館的活動を行っていたことが確認されています。

一方武士の中にも、多数の蔵書を持つ者も現れてきました。金沢文庫を創設した金沢流北条氏が代表例です。金沢文庫は多くの人が利用していたことが、残された断片的な史料から確認されています。これもまた蔵書は死蔵されてはいませんでした。しかし鎌倉幕府滅亡後、金沢文庫は荒廃し、その蔵書も多くの戦国大名たちによって没収されてしまい、蔵書数を大きく減らしてしまいました。

金沢流北条氏以外にも、本を蒐集して蔵書を形成する武士も増えてきており、文化面でも武士が影響を及ぼすようになってきます。

中世最大の図書館といえば、下野足利の足利学校の付属文庫が挙げられます。足利学校はザビエルやフロイスの手によって、ヨーロッパにまで紹介された中世日本最大の高等教育機関です。その付属文庫も相当の蔵書を誇っていました。

関東管領上杉憲実によって再興された足利学校は、上杉氏没落後も戦国大名北条氏などの保護を受け発展していましたが、関白豊臣秀次によって時の庠主が「拉致」され、多数の蔵書が「強奪」されるという一大事件が起きます。

秀次は謀反の疑いをかけられ切腹しますが、徳川家康が足利学校に蔵書の一部を返却しています。以降足利学校は江戸幕府の保護を受けますが、かつてのような勢いはなくなってしまいます。

このように戦国時代に突入すると、各地の戦国大名たちは文化的な知識を吸収しようと躍起になります。例えば西国の大内氏や東国の太田道灌などは良い例です。

戦国大名が文化を重視したのは、朝廷や足利将軍の権威を利用して、武力で奪取した土地を支配する正統性を与えてもらおうとしたのです。そのためには仲介になってくれる貴族の手助けが必要でした。貴族と付きあうためには、嫌でも連歌や蹴鞠といった文化的なことの知識が必要でした。

日記の家の山科家は、言継の代に多くの戦国大名と交友を持っていました。言継は文化を戦国大名に伝授し金銭を受け取り、大名は言継から文化的な知識を学び、また京都の情報も入手していました。言継と戦国大名は書籍を媒介として結びついていたのです。

山科家のこういった活動は言継に始まったわけではなく、言継の祖父・言国も同様のことを行っていました。図書の貸借、書写、校合、書写・校合の仲介などで、今日の図書館の仕事にも通じる役割を担っていました。

言国は、後年の言継のように地方の大名や武将との関係はありませんでしたが、皇族、貴族、足利将軍、僧侶、女性と多種多彩な人たちと書籍を媒介としたネットワークを構築していたことが確認されました。

山科家のようなネットワークは、他の貴族も構築しており、何重にもなっている複雑な人的・

物的交流があったものと推測されます。

中世では、図書館経営の担い手は武士に移行していました。第一章では上流階級のネットワークに武士は入っていませんでしたが、中世では必要不可欠の存在になっていました。金沢文庫や大内氏の山口殿中文庫、また山科言国の書物ネットワークには足利将軍家が入っており、中世でも私的な結合の方が蔵書はよく「利用」されており、今日の図書館に近い働きをしていたと考えられます。

こういったネットワークは中世では武士が入ることによって、身分層が拡大したのですが、江戸期に入ると町人や庶民にもみられるようになっていくのです。次章でその様子を詳しく見ていきましょう。

【引用・参考文献】
アルーペ神父・井上郁二訳『聖フランシスコ・デ・サビエル書翰抄』下巻、岩波書店、岩波文庫、一九四九年
岩猿敏生『日本図書館史概説』日外アソシエーツ、二〇〇七年
小川徹・奥泉和久・小黒浩司『公共図書館サービス・運動の歴史』一、日本図書館協会、ＪＬＡ図書館実践シリーズ四、二〇〇六年
小野則秋『日本図書館史　補正版』玄文社、一九七三年
小野則秋『日本文庫史研究　改訂新版』上巻、臨川書店、一九七九年

川瀬一馬『日本書誌学用語辞典』雄松堂書店、一九八二年
川瀬一馬『日本における書籍蒐蔵の歴史』ぺりかん社、一九九九年
川瀬一馬『増補新訂　足利学校の研究　新装版』吉川弘文館、二〇一五年
倉澤昭壽『近世足利学校の歴史』足利市、二〇一一年
木宮泰彦『日本古印刷文化史　三版』冨山房、一九七五年
呉座勇一『応仁の乱——戦国時代を生んだ大乱』中央公論新社、中公新書、二〇一六年
新藤　透『図書館と江戸時代の人びと』柏書房、二〇一七年
高野秀行・清水克行『世界の辺境とハードボイルド室町時代』集英社インターナショナル、二〇一五年
豊田武・田沼睦・飯倉晴武校訂『史料纂集　言国卿記』全八巻、続群書類従完成会、一九六九〜一九九五年
長村祥知「戦国時代の公家と列島諸地域」東京都江戸東京博物館・京都府京都文化博物館・米沢市上杉博物館・読売新聞社編『戦国時代展　A CENTURY OF DREAMS』読売新聞社、二〇一六年
堀　祥岳「《経蔵》再考——類型と機能——」『臨済宗妙心寺派教学研究紀要』第九号、二〇一一年五月
松田毅一・川崎桃太訳『フロイス日本史　5　五畿内篇Ⅲ』中央公論社、一九七八年
結城陸郎『金沢文庫と足利学校』至文堂、日本歴史新書、一九六六年
結城陸郎『足利学校の教育史的研究』第一法規出版、一九八七年
米原正義『戦国武将と文芸の研究』桜楓社、一九七六年
和田秀作「大内氏の文書管理について——「殿中文庫」を中心に」『山口県文書館研究紀要』三十七号、二〇一〇年
「史跡足利学校」(http://www.city.ashikaga.tochigi.jp/site/ashikagagakko/qanda.html)

第三章　近世の図書館

第一節　将軍の図書館

戦乱の終結と徳川家康の文治主義

間に室町時代を挟んでいるとはいうものの、南北朝から戦国時代のおよそ二百年間は戦争がなかば常態化した時代でした。それまでの鎌倉時代にはみられない大規模な戦《いくさ》がおき、当主や嫡男が討死をしてお家断絶になるケースも頻繁におこっていたようです（呉座勇一『戦争の日本中世史』）。戦国乱世に終止符を打ったのは豊臣秀吉でした。しかし豊臣政権は秀吉のカリスマによって成立していたようなもので、政権後期になるとかなり動揺します。当初後継者として定めていた甥の関白豊臣秀次を切腹させ、朝鮮に二度も兵を送るなど、国内が平和になっても武士たちは戦とは無縁ではいられませんでした。

豊臣政権は事実上秀吉一代で終焉を迎え、徳川家康が慶長八年（一六〇三）江戸に幕府を開きます。

家康は長きに渡った戦乱で、民衆の心身が荒廃してしまったことを憂えて、その復興を思い立ちました。具体的には学問を盛んにして民心の安定を図るといったことでした。もともと家康は学問に関心があり、書籍や出版に関しても大いに興味を持っていました。

ここでは家康の読書趣味と出版事業、そして私設文庫設立に至る経緯をお話したいと思います。

徳川家康の愛読書

家康は幼少の頃、駿河・遠江（静岡県）の戦国大名今川義元に人質にとられていましたが、実はかなり丁重に扱われていたようです。その根拠に義元の軍師の太原崇孚雪斎《たいげんすうふせっさい》に直接教育を施されています。義元は、家康が幼いながらも聡明なことを見抜き、ゆくゆくは跡取りである氏真《うじざね》の良き補佐役にしようと考えていたのかもしれません。

家康が八歳から十九歳といった多感の時期に雪斎から学んでいましたので、家康の読書好きは雪斎の影響が多大であると言えます。

家康が口癖のようによく言っていた「天下は一人の天下にあらず、すなわち天下の天下なり」と言う言葉がありますが、この出典は中国の代表的な兵法書『六韜《りくとう》』です。兵法書は軍略上のことがらだけではなく、人の上に立つ者の心構えなども説いていました。『六韜』と並び称せられる兵法書の『三略』には、「身を楽しむる者は、久しからずして亡ぶ」ともあります。家康は雪斎からこのようなことを教わっていたのでしょう。

このような雪斎の教育を受けていたので、家康は自然と読書好きになっていきました。家康の侍医板坂卜斎《いたさかぼくさい》が著わした『慶長記』という史料には、家康の愛読書が挙げられています。

よく読んでいたのは、『論語』・『中庸』・『史記』・『漢書』・『六韜』・『三略』・『貞観政要』といったもので、これらはみな中国の書籍です。当時の武士の嗜みとして漢文はスラスラ読めたでしょうから、家康もこれらの本を読みこなしたのでしょう。和書では『延喜式』と『吾妻鏡』が挙げられています(小和田哲男「戦国三大文化と家康」『武士と印刷』)。

『貞観政要』は、中国の唐の時代の皇帝、太宗の言行録で、古くから帝王学の教科書として知られていました。『吾妻鏡』は、鎌倉幕府が編纂した幕府の正史です。

家康の愛読書の傾向は、上に立つものとしての心構えを説いたものや、中国や日本の歴史書、『延喜式』などの法律関係の書籍でした。娯楽として読書をしていたわけではなく、君主として必要な知識を得るためにしていたのです。

出版事業開始の理由

このように家康は読書に親しんでいたのですが、書籍を蒐集するだけでは満足せず、自ら出版事業も行っています。

『武野燭談《ぶやしょくだん》』という史料には、家康が出版事業を始めるにあたって、その目的を端的に語っている場面があります。それを聞いてみましょう。

人々聖教今日の行を知らぬ故にこそ、世も乱れ君臣・父子の恩愛にも背きぬれば、普く遠国波濤の上迄も、五倫の道を知らしめんには、書籍を広く行はれんこそ、仁政たるべけれとて、此時始めて日本に官判を刻ませらる。

（矢野太郎編『国史叢書　武野燭談　全』六頁）

この大意は次のようになります。

人びとが「聖教」（＝儒教の教え）を知らなくなってしまったので、世の中が乱れ、親と子・主君と家来の恩愛にも背くことになってしまった。儒教における五つの徳目である「五倫の道」、すなわち君臣の義、父子の親、夫婦の別、長幼の序、朋友《ほうゆう》の信を世の中の隅々にまで知らしめるためには、書籍を出版することが「仁政」である。

家康は武力ではなく、儒教の教えによって天下を治めようとしていました。そのためには出版事業を行って、儒教関係書籍を広く行きわたらせることが重要だと考えたのです。

徳川家康の出版事業

家康は慶長四年（一五九九）から京都の伏見で出版を開始しました。これを伏見版といいます。ただこの当時は「出版」とはいえ、現在のように全国すみずみまで流通することはありませんでした。現代の感覚でいうと趣味で出版する「私家版」のようなものだと理解して頂ければよいか

伏見版木活字（『武士と印刷』印刷博物館、2016年より）

と思います。

関ヶ原の戦いは翌年の事ですから、豊臣秀吉が死んですぐに始めたことになります。

出版された本はほとんどが中国の本、つまり漢籍です。第一弾が『孔子家語《こうしけご》』という、孔子一門の逸話を蒐集した説話集でした。他に出版した本として、兵法書の『六韜』、『三略』、『武経七書』、帝王学の教科書ともいうべき『貞観政要』、易の本である『周易』も含まれていました。

『武経七書』とは、古代中国の七つの兵法書の総称です。すなわち、『孫子』、『呉子』、『尉繚《うつりょう》子《し》』、『六韜』、『三略』、『司馬法』、『李衛公問対《りえいこうもんたい》』です。

また、『周易』などという易・占いに関する本も出版しています。家康の側近には足利学校九世庠主閑室三要がいたことは二章で述べましたが、家康は三要に出陣の日時を占わせています。当時の武将は出陣の日取りを占いによって決定していましたが、家康も例外ではありませんでした（小和田哲男『呪術と占星の戦国史』）。

こう考えてみると、『武経七書』と『周易』などは戦に関係のある書籍なので、そういった内容の本が多く出版された印象があります。伏見版は慶長十一年（一六〇六）まで出版されますが、大坂には依然として豊臣秀頼が存在していたわけで、それをにらんでのことではないかと小和田哲男氏は指摘しています（小和田哲男「戦国三大文化と家康」『武士と印刷』）。

ちなみに、伏見版で刊行された唯一の和書が『東鑑』（『吾妻鏡』）です。いかに家康が、この本が好きだったのか分かります。

伏見版は、木で作った活字（木活字）で印刷しました。出版史では古活字版と呼ばれています。家康が最後の伏見版を出版した慶長十一年（一六〇六）に、大坂の秀頼も同じ木活字で『帝鑑図説』を出版しています。これは秀頼版と呼ばれていますが、この『帝鑑図説』も帝王学の教科書と呼ばれている漢籍です。

家康と同時期に、帝王学の教科書を秀頼が出版していることは、明らかに家康に対抗していると考えてよいでしょう（入口敦志『武家権力と出版——柳営連歌、『帝鑑図説』』）。

このようにみてみると、家康が出版事業を始めたのも『武野燭談』で語られていることだけで

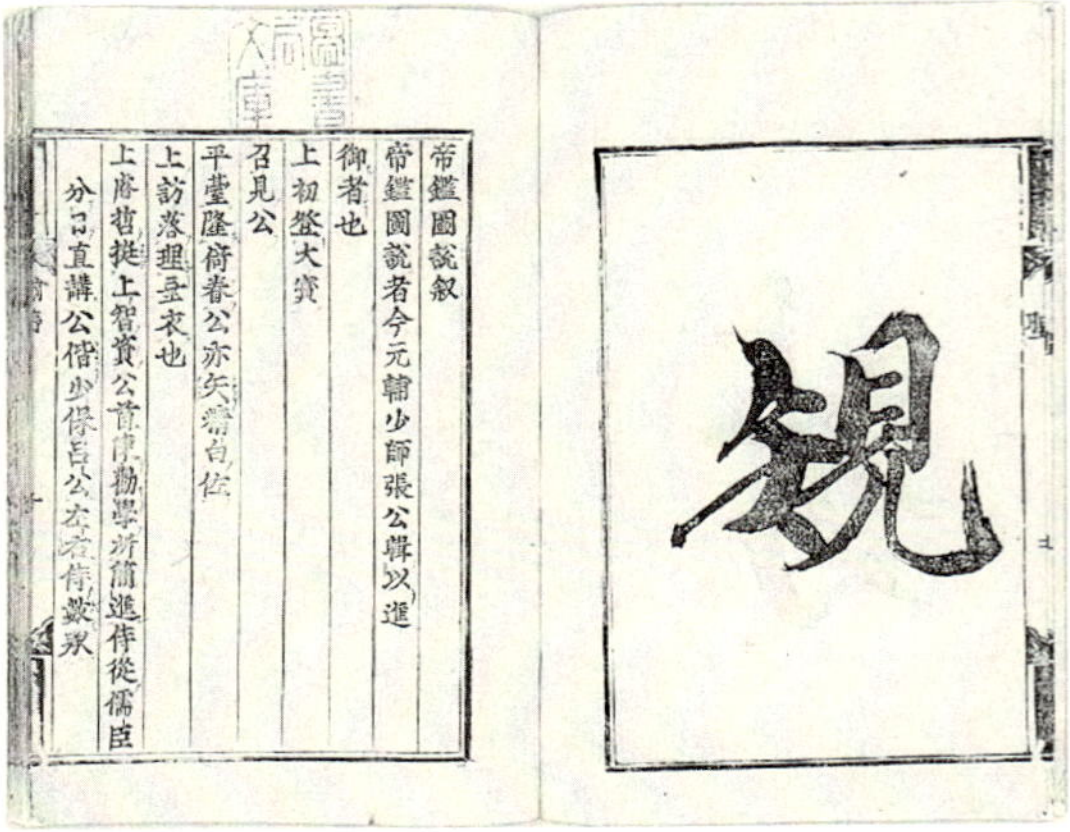

秀頼版『帝鑑図説』（国立公文書館蔵）

はなかったのかもしれません。出版といえども「政治」であったのです。

家康は周知のとおり、大坂冬・夏の陣で大坂城を攻めて豊臣氏を滅ぼすわけですが、その最中の慶長二十年（一六一五）三月に、再び出版を行います。駿河版と呼ばれるこの出版は、銅活字で行われました。

駿河版は伏見版とは一転して、『大蔵一覧』と『群書治要』の二種だけで、どちらも漢籍です。前者は仏典の中から最も重要な部分を抜粋して編集したもので、後者は唐の太宗が帝王学の書として編纂させた書籍です。

特に『群書治要』は当時の日本にはなかなか良い写本がなかったようで、家康は関ヶ原の戦いで敵対していた米沢藩の直江《なおえ》兼続《かねつぐ》に借用を依頼しています。直江も大量の蔵書を所蔵しており、直江版と呼ばれる出版事業も行っていました。本好き同士ということで、交流があったのでしょうが、江戸初期には武将同士が本の貸借をするようになっていたのです。

さて出版事業まで行っていた家康ですから、個人でも相当の蔵書を有していました。家康の文庫について次項でみてみましょう。

駿河文庫・富士見亭文庫

家康は将軍に就任して二年足らずで嫡男の秀忠に将軍職を譲り、自身は駿府城に隠居します。しかしそれは形ばかりで、将軍秀忠を差し置いて、実権は大御所として自らが掌握していました。慶長十五年（一六一〇）以降、家康は京都と鎌倉五山の僧侶に多くの古記録と古書を書写させました。写本は二部作成され、一部は所蔵者に与え、もう一部は駿府城内に作った私設文庫「駿河文庫」に収めました。

他にも中国や朝鮮で出版された本も多く所蔵しており、一千部一万冊ほどもあったということです（岩猿敏生『日本図書館史概説』九十四頁）。

家康はもう一箇所文庫をもっていました。江戸城内に家康が慶長七年（一六〇二）六月に設立した「富士見亭文庫」です。江戸城本丸にあった富士見亭に設立したのが、名称の由来となっています。富士見亭文庫の蔵書は金沢文庫から接収したもの、朝鮮出兵時に朝鮮から持ち帰ったものなどが含まれているといわれていますが、よく分かっていません（新藤透『図書館と江戸時代の人びと』五十五〜五十七頁）。

家康存命中から駿河文庫から富士見亭文庫へと、本が移譲されていました。家康は元和二年（一六一六）に死去しますが、富士見亭文庫の蔵書は尾張・紀伊・水戸の各徳川家に一部が贈与されたようです。

駿河文庫も富士見亭文庫も家康の個人文庫といった性格が強く、家康に親しい人物以外の利用はなかったようですが、これを拡大発展させたのが三代将軍徳川家光です。

書物奉行の創設と紅葉山への文庫移転

徳川家光は寛永十年（一六三三）十二月に、富士見亭文庫の管理のために書物奉行を創設しました。初代奉行には、関正成、星合具枚《ともかず》、三雲成賢、西尾正保の四名を任命しています。

書物奉行は御目見得以上の旗本が任命され、通常三、四名から五名が任じられ若年寄配下となりました。それまで文庫の管理担当者は明確に決められてはいませんでした。家康も秀忠も個人的に親しい僧侶や儒者などに命じて管理させていたのです。

蝦夷地探検で有名な近藤重蔵守重は、江戸後期に書物奉行に任じられ、もともと学究肌であった近藤は書物奉行の歴史について調査しています。

それによると次のように奉行の創設についてふれています。

文字アルモノヲ撰バレテ臨時ニ其用ヲ奉リシ事ト聞ユルナリ此ニ由テ之ヲ観レバ此時道春永喜共ニ老成ニテ法印ニ叙シ又常ニ撰述ノ事ヲ命ゼラレ且執政ノ諮詢栄陰ノ聴ニ赴ク等ノ事アリシ故ニ司書ノ任或ハ曠カランコト慮ルガ為メニ新ニ御書物奉行ヲ置レシナルベシ

（『好書故事』巻第八十四、五（『近藤正斎全集』第三）二六五〜二六六頁）

近藤の文章の大意は次のようになるでしょうか。

奉行ができる前は学問があるものを選抜して臨時に任じていたが、「道春」（＝林羅山）やその弟である「永喜」は、家康や秀忠から政治の諮問や裁判に携わることもあったため司書の仕事も含めると、彼らの仕事が多くなってしまう。そのため、新たに書物奉行を家光の代になって創設した。

家光は将軍に就任すると、幕府の官僚機構の整備に尽力しました。それまでは戦国大名時代の徳川家の家臣団がそのまま幕府の職制になっていて、将軍と家来との個人的な関係によって保たれていました。それを家光はキチッとした体制に転じたのです。書物奉行創設もその一つと言えるでしょう。羅山も永喜も家康や秀忠と個人的にかなり親しい儒者でした。他にもさまざまな仕事を行っていたので、文庫の管理が手薄になると家光は判断したのでしょう。専任の職を設置したのです。

次いで家光は、寛永十六年（一六三九）七月には文庫を城内の紅葉山と呼ばれる丘陵の麓に移転しました。これは防火上の理由が大きかったと思われます。

移転した紅葉山の地にちなんで、今日では「紅葉山文庫」と呼ばれています。しかし江戸時代当時は、「御蔵」や「御文庫」、「官庫」と呼ばれていました。たまに他の文庫と区別するために「紅葉山御文庫」と書かれている史料も確認されています。別名として「楓山文庫《ふうざんぶんこ》」、「楓山秘庫」とも呼ばれていました。これは紅葉山の別名から採った名のようです。

紅葉山文庫を縦横無尽に使ったのは、八代将軍徳川吉宗です。吉宗が文庫を頻繁に使用した詳細は拙著（『図書館と江戸時代の人びと』）に譲りますが、享保の改革は紅葉山文庫の蔵書がなければ遂行しなかったと思います。

書物奉行は慶応二年（一八六六）十一月十七日に廃止されました。しかし幕府自体も翌慶応三年（一八六七）に大政奉還によりなくなってしまいます。近代に入ると文庫の蔵書は幾多の変遷を辿り、現在は国立公文書館や国立国会図書館等が所蔵しています。

図書館としての紅葉山文庫

ではここで、紅葉山文庫の図書館としての機能をみてみましょう。前近代の図書館は、利用よりも蔵書の保存が重視されていたと思われがちですが、紅葉山文庫ではどうだったのでしょうか。

図書館界では、図書館を構成する三要素といったものがあります。大学や短期大学等での司書課程で必ず言及されることですので、読者の方で司書資格をお持ちの方はご存知のこととおもいます。

三要素とは「資料」・「職員」・「施設」のことです。これら三つの要素が最低限でも確保されていないと図書館とは言い難いのです。

では紅葉山文庫はどうでしょうか。

前近代の図書館に、今日の基準を当てはめて良いか悪いか判断をするのは、問題点もありますが、目安としては役に立つと思います。早速検討してみましょう。

紅葉山文庫の「資料」

まず「資料」ですが、これはかなり蔵書数がありました。遅くとも慶応二年（一八六六）までには編纂が完了していたとされる、紅葉山文庫の蔵書目録『元治増補御書籍目録』によれば、総蔵書数が十一万冊あまりあったことが記されています。その半分以上が漢籍でした。

これほどの蔵書数を誇っていましたので、検索のためのツールも整備されていました。今日の図書館ではOPAC《オパック》というコンピュータ目録が完備されていますが、紅葉山文庫には冊子体の目録がありました。

目録は確認されているだけで、江戸時代二六〇年あまりの間に十回ほど作成されています。最初は慶長七年（一六〇二）といいますから、征夷大将軍就任を翌年に控えた年に、家康の命によって作られました。前身の富士見亭文庫の目録です。八代吉宗の享保年間（一七一六〜一七三六）には、三回も立て続けに作成されています。最後は前述した幕末の『元治増補御書籍目録』です。

目録といえば、次は分類です。今日の図書館では日本十進分類法（NDC）によって、十種ごとにジャンル分けされていますが、紅葉山文庫では、漢籍、御家部、国書部に大別されていました。漢籍とは主に中国人が漢文で著した図書のことで、経部・史部・子部・集部・付存部と細分化されていました。この分類法は、中国で考えだされた四部分類《しぶぶんるい》と呼ばれる伝統的な漢籍の分類法を元にした、紅葉山文庫オリジナルのものです。

経部とは儒教の経典、および注釈書のことを指し、史部は歴史・地理書のことです。

子部は諸子百家の図書のことを指します。諸子百家とは中国の春秋戦国時代（前七七〇〜前二二一）に次々と現れた学者の総称で、諸子とは孔子や孟子、老子、孫子、荀子などの人物のことを指し、百家とは儒家、墨家、農家、法家などの学派のことをいいます。子部はこうした古代中国に生まれた学者と学派に関係した図書のことです。

最後の集部は、文学作品や文芸評論のことを指します。

この四点が四部分類なのですが、紅葉山文庫ではさらに、戯曲・通俗小説・蛮書（洋書）・朝鮮人の著述、満洲語の図書などが該当する付存部も独自に設けていました。

この中で「通俗小説」という分類がありますが、これは明王朝の末期に南京・杭州・蘇州・建安方面で刊行された通俗読み物のことを指します。『金瓶梅』・『西遊記』・『水滸伝』などの今日私たちがよく知っている作品ですが、伝統的な四部分類では文学作品の入る集部には分類できなかったのですね。

御家部は徳川氏の事績、江戸幕府の記録類や編纂物が収められました。これは紅葉山文庫独自の分類で、他大名の文庫等ではみられないものです。

国書部は日本人が日本語、または漢文で著した図書です。

このように蔵書を分類することで、書物奉行が図書を出納しやすいようにしているのです。ほとんど利用がない文庫ならば、このように細かく分類することはありません。紅葉山文庫はそうではなかったということを裏付けています。

ちなみに蔵書は順次増加していきました。諸大名から献上されたり、購入したり、あるいは蔵書家の罪人から没収したりという手段で少しずつ増やしていったのです。

また蔵書を廃棄処分にするための「除籍基準」は、享保十三年（一七二八）二月五日に設けられました。

一　二部物之内、ともに和本ニて同板ニ候ハヽ、一部ハ除き可申事
一　二部物之内、一部和版一部唐本《からほん》ニて元同版ニ候ハヽ、唐本之方除き可申事
一　二部物之内、ともに唐本ニ候ハヽ、同板ニても異板ニても差置候事
一　御代々従
　　御前出候分ハ、差置可申事
一　三部物、同板之分ハ、二部ニいたし可申事
一　三部物、異版ニ候ハヽ、差置可申事
一　四部以上之分ハ、異版ニ候とも、吟味いたし、三部差置可申事
　　但、四書・五経ハ格外之事
（『大日本近世史料　幕府書物方日記』第七巻、十二頁）

大意は次のようになるでしょうか。

一　二部のうち、どちらも和書で同版の場合は一部を除いて除籍すること。

一　二部のうち一部は和書、一部は唐本で、どちらも同じ板から派生した本の場合、唐本の方を除籍すること。

一　二部のうち、どちらも唐本ならば、同版でも異版でも残しておくこと。

一　歴代将軍の手沢本は残しておくこと。

一　三部ある同版の本は、二部残しておくこと。

一　三部ある異版の本は、すべて残しておくこと。

一　四部以上ある場合は、異版であっても吟味をしたうえで、三部残しておくこと。

ただし、四書・五経は例外とする。

この「除籍基準」は、同じ本が複数ある場合に限ってのもので、現代風にいえば複本がある場合の除籍の規準です。その意味では今日の除籍基準とは少し意味が違います。

少し補足説明を加えますと、「唐本《からほん》」とは、中国で出版された、または作成された写本のことで、「手沢本《しゅたくぼん》」は歴代将軍が愛読した本という意味になります。

ちなみに、除籍基準は、今日の図書館では普通に存在しており、インターネットで検索すれば日本全国の公共図書館や大学図書館の除籍基準が見つかり、全文を閲覧出来るところも少なくありません。

しかし除籍基準が多くの図書館で作成されるようになったのは最近のことで、そのきっかけは昭和五十四年（一九七九）に改訂された「図書館の自由に関する宣言」に、「図書館は、成文化された収集方針を公開して、広く社会からの批判と協力を得るようにつとめる」と盛り込まれたからです。「収集方針」とは図書館の蔵書を収集する際の基本方針ですが、この中に除籍基準も含んでいる図書館も多くあります。

その除籍基準が、既に江戸時代の図書館である紅葉山文庫にあったのです。もちろん、今日の「図書館の自由」の観点からみれば稚拙なものでしょうが、江戸時代にきちんと除籍する際の基準を成文化していたというのはやはり特筆すべきことでしょう。

このように、紅葉山文庫には数多くの「資料」が存在し、目録も完備され、整然と分類されていたのです。

図書館の構成三要素の一つ、「資料」は確かに紅葉山文庫に存在していたのです。

紅葉山文庫の「職員」

「職員」も紅葉山文庫には存在しています。言うまでもありません、書物奉行とその配下の書物方同心です。

書物奉行は江戸時代全期間を通して、九十名任命されました。奉行の仕事内容については、その公務日誌『御書物方日記』（以下、『日記』と略します）を見ると詳細に載っています。

その『日記』ですが、これは書物奉行の日常がつぶさに分かる大変良質な一次史料です。宝永三年（一七〇六）から安政四年（一八五七）まで一五二年間という非常に長期間にわたって書物奉行の活動が窺えます。もっともすべてそろっているわけではなく、欠けている年もかなりあります。現在は国立公文書館が保管しており、また翻刻は宝永三年（一七〇六）から延享二年（一七四五）まで、『大日本近世史料　幕府書物方日記』として東京大学出版会から刊行されています。

その『日記』によると、書物奉行の仕事は以下の七種になります。①蔵書の出納、②夏季に行われる蔵書の虫干し（これを専門用語で「曝書《ばくしょ》」といいます）、③欠本を補うための写本作成の監督、④蔵書の目録作成、その改訂作業、⑤重複本などの処分、⑥将軍の日光東照宮参拝時の沿道地図の携行、⑦紅葉山文庫の維持・管理、などです。

徳川吉宗は、紅葉山文庫を頻繁に利用したと前にも述べましたが、ここでひとつ実例を紹介したいと思います。

享保六年（一七二一）六月二十六日、平安後期に朝廷の儀礼について大江匡房が編纂した『江次第《ごうしだい》』（全二十一巻）の第十六巻が、紅葉山文庫所蔵本では欠本になっている理由を吉宗は奉行に問いました。奉行は至急調査して、第十六巻はどの写本も欠本となっているとの旨を回答しています。奉行の調査は正確で、第十六巻「行幸」は元々書かれなかったとの説も今日はあるようです。

吉宗の質問は深夜に突然下されたようで、奉行も「夜中御用、例之通難儀申候」（『大日本近世史料　幕府書物方日記』三）と愚痴をこぼしています。

「例之通」ということは、深夜の下問は一回や二回ではなく何度もあったということでしょう。こういった利用者からの質問は、今日では「レファレンス」と呼ばれ、全国の公共図書館でも日常的に行っていることです。また司書の有資格者のみが携われることができる（ということになっている）「高度で専門的な図書館業務」と位置づけられています。

似たようなことを江戸時代の紅葉山文庫でも行っていたのです。書物奉行は立派な「司書」といえるでしょう。さすがに夜中のレファレンスは現代では受け付けておりませんが、中には困った利用者もいるようです。次に紹介するのは元東京都立図書館司書で、昭和女子大学で教鞭をとられていた大串夏身氏が、司書時代を回顧して綴ったレファレンスの私的記録です。

大串氏が都立図書館に就職して間もなくのことです。遅番で夜、仕事をしていたら「某有名女流作家」から電話がかかってきて、『高群逸枝全集』のどこかに○○という論文が入っているはずだが、それが何巻か？」とレファレンスの依頼をしてきたそうです。書庫に駆けて行って確認をしてすぐ戻り、答えを言おうとしたら、その前に次のように言われてしまいました。

あんたは高群逸枝も知らないの、すぐ、あり場所くらいわからなきゃだめでしょ、何やって

いるの

大串氏は事情を説明しようとしましたが、「半分も聞かないうちに、電話をガッチャン！」と切られてしまいました（大串夏身『ある図書館相談係の日記――都立中央図書館相談係の記録』八十四〜八十五頁）。今ならすぐ分かりそうなことですが、当時はインターネットがない時代なので、女流作家は図書館に電話をかけてきたのでしょう。しかし少しの時間も待てず、図書館の担当者を怒鳴ってしまったのです。

こういう困った利用者のことを、図書館情報学では「問題利用者」といって、職員研修のテーマにも選ばれているほどになっています。八代将軍徳川吉宗も、現代ならば立派な「問題利用者」かもしれません。

他にも書物奉行は文庫の建物の保守点検なども行っており、屋根に雑草が生えたら配下の者を動員して除草作業なども行っていました。

紅葉山文庫の「施設」

最後の構成要素は「施設」です。今日の図書館建築は、利用者主体を想定して、さまざまな工夫が凝らされていますが、紅葉山文庫ではどうだったのでしょうか。

紅葉山文庫は「閉架制」といって、利用者が直接書架に行ける今日の図書館のようなスタイルではありませんでした。利用者は書物奉行に蔵書の有無を確認してもらい、出納してもらっていたと考えられます。

閉架制の図書館ではほとんどが書庫になります。紅葉山文庫も書庫が多く立ち並んでいました。貴重な蔵書をカビや紙魚、ネズミなどから守るために温度・湿度が一年を通して比較的一定に保たれているように書庫は工夫されていたと思われます。また火事も、当時は現代よりも発生しやすく鎮火しにくいので紅葉山文庫にとって大敵でした。

最初の文庫の建物は、寛永十六年（一六三九）に建てられた書庫一棟・書物奉行の詰所（会所）一棟だったと考えられます。この時の書庫は長さ十五間、幅三間でした。一間はメートル法では約一・八メートルなので、長さ約二十七メートル、幅五・四メートルとなります。

紅葉山文庫は火事に強いといいましたが、実は書庫自体は被害にあってはいないものの、会所は宝永二年（一七〇五）に一度焼失しています。書物奉行の公務日誌である『日記』の最古のものは宝永三年（一七〇六）なのですが、それ以前のものはおそらく火事によって灰になってしまったと考えられています。

さて、書庫は火事を逃れることができ、正徳元年（一七一一）に一棟を増築して二棟となり、古い方を「東御蔵」、新築の方を「西御蔵」と区別して呼ぶようになりました。

当時宝蔵区域内には、書庫二棟のほかに具足蔵二棟、鉄砲蔵一棟、屛風蔵一棟の四棟がありました。正徳三年（一七一三）、六代将軍徳川家宣が甲府藩主時代の蔵書（これを「桜田御文庫本」といいます）を収めるために屛風蔵を御書物蔵に改装しました。これを「新御蔵」といいます。

宝蔵の数は書庫三棟、具足蔵二棟、鉄砲蔵一棟の合計六棟になったのです。このような内訳で紅葉山の宝蔵は百年間維持されます。

文政十一年（一八二八）に、豊後佐伯藩主（大分県佐伯市）を務めた毛利高標《もうりたかすえ》の旧蔵書が、孫の現藩主高翰《たかなか》から幕府に献上されました。高標は佐伯藩の藩政改革を推進させ、特に文教面に力を入れたとのことです。

高標の旧蔵書は昌平坂学問所と、紅葉山文庫に収蔵されることになりました。しかし従来の書庫ではスペースが足りないため、新書庫建築を書物奉行が申請して、天保元年（一八三〇）に竣工しています。これで書庫は都合四棟となりました。翌二年（一八三一）四月十七日には、従来の「東」・「西」・「新」の名称を廃して、天保元年竣工の「新規御蔵」を一、西・東・新の順で、二・三・四ノ蔵と番号で書庫を呼ぶことにしたようです（『日記』天保二年辛卯従正月至六月）。

嘉永四年（一八五一）に貴重書を収蔵している一ノ蔵《いちのくら》が木陰にあったので湿気が多く、本が虫に食べられてしまう被害が確認されたので、四ノ蔵《よんのくら》に貴重書を移動し、四ノ蔵を一ノ蔵と名称を変更しています。

年々増加していく蔵書を収納するために、書物奉行が知恵を絞っていることがよく分かります。今日でも蔵書スペースの確保は、図書館にとって頭の痛い問題ですが、同じ苦労を江戸時代の奉行もしていたと思うと、時代は変わっても司書の悩みは変わらないことが分かります。

紅葉山文庫の「利用者」

図書館を構成する三要素について見てきましたが、最近は「利用者」を入れて「四要素」ともいわれています。

紅葉山文庫は徳川家康によって創設されましたので、最初期は将軍の個人的な書庫、家光以降は書物奉行が幕府の官僚機構に位置づけられたので、将軍の個人書庫から幕府という全国政権の図書館となりました。

それを利用できる人たちは、征夷大将軍を中心として老中などの幕閣や大大名、そして幕府お抱えの儒者である林家《りんけ》などでした。身分的に高位の、極めて限定された人たちのみが利用できました。その点では今日の「開かれた図書館」とは大きな違う点です。しかし江戸時代は身分制社会であり、それが社会秩序となっていました。人権が確立された現代からみればおかしな点もあるかもしれませんが、「現代の基準」を持ち出して過去を裁定して「遅れている」とのレッテルを貼っても意味はないでしょう。

これら利用者は、蔵書を紅葉山文庫の外に持ち出すことが許されていましたし、吉宗の時代から貸し出し期間が三十日と定められました。三十日を過ぎたら書物奉行が将軍であろうとも、返却を促したのです。これを「三十日伺」と呼びます。返却期間を定めたのは、将軍吉宗以外の利用者の便を考えたためでしょう。江戸時代の将軍といえども、独裁者のようには振る舞えなかったのです。

このことは江戸幕府は徳川将軍の「私物」ではなく「政府」であったことを意味します。政府の図書館である紅葉山文庫の蔵書は、将軍個人の所有物ではないということになります。前近代社会で、これほど「公」と「私」が峻別されている政府は珍しいといえるでしょう。現代でも「公」と「私」の区別が極めて曖昧な国家は、世界中にいくつかあります。

閑話休題。

さて紅葉山文庫の蔵書は学術的に貴重な書籍や、幕府にとって重要な文書《もんじょ》が多く、将軍や老中などは政務の参考のために借り出していたようです。したがって、蔵書が死蔵されることはないと考えられ、「利用」されていたと考えられます。

前近代の図書館は「保存」が主目的で、「利用」はほとんど考えられていないといわれてきましたが、紅葉山文庫を検討したところ、利用できる人間はごく限られていたとはいえ、貸し出しやレファレンス、返却期限の設定など、意外と「利用」を想定した管理を行っていたことが分かりました。目録・分類の整備やレファレンスの受付、返却期限の設定などは明らかに「利用」のための「サービス」といえるでしょう。

次に諸大名が開設していた文庫と、藩校付属文庫についてもみていきたいと思います。

第二節　大名の図書館

二つの大名文庫

江戸時代は俗に「三百諸侯」と呼ばれる大名が各地を治めていました。大名は領地をもち、幕府といえども内政には干渉できませんでした。江戸時代は諸大名の連邦国家であったといえなくもありません。

江戸中期以降になると、文庫を開設する大名も多くなってきましたが、大名が設置した文庫には二つの種類があります。

一つは大名個人が設けた文庫です。当主の私有物を収納していた書庫が起源で、後に拡大発展していったものです。もう一つは藩士の子弟教育のために設置された学校である藩校に付属した文庫です。こちらは最初から大名の私的な所有物ではなく、「藩」のものであると認識されていました。

これら大名の文庫と藩校付属文庫は、泰平の世が確立されてしばらくたった江戸中期以降に相次いで開設されました。そして幕末まで存続していたのです。

次に代表的な大名家の文庫を紹介しましょう。

加賀藩前田家の尊経閣

最大の外様大名である前田家は、実は三百諸侯の中でも有数の蔵書家でした。その蔵書の嚆矢は藩祖前田利家の妻、芳春院（まつ）に始まります。

利家は豊臣秀吉の尾張時代からの盟友で、ともに織田信長に仕えていました。秀吉没後、徳川家康に権力が集中するなか、利家は牽制役に徹しました。しかし利家も亡くなると、家康は利家嫡子の前田利長を執拗にいじめます。かなり無茶な要求をし、従わなければ加賀征伐を行うと迫り、ついに利長は屈してしまいます。母の芳春院を江戸に人質に出したのです。

さすがの家康も利家の妻であり、現当主利長の母である芳春院を江戸城で手厚くもてなしたようです。芳春院もその余暇を利用して、数多くの歌書や物語類などを蒐集しました。後に桂宮に献上される『桂本万葉集』も、元は芳春院が蒐集したものです。

芳春院が集めた蔵書を元にして拡大発展させたのが、四代加賀藩主前田綱紀《まえだつなのり》です。綱紀はわずか三歳で前田家の家督を相続しますが、祖父の前田利常の教育を受けて、名君として成長します。

綱紀は十七歳の頃から本を集め始めますが、趣味や娯楽ではなく、古今の名著珍籍を蒐集して散逸を防いで、ながく後世に残すことを目的としていました。また綱紀は学問好きでしたので、自身の勉強のためでもありました。

保存に関しては、紅葉山文庫と同様に書物奉行を置いていました。奉行は図書の管理だけではなく、古記録や古文書の探索と蒐集にあたりました。貴重な典籍の保存が重要視されていましたので、購入ができないものは写本を作成して、それを収めていました。写本を作成したら原本は所蔵者に返却をするわけですが、その際も保存のための書函までも拵えて返すという徹底ぶりでした。古寺や貴族の家の保存庫が破損している時には、修理や新築までしていました。これらのエピソードから綱紀が如何に古典籍保存に腐心していたかが窺えます。

綱紀自身もかなり学問が好きでしたので、蔵書をただ死蔵させることなく、学問研究や読書会にも活用していました。新井白石が前田家の文庫を指して「加州は天下の書府なり」と言わせたほどの蔵書の質と量を誇っていました。

綱紀以降の歴代藩主も蔵書の充実に意を払いました。後にこれが「尊経閣」と呼ばれます。また藩で出版も行っていました。尊経閣蔵書の中から貴重なものを選んで、加賀藩が出版したのです。江戸時代ではこうして藩が出版事業を行ったところも多く、これを「藩版」と呼びます。綱紀が出版したものに『包厨備用倭名本草《ほうちゅうびようわみょうほんぞう》』・『新校正本草綱目《しんこうせいほんぞうこうもく》』などがあります。前者は医師の向井元升《むかいげんしょう》が編纂したもので、日本の草木で「包厨」（＝台所）に出せるものを分類し、薬物の起源などについてまとめたものです。後者は、中国の漢方薬の事典です。一九〇三種もの薬品が採録されています。他にも中国・明の時代の法律に関する書籍も出版しています。

加賀藩校明倫堂（金沢大学資料館蔵、金沢大学資料館編『加賀藩校扁額――明倫堂・経武館』金沢大学資料館、2017年9月より）

加賀藩校明倫堂の文庫

尊経閣とは別に、藩校明倫堂付属の文庫もあります。明倫堂設立の計画は綱紀の頃からありましたが、実現したのは十代藩主前田治脩《まえだはるなが》の代で寛政四年（一七九二）二月のことでした。

明倫堂は、八歳から二十三歳までを修業年限とし、学科は漢学を基本としていました。他に『古事記』や『日本書紀』などの和学、和歌を教授する歌学なども講じられていました。授業の方式としては、先生が学生に教える「講義」と、決められたテキストの範囲を担当する学生が音読をして解釈を行う「会読」に分かれていました。藩校の教育は基本的に自学自習ですので、学生が自発的に勉強を進めていたのです。また藩士以外の子弟も、毎月二と七のつく日には自由に聴講を許していました。

明倫堂の規則には、学生が読むべき本が明確に決められていました。天保十年（一八三九）の規則によれば、次のようになっていました。

下等　家語、蒙求、十八史略、説苑
中等　左伝、国語、史記、前後漢書
上等　礼記、春秋左伝、通鑑綱目

（『日本教育史資料』第六巻、三二八頁）

儒教や中国史などの書籍ばかりですが、いずれも当時の武士層が基礎教養として身に付けてほしいものばかりです。これらの本は学生が自宅で読むべき本とされていましたので、所持することが勧められていました。

さて明倫堂付属文庫の蔵書数ですが、天保八年（一八三七）頃に、明倫堂教授陸原之淳が著した「明倫堂蔵書目録」によれば七万六千冊になるということですが、これもはっきりとした数とはいえないようです（小野則秋『日本文庫史研究　改訂新版』下巻、二七九〜二八一頁）。

というのも、明倫堂は「図書館」として専任の管理者が置かれたのは天保十年（一八三九）頃のことで、規模が大きく歴史も古い文庫ながら管理には特に注意を払われていませんでした。文庫の管理者は「御書物方」と呼ばれ、図書の出納を行う「御書物出納方」と写本を作成する「書写方」に分かれていました。最初に任命されたのは、各二名ずつの計四名でした。

さて、明倫堂の蔵書はどのように利用されていたのでしょうか。実は規則の中に閲覧に触れている箇所があるのです。

寛政五年（一七九三）創設直後に制定された規定には、「学校の授業で書物を閲覧したいとの希望がある学生は、学校内でのみ閲覧を許可する」（大意）とありました。五年後の寛政十年（一七九八）になると、教官のみ自宅への帯出を認められるようになりました。学生の館外貸し出しは認められなかったようです（小野則秋『日本文庫史研究　改訂新版』下巻、二七四〜二七五頁）。

明治維新後は、尊経閣と明倫堂付属文庫の蔵書はどうなったのでしょうか。維新後は管理が杜撰になってしまったこともあって、散逸をしてしまった藩校も多かったようですが、加賀藩では免れました。

明治になると、尊経閣と明倫堂の蔵書は石川県に寄託されていましたが、昭和三年（一九二八）に前田利為により東京・駒場の前田邸に尊経閣文庫として保存されることになり、今日に至っています。現在は研究者のみ公開されています。

さて加賀藩前田家の事例を見てきましたが、注目すべきは藩校の蔵書が館内閲覧は認められ、教官のみとはいえ館外貸し出しも認められていたことです。保存だけではなく、意外と利用も考慮されていて、閲覧に関する規則もありました。これは加賀藩のみのことではなく、実は他の藩にもみられたことなのです。

藩校付属文庫の「利用」

ここでいくつかの藩校付属文庫の規則をとりあげて、特に利用に着目して分析してみましょう。藩校は江戸中期以降大半の藩で設置され、藩士の子弟の教育に大きな貢献をしました。前述した加賀藩のように、武士だけではなく町人や農民にまで部分的ではあっても門戸を開いていた藩校も見受けられました。江戸期の武士の標準的な教育機関であったのです。

ちなみに最初に設立された藩校は、備前岡山藩池田家の閑谷学校《しずたにがっこう》で、寛文九年（一六六九）に藩主池田光政《いけだみつまさ》によって創建されました。

これら藩校には学生の自学自習用に、あるいは教官の研究用に大量の書籍を所蔵していました。藩校ですので儒教を中心として学術的に価値の高い漢籍や和書を多く所蔵していました。目録を完備し、分類もされていました。

また管理者として「司書」・「掌書」・「典籍」などと呼ばれる役職が設けられていました。上級生の中から優秀な者を数名選抜して任せる場合が多く、職員の場合でもかなり低い役職であったようです。「司書」という名称が使われていますが、明治になってからライブラリアンが司書と翻訳される根拠となりました。ただ藩校の「司書」は、単なる書籍の出納係に過ぎませんでした。今日の司書のようにレファレンスのようなことは行っていなかったようです。紅葉山文庫の書物奉行がレファレンス様の仕事を行っていたのとは大きな違いです。

館内閲覧

加賀藩校明倫堂の文庫は、学生は館内閲覧のみ許可されていて、館外貸し出しは教官のみとされていました。他の藩校でも館外貸し出しを禁止しているところは結構あったようです。

彦根藩校稽古館の規則には次のようにあります（大意）。

一　蔵書を借りたい時は、稽古館頭取衆に書面で閲覧請求を行わなければならない。その上で書物奉行より書籍を請求した者に渡される。（中略）借りた書籍は館外へ持ち出すことは固く禁止する

（『日本教育史資料』第一巻、三八六頁）

この規定は寛政十一年（一七九九）に定められたものですが、藩校の蔵書は貴重なものが多いため、紛失を恐れて館内閲覧のみ許可していたのです。

こういった規定は他藩にもみられます。佐賀藩校無逸館の規定でも、「蔵書を館外に持ち出すことは堅く禁止。借りた者は用件が済んだら直ちに返却する。附則　私用で借りることは堅く禁止」（大意）（『日本教育史資料』第三巻、一三一頁）などの内容が確認されます。

加賀藩や佐賀藩ではこのような措置を取っていましたが、少数ですが館外貸し出しを認めている館もありました。

館外貸し出し

館外貸し出しを許可していた藩校としては、佐倉藩校成徳書院《せいとくしょいん》が代表的です。次のように規則には書かれています（大意）。

一、書籍を借りたい者は、教授・付教・都講のうち何れかに許可をもらい、「拝借帳」に自筆で姓名・書名・月日を書いて捺印をして借り出すこと

（『日本教育史資料』第一巻、二八八頁）

「教授・付教・都講」とは成徳書院の教官です。教官の許可を得れば自由に蔵書は貸し出すことができたようです。

またこの規定には、本を文庫内で閲覧する場合は「修業簿」、文庫外に持ち出す際は「拝借帳」に利用者に姓名を記入させて蔵書管理をしていました。館内閲覧と館外貸し出しを別々に管理することで、混同を避けたものと思われます。

成徳書院では、藩校で学んでいる学生だけではなく一般の藩士も文庫を利用できました。また、「学生は昼夜問わず来館して、書籍を閲覧することは自由である」（『日本教育史資料』第一巻、二八七頁）とあり、江戸時代にしては珍しい夜間開館も実施していたのです。夜間は文庫には勤番が詰めていたので、それに頼んで本を出してもらっていました。「昼夜ともに短時間でも本を閲覧したものは修業簿に名前を記すこと」（『日本教育史資料』第一巻、二八七頁）とあるので、管理は徹底されていました。逆にいえば、短時間の館内閲覧では面倒がって名前を書かなかった学生が多かったということなのでしょう。

長州藩の藩校明倫館では天保十四年（一八四四）十二月に「明倫館御書物御仕法改革ノ事」を制定し、蔵書の出納に関しては詳細に規定を定めています（『日本教育史資料』第二巻、六八〇～六八一頁）。

これによると、文庫の管理は学生の中から書物方（後に「司典」と改称）二名が任命され、出納業務にあたりました。明倫館の教職員はトップが学頭で、その下に本締役・勘定役・教授がおり、さらに会頭・記録方・書物方（司典）・廟司と呼ばれる事務専務の者とつづきます。書物方（司典）

は下から二番目の職におかれていたので、決して高い職階ではありませんでした。

しかも自由に書物は請求できず、毎月六日間だけ書物方（司典）が一堂に会して書物の貸出を行っていました。書物出納日は朝四時（午前九時〜十一時）から講堂で行われ、学生はそこで受け取り、返却も同日に行われています。史料には終了時刻は書かれていないのでわかりませんが、おそらく午前だけで終了したのではないかと思われます。貸出も返却もかなり厳重に行われ、数種の帳面と照らし合わせて間違いのないように執り行われていました。基本的に貸出期間の延長という手続きはなく、毎月二十八日に全ての書物を返却させてさらに必要な者には改めて貸し出すという方法が取られていました。

このように厳重な管理がなされたのも、蔵書の紛失が後を絶たなかったからです。年々蔵書は増加の一途をたどっていましたが、この改革以前は正規の手続きを経ずに借りる学生も多かったようです。管理者も学生なので、学生同士の心安さから正規の手続きを経ないで「少しだけなら借りても問題ないだろう」と思って借りてしまい、返却を忘れてしまう者も多かったようです。それゆえ、天保十四年（一八四四）十二月の改革になったのでしょう。

明倫館は紛失が多いという現実的な理由から、出納を厳格にしました。それでも学生に藩校蔵書を貸し出すことは禁止しませんでした。これは「利用」という点を重視していたからだと思われます。

しかし又貸出しは原則として禁止していたようです。松江藩校修道館には次のような規定があります（大意）。

一　借り出した書籍は大切に取り扱い、みだりに他人に転借はしないこと。もし転借するときは必ずその筋の許可を得ること

（『日本教育史資料』第二巻、四七一頁）

「転借」（又貸し）をすると蔵書が紛失しやすくなってしまうため、又貸しを禁ずると明確に規定に書いておいたのでしょう。

蔵書の取り扱い方

蔵書の取り扱い方について言及している藩校は結構あります。

西大路藩校日新館では「囂談争論堅ク禁之書籍雑乱最モ之ヲ戒ム」（『日本教育史資料』第一巻、四五七頁）とあります。囂談《ごうだん》や争論といったやかましく話すことや議論は堅くこれを禁止するとあり、文庫内では静粛が求められたのです。また蔵書についても乱暴に扱うことはこれも堅く戒められていました。

もし破損してしまったら弁償が求められました。規定に明確に書かれている藩校もあります。

福井藩校明道館《めいどうかん》の規定には次のようにあります（大意）。

借り出した書籍は謹んで大切に取り扱うべきこと。もし破損したときは修繕して（文庫に）納めること。

（『日本教育史資料』第二巻、九頁）

少し変わった規定では次のようなものもあります（大意）。

書籍は畳の上に直に置かず、服紗や風呂敷を敷いてその上に置くこと（後略）

（『日本教育史資料』第二巻、七三頁）

これは鯖江藩校進徳館の規定ですが、本を畳の上に直接置いてはいけないというのは、蔵書がいかに大切に扱われていたのか、よく分かる事例です。

藩校付属文庫では利用も促進されていましたが、学生に蔵書を貸し出すことによって生じるリスク（紛失や汚損・破損など）も当然ありました。汚破損については学生に弁償を求めていましたが、それでも利用を禁ずることはありませんでした。やはり藩校付属文庫は、利用を重視していたといっても良いと思います。

第三節　国学者の「図書館」

第一節は将軍、第二節は武士の「図書館」について見てきました。これらの図書館は、図書館の三要素である資料・職員・施設を一応備えてはいましたが、では武士以外の身分の者にはどのような「図書館」が存在したのでしょうか。

本節では、国学者の図書館建設計画をいくつか紹介したいと思います。荷田春満《かだのあずままろ》と本居宣長《もとおりのりなが》の「図書館」計画を取り上げます。

国学の勃興と荷田春満の「図書館」計画

江戸幕府は儒学を厚く保護し、初代将軍徳川家康にブレーンとして仕えた林羅山の子孫を代々幕府お抱えの儒者として、昌平坂学問所で講義をさせました。なかでも、中国・南宋の儒学者・朱熹が大成した朱子学を「官学」としました。

その一方で、日本人の精神を知るためには孔子や孟子といった古代の中国人の説いた考えを研究するのではなく、『古事記』や『万葉集』といった古代の日本人が著した書籍を通して、日本精神を理解しようとする国学という新しい学問が勃興してきます。

一般的に国学は、江戸初期の僧侶、契沖が嚆矢であるとされています。契沖は『万葉集』の注釈・研究書である『万葉代匠記《まんようだいしょうき》』を著しました。他にも数々の日本古典の研究を行っています。契沖後の代表的な国学者は、時代順に挙げると、荷田春満、賀茂真淵《かものまぶち》、本居宣長、平田篤胤《ひらたあつたね》と続きます。

この四人は「国学の四大人」と称されています。ちなみに春満と真淵は神官出身で、国学と神道とは草創期から深い関係があったのです。

実は草創期の国学者である荷田春満は、京都東山の地に国学の教育・研究機関である「国学校」創立の計画を立てていました。

計画によれば、国学校には春満が長年蓄積してきた国学の貴重書や春満が校訂した多数の古記録を備えた文庫を併設し、寒村僻地の者まで広く公開すると謳われています。つまり春満は国学専門書の公開図書館を計画していたのです。将軍徳川吉宗の愛顧を受けていたので、春満の計画はうまくいきそうにみえましたが、残念ながらその実現の前の元文元年（一七三六）七月二日に春満は病没してしまいました（小野則秋『日本文庫史研究　改訂新版』下巻、三三八〜三四〇頁）。

本居宣長の「図書館」建設計画

本格的に国学を研究して確立させた第一の功労者といえば、本居宣長であるといえます。宣長の研究スタイルは徹底的に日本の古典を読み込むもので、自身も国学とは「すべて後世の説にかゝはらず、何事も、古書によりて、その本を考へ、上代の事を、つまびらかに明らむる学問也」（『宇比山踏』『本居宣長全集』第一巻、十五頁）と述べています。すなわち、後世の説に依拠しないで、何事も古代の書を直に読んで古代の事を明らかにしなければならない、という意味になります。

このような研究方法ですので、膨大な数の文献を参照しながら研究を進めなければなりません。したがって国学を志す者は必然的に自身も膨大な数の文献を蒐集する必要がありますが、どうしても個人レベルでは限界があります。江戸時代は大名や各藩の藩校が多くの蔵書を擁していましたが、なかなか関係者以外には閲覧も難しかったようです。

宣長はそのような現状を次のように批判をしています（傍線引用者）。

今の世大名たちなどにも、ずゐぶんに古書をえうじ給ふあれど、たゞ其家のくらにをさめて、あつめおかるゝのみにて、見る人もなく、ひろまらざれば、世のためには何のやくなく、あるかひもなし、もしまことに古書をめで給ふ心ざしあらば、かゝるめでたき御世のしるしに、大名たちなどは、其道の人に仰せて、あだし本どもをもよみ合せ、よきをえらばせて、板にゑらせて、世にひろめ給はむは、よろづよりもめでたく、末の代までのいみしき功なるべし

（『玉勝間』巻一『本居宣長全集』第一巻、四十三頁）

傍線を付した箇所が、宣長の痛切な批判となっています。

宣長は、大名たちは貴重な書籍を蒐集しているのは結構なことだが、それらはみな秘匿されていて、世の中にはまったく広まっておらず、これでは貴重書を所蔵していてもなんの価値もなく、各種写本を校合して底本にし、それを出版して世の中に普及するような活動を行うべきであると、苦言を呈しています。

宣長は学者として、一部の特権的な者だけが書籍を秘匿している現状を批判して、本は世の中に広く公開しなければいけないと考えていたのです。

寛政六年（一七九四）十二月、宣長は松坂の少彦名神社の境内に学問所と付設文庫を建築する計画を立て、その許可を得るために郡奉行に請願をしています。

宣長は既に全国的に著名な国学者になっていて、各地から弟子を希望する若者が松坂に集まってきていました。計画によるとこの学問所は寮も併設されていました（小野則秋『日本文庫史研究改訂新版』下巻、三四四～三四九頁）。

しかし郡奉行からの許可は下りず、宣長の学問所も「図書館」建設計画も実現することはなかったのです。『玉勝間』を見ると宣長は「公開図書館」が重要であると認識していたことが分かります。この計画が実現しなかったのが残念です。

身分に捉われない「図書館」の必要性

春満と宣長の「図書館」建設計画は頓挫してしまいましたが、国学者の中には実際に文庫を私設した者もいました。

国学は幕府の保護を受けられませんでしたが、学ぶ者は地道に増え続けました。在野の学問として武士以外の豪農や豪商にも学ぶ者が増えてきたのです。宣長が批判したように、身分に囚われずにさまざまな書物を閲覧出来るような施設が必要とされるようになってきました。

神社文庫

武士以外の者が利用できる「図書館」の誕生には、国学の興隆と神社文庫の存在がありました。神道は仏教とは違って、拠るべき経典が存在しません。早くから寺院は寺院文庫といって、経蔵などの書籍保管施設を有していましたが、神社には文庫のような施設は江戸時代になるまで存在していませんでした。ただ、古い歴史を持つ神社は文書、記録、書籍などは所蔵していましたが、文庫と呼ぶほどのきちんとした保管施設はなかったのです。

それが江戸後期になり国学が興隆してくると、神官たちは神道宣揚のために文庫を整備する神社も出てきました。また、江戸期は出版業が盛んになった時代ですが、新刊の国学書を書肆が神社に寄進するようになり、その整備のために文庫を設けたことがあったようです（岩猿敏生『日本図書館史概説』一一三〜一一四頁)。

伊勢神宮の文庫

伊勢神宮内には文庫があったことが確認されています。天平神護二年(七六六)には『神宮雑事記』という史料に『日本書紀』・『神代本紀』等が焼失したとの記述が確認されます。これは伊勢神宮の内宮のことですが、既に奈良時代には文庫が存在していたことになります。また、外宮も鎌倉時代から文庫が存在していたようです。

しかしこれらの文庫は非公開で、収蔵されているものも何らかの意図で集められたものではなく、奉納されるなどして自然に集積したものでした。

江戸時代に入ると、これら古くからあった文庫とは別に神官が神道研究のために自由に利用できる文庫を外宮に設立します。これを豊宮崎文庫《とよみやざきぶんこ》と呼びます。

豊宮崎文庫は慶安元年(一六四九)十二月二十八日に、外宮の神官度会《わたらい》(出口《でぐち》)延佳《のぶよし》等の発起により、神官七十人あまりが財を投じて設立したものです。神官子弟の教育を目的に、儒書や神道関係の書籍、歌集等を収めていました。後年、幕府からの援助も受けて、個人からも図書の寄贈が相次いだそうです。

豊宮崎文庫は、単に神道関係書籍の蒐集だけではなく、広く神道関係者に書籍の閲覧を許し、付属の講堂では神道書・儒書の講義が高名な学者を招いて行われました。貝原益軒《かいばらえきけん》や八代将軍徳川吉宗が重用した室鳩巣《むろきゅうそう》もここで講義を行っています。延享三年（一七四六）三月の記録では、聴衆が六十人ほど参集したとあります（小野則秋『日本文庫史研究　改訂新版』下巻、三〇〇頁）。

豊宮崎文庫（Wikimedia Commons より。©N yotarou）

一方、内宮にも公開型の文庫が貞享四年（一六八七）に、宇治会合所の有志が計画して丸山の地に設立されました。しかし丸山は湿気が多く書籍の保存に不適であったことから、元禄三年（一六九〇）に林崎に移転します。ここから林崎文庫と呼ばれるようになりました。

林崎文庫は移転とともに新たに講堂を敷設して学問の講習所としました。豊宮崎文庫と同様に、学者を招いて特別講義も行っていたようです。しかし百年も経たないうちに林崎文庫は荒廃してしまいました。

そこで、天明年間（一七八一～一七八九）に、神官の荒木田尚賢が同志とともに、書庫・講堂・さらに塾舎を拡大させました。同時に荒木田が広く図書の寄贈を呼びかけたのです。

林崎文庫（Wikimedia Commons より。©N yotarou）

荒木田は賀茂真淵の弟子ですが、同門に国学者の本居宣長がいました。宣長は荒木田の図書寄贈の呼びかけを知ると、大いに賛同して「林崎ふみくらの詞」を天明二年（一七八二）に書いています。宣長の呼びかけに応じて、天明四年（一七八四）に京都の国学者村井《むらい》古巌《こがん》が二六〇〇部あまりの書籍を寄贈しました（小野則秋『日本図書館史　補正版』二一五頁）。

　このように伊勢神宮の外宮・内宮には江戸期にそれまでの「秘蔵書庫」ではない、公開された文庫が建設されました。他にも北野天満宮の天満宮文庫や、大坂の住吉社の住吉文庫といった神社文庫が数多く設立されました。

　これらの神社文庫は一応公開されていましたが、蔵書が学術的なものばかりなので一般庶民には縁があまりありませんでした。もちろん、本居宣長の門人には武士ではない身分の者もいたので、国学に関心があれば武士でなくとも閲覧は出来ましたが、ごく普通の一般の人にはまるで関係がなかったのです。

しかし神社文庫には広く庶民にまで開放された文庫がありました。ここに神社文庫と庶民との接点ができてくるのです。次節で詳しく庶民の「図書館」についてみていきましょう。

第四節　庶民の「図書館」と情報ネットワーク

出版業の確立と発達

庶民の「図書館」の話に入る前に、江戸時代に確立した出版業について簡単にふれておきましょう。

江戸前期までは、営利事業として出版は行われていませんでした。これらはいわば趣味的に出版をしていたもので、部数も少なく、一般に販売もされていませんでした。皇族や貴族や大名などに贈答されていたのです。出版された本も儒書や仏教書などが中心でした。庶民とは縁遠い本が多かったのです。

しかし江戸中期以降、それまでの時代と比べると識字率も上昇し、高い身分の人以外も書物を手にする機会が多くなってきます。そこで木版印刷による大量（といっても数十部程度ですが）印刷が可能になったこともあり、本屋も京都や大坂を中心に増えていきました。十七世紀後半には江戸にも上方の本屋の支店が開店するようになっていきます。井原西鶴の『好色一代男』が出版されたのは、天和二年（一六八二）のことでした。このあたりから娯楽を目的とする書物が出版されるようになってきます。

宝永年間（一七〇四～一七一一）から天明年間（一七八一～一七八九）頃までのおよそ八十年間で、出版の中心が上方から江戸に移っていきます。

江戸で誕生した娯楽書に草双紙《くさぞうし》があります。種類も表紙の色と内容から赤本・黒本・青本と移り変わり、十八世紀後半から黄表紙《きびょうし》となり、さらにそれを合本《がっぽん》した合巻《ごうかん》となっていきます。これらは絵を主体とした物語で、赤本は子ども向けでした。時代が下るにつれ、内容も成人向けのものとなっていきました。

十九世紀初頭に出版され始めた合巻では、山東京伝《さんとうきょうでん》、十返舎一九《じっぺんしゃいっく》、式亭三馬《しきていさんば》、柳亭種彦《りゅうていたねひこ》、曲《きょく》亭馬琴《ていばきん》などの、現代でも作品と名前が残っている人気作家も相次いで登場してきます。草双紙は明治初期まで出版されています。それほど庶民に人気があったのです。

こうした草双紙を出版する本屋を地本問屋《ぢほんどいや》と称しました。地本とは、京都で出版された本に対して地元江戸の本という意味です。内容は娯楽的な内容のものが多く、庶民向けでした。これに対して従来の儒書や仏書、国書などを中心とした、いわゆる硬い本を出版する本屋を書物問屋《しょもつどいや》と呼んでいました。江戸では本屋仲間もそれぞれ別に組織されていたのです。知識層からは正式な書物は書物問屋が扱う本だけで、地本はかなり低く見られていました。ですから紅葉山文庫や藩校付属の文庫には、草双紙など絶対置かれていませんでした。
ちなみに京都や大坂では単一の書物仲間だけで、その仲間所属の本屋が草双紙の出版も行っていました。上方の本屋に対抗して、独自色を出した江戸の出版業は十八世紀末から上方を凌ぐようになります（岩猿敏生『日本図書館史概説』一二二〜一二三頁）。

貸本屋の隆盛

営利的な出版業が確立するに伴って、貸本屋も発達してきました。貸本屋は主に娯楽書や実用的な内容の書籍を中心に扱い、顧客に貸与して利潤を上げていました。当時の書籍は娯楽書といえども高価であり、庶民には購入できませんでしたので、貸本屋が出版量の増加に比例して増えてきたのです。

江戸初期に京都で貸本屋は誕生しましたが、単独で店舗を構えているものは少なく、本屋との兼業、小間物店との兼業、行商と様々な営業スタイルが確認されています。当時の本屋は出版業も兼務しているところもありましたが、これらは本屋仲間に加入する義務がありました。ですから本屋仲間に加入していない貸本兼業の「本屋」と、加入している本屋との間で争いに発展することもあったようです（岩猿敏生『日本図書館史概説』一二四〜一二五頁）。

十九世紀に入ると貸本屋も巨大化して、単独で店舗を構えるものも出てきました。天保年間

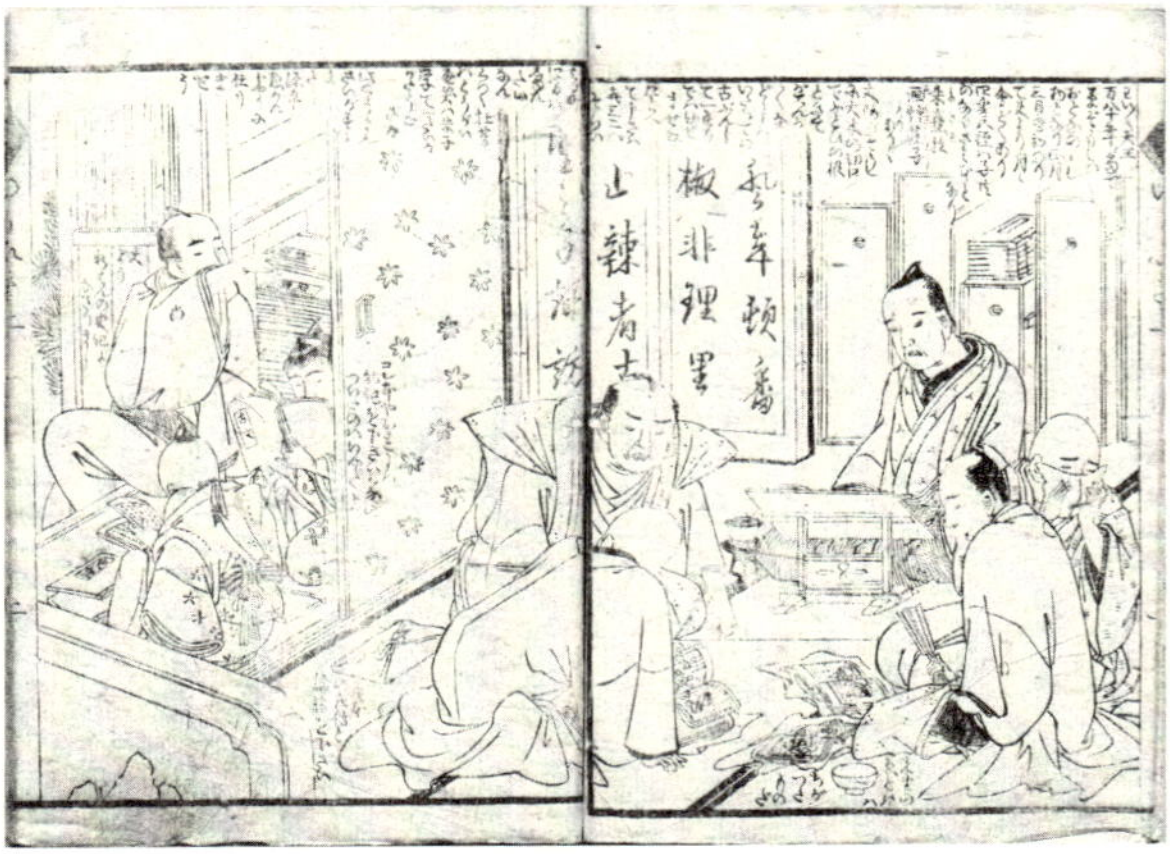

貸本屋（『従夫以来記』国立国会図書館蔵）

（一八三〇～一八四五）には江戸で約八百軒もありました。一軒の貸本屋でお得意先は百七八十軒ほどなので、江戸だけで十万軒もの読者がいたことになります（今田洋三『江戸の本屋さん』一五二頁）。

このように江戸中期、そして後期になると庶民まで本は身近な存在になってきたのです。しかし幕府や藩は特に武士以外の者を主な対象にした「図書館」的施設はつくらなかったようです。では庶民は有料の貸本屋のみで書籍を手にしていたのでしょうか。決してそんなことはありません。幕府や藩はつくらなくとも、民間の有志で「図書館」を設立していたのです。

設立者・羽田野敬雄

江戸も末期に近くなると、神社文庫の中には神官の神道研究のためだけではなく、氏子などのために広く文庫を公開するところも表れてきました。

代表的なものとして、三河国渥美郡羽田村《あつみぐんはだむら》（愛知県豊橋市）に、平田篤胤門下の国学者羽田野敬《はだのたか》雄《お》が設立した羽田八幡宮文庫《はだはちまんぐうぶんこ》があります。

羽田野は寛政十年（一七九八）に、三河国《みかわのくに》宝飯郡西方村《ほいぐんにしかたむら》（愛知県豊川市）の豪農山本家の四男として生まれました。最初の名を山本茂雄といいました。おとなしく読書好きの子どもだったようです。

文政元年（一八一八）に渥美郡羽田村の羽田神明宮と別宮である羽田八幡宮の神主である羽田野敬道の養子となり、後を継ぎます。そして名を「敬雄」と改めます。

文政八年（一八二五）に国学者本居大平《もとおりおおひら》（宣長の門弟にして養子）の門人に、さらに同十年（一八二七）には平田篤胤の門下にもなっています。

嘉永元年（一八四八）には、友人達とともに羽田八幡宮内に文庫を設立します。蔵書が少なかったこともあり、広く寄贈を呼びかけました。そして多くの好学の者がそれに応えています。文庫の特徴等については後述します。

明治元年（一八六八）、高等教育機関として明治新政府は、京都に皇学所・漢学所を設立しますが、敬雄は皇学所の御用係に任じられています。しかし翌年には帰郷し、豊橋藩の学校で国学を講じていましたが、明治四年（一八七一）には神官の世襲禁止令により、羽多野家は断絶となってしまいます。しかし敬雄個人は、学者として明治政府からは評価されて教部省の役に就いています。明治十五年（一八八二）に死去しました。享年八十四。

それでは敬雄が設立した羽田八幡宮文庫について、田崎哲郎氏の研究に依拠しながらくわしくみていきましょう（田﨑哲郎「市民的図書館の先駆――羽田八幡宮文庫をめぐる人々――」『地方知識人の形成』）。

羽田八幡宮文庫設立の経緯

設立のきっかけは、嘉永元年（一八四八）三月に、福谷世黄《ふくたによつぎ》の別荘に羽田野敬雄など数人が集まった際にでた話だといわれています。

福谷の蔵書が三千巻余りになったので、文庫を作って永く後世に残したいと皆に伝えたところ、敬雄が「個人の文庫では永続しないので、伊勢神宮の豊宮崎、林崎両文庫にならって神社に置いたら永久に伝わるだろう、ついては三河国一宮である砥鹿神社《とがじんじゃ》ではいかがであろう」と述べました。

それに対して福谷は「砥鹿神社は遠方なので何かと不自由になるから、貴君の羽田八幡宮が近いし、貴君は本好きでもあるからこちらの方が適当だ」と答えて、敬雄も他の者も特に異論はなかったので、そこに決しました。

そうと決まれば、先立つものは設立資金です。敬雄たちは「造立講」を作って出資者を募りました。一口三両で出資を募集したところ、名前の分かっている者で六十九名、誰かの取次になっているのが十一口あり、総額は約一八七両集まりました。一両十万として計算すると一八七〇万円となり、二千万近くの資金がたった二ヶ月で集まったことになります。敬雄たちの交友関係で出資を打診したのでしょうが、短期間でこれほどの額が集まったことは驚異的です。現代で図書館を設立するからといってクラウドファンディングで資金を集めても、これほどの額にはならないのではないでしょうか。

ではどのような人たちがお金を出したのでしょう。内訳は神官、医者などで、あとは一般の町人でした。町人は書店を経営している者も含まれていることが確認されていますが、おそらくそれなりに金銭的に余裕が有る者でなければ出資はできないので、商家を営んでいる者が多かったと推察されます。それでも直接文庫に関係のない町人たちが、これほどの額を出資したというのは「文化事業」に対して江戸時代の町人は関心が深かったということでしょう。

六月八日に藩に届出を出し、翌九日には許可が下りているところを見ると、おそらく敬雄たちが事前に藩当局に根回しをしたからだと思われます。

届書には、「この度八幡社に文庫を設立し、神道書はいうまでもなく、公儀が禁じている禁書でなければ和書（日本で出版された本）・漢籍（中国で出版された本）の区別なく奉納し、永久に残し代々伝えようと考えています」（大意）という内容の文言が記されていました（原史料は、田﨑哲郎「市民的図書館の先駆――羽田八幡宮文庫をめぐる人々――」『地方知識人の形成』一八九頁に翻刻して掲載）。

文庫の建物は嘉永二年（一八四九）四月二十三日に完成しました。文庫本体の建物は二間×三間の六坪で、その他に一間四方の閲覧場所が付設されていました。

五月八日には「御文庫造立竟宴哥会」が開かれています。この集まりは三河吉田藩の藩士が中心のようです。田﨑哲郎氏によれば、「藩士に直接の出資者はいなかったとはいえ、このグループも文庫の設立を支えていたといえよう。文庫の許可が早く下りたのもこのような人々の支持があったからであろう」（田﨑哲郎「市民的図書館の先駆――羽田八幡宮文庫をめぐる人々――」『地方知識人の形成』一九三頁）と推測しています。実際、この歌会に出席した者の中に本居大平門下の者が数名確認されていて、敬雄に近い人たちが参加していたことが分かっています。羽田八幡宮文庫設立には、こういった敬雄たちのコネクションが大いに活用されていたと考えて良いと思います。

貴族・大名からの書籍の寄贈

当初は敬雄たち発起人二十人が持ち寄った書籍が、羽田八幡宮文庫の最初の「蔵書」となりました。しかし当然のことながらかなり少数で、とても文庫としての規模には達しておりません。

そこで敬雄たちはビラを作成して広く寄付を募ることにしました。嘉永元年（一八四八）九月に作成されたビラには「ご有志の方々にはご自身の著述書、一冊一丁の書でも構わないので、なにとぞご寄付をお願い申し上げます」（大意）（原史料は、田﨑哲郎「市民的図書館の先駆――羽田八幡宮文庫をめぐる人々――」『地方知識人の形成』一九〇頁に翻刻して掲載）と記されていました。

また敬雄たち発起人はコネクションとネットワークを活用して広く様々な身分の者に寄贈を募っています。その成果はたちどころに表れてきました。

嘉永三年（一八五〇）には、貴族としてはかなり身分の高い家格である清華家《せいがけ》の三条実万《さんじょうさねつむ》から図書を寄贈されています。『類聚国史』と『孝経』で、後者には収納する桐箱がないというので、箱代として金銭も寄付されています。ちなみに三条実万は明治新政府の太政大臣三条実美の父にあたります。

文庫の蔵書はその後も順調に増えていきます。安政二年（一八五五）には一千部五千百余巻に達し、それを祝賀して八月二十五日に歌会が行われています（『幕末三河国神主記録』二八八～二九〇頁）。歌会とはいっても酒が入っており宴会であったわけですが、その会場はおそらく文庫の座敷で行われています。

文久元年（一八六一）六月の虫干の際に蔵書数を調査したところ一千六百八十六部七千八百六十七巻に達しています（『幕末三河国神主記録』三六五頁）。

そして慶応三年（一八六七）には遂に一万巻に達しました。敬雄もちょうどこの時七十歳で、文庫一万巻達成と、敬雄の古希の祝いを兼ねて祝宴を行う計画がありましたが、中止になってしまいました（『幕末三河国神主記録』四一〇頁）。

増えた蔵書は、敬雄の友人の町人から寄贈されたものです。例えば、嘉永六年（一八五三）には、伊賀屋弥八が『和漢三才図会《わかんさんさいずえ》』八十一冊、斎藤九郎兵衛が『五経集注《ごきょうしっちゅう》』五十七巻を寄贈しています（『幕末三河国神主記録』二五三頁）。

安政五年（一八五八）四月には、大黒や喜十郎という人物から『三才図会』百三巻、『大系図』三十巻が寄贈されています（『幕末三河国神主記録』三三六頁）。

さらに同月二十三日には、俵屋弥兵衛から『公卿補任《くぎょうぶにん》』百十七巻が寄贈されています（『幕末三河国神主記録』三三六頁）。『公卿補任』は、朝廷の歴代高官を列挙した、現代風に言えば職員録です。そんな本まで庶民が所蔵していたのは驚きです。

また、大名からも蔵書は寄贈されています。嘉永四年（一八五一）十一月には、上野安中藩《こうずけあんなか》主板倉勝明《いたくらかつあきら》より、自著『遊中禅寺記《ゆちゅうぜんじき》』一巻が寄贈されています（『幕末三河国神主記録』二三四頁）。つまり、自分の藩のお殿様よりも先に、他藩の藩主から寄贈をされてしまったわけです。先を越されてしまったことが理由なのかはわかりませんが、翌嘉永五年（一八五二）閏二月十七日には、領主である三河吉田藩主松平信古《まつだいらのぶひさ》が書籍を寄贈しています（『幕末三河国神主記録』二三八頁）。信古からは『四書大全』二十二巻、『皇朝史略』十巻、『続皇朝史略』五巻が贈られました。

『四書大全』は、中国の明の時代に編纂された四書の注釈書で、『皇朝史略』・『続皇朝史略』は水戸藩士青山延于《あおやまのぶゆき》によって漢文で著された日本史の本です。

神官ということもあり、神道を重んじていた水戸藩との繋がりは深かったらしく、前水戸藩主徳川斉昭からも、安政五年（一八五八）一月七日に水戸藩が出版した『破邪集』を寄贈されています（『幕末三河国神主記録』三二九～三三〇頁）。同書は漢籍で、元々は明の時代に出版されました。文久二年（一八六二）、幕府高家の中条信礼《ちゅうじょうのぶのり》から自著『発情一家言』二巻、旗本の村上正通よりは『日本書紀』十五巻を寄贈されています。中条は国学者としても当時著名でした（『幕末三河国神主記録』三七六～三七七頁）。

羽田八幡宮文庫には、大名・幕臣から町人まで幅広い層からの寄贈者が確認できました。敬雄たちの趣旨に賛同した者たちは身分を超えて幅広く存在していたことが分かります。また、こういった幅広い賛同者を得られたのも、敬雄たちの交友関係の広かったことが裏付けられます。

文庫の利用

ここでは、どのように文庫が利用されていたのか、田﨑哲郎「市民的図書館の先駆——羽田八幡宮文庫をめぐる人々——」（『地方知識人の形成』）に拠りながら探っていきましょう。

安政三年（一八五六）七月には、松蔭学舎が建てられました。「小さき本よみ所」（『幕末三河国神主記録』三〇一頁）とあるように、松蔭学舎は文庫の蔵書を読書する専用の施設です。このような施設が必要になったということは、文庫内で多くの者が読書をしていた証拠になります。

『羽田文庫雑記』所収の「文庫之掟書のあけつらひ」によると、文庫の蔵書は館外貸出は行わず、館内閲覧のみ許可していたようです。文庫の蔵書が読みたければ、来訪しろというスタンスです。

しかし実際には館外貸し出しも行われていたようです。いつから貸し出しが行われるようになったのかは不明ですが、「羽田文庫用」と書かれた書籍貸出用の箱が三個残されています。その箱の裏側に次のように書かれています（大意）。

一　書籍を借用しようとする者は、幹事に証文を提出して一ヶ月を期限として返却すること。
一　貸出冊数は二部十巻にする。又貸しをしてはいけない。汚損・破損をしてはいけない。汚破損、又は紛失させてしまった者は弁償すること。
一　他郷の者であっても閲覧したい者は、廡下《のき》に来て閲覧すべし。

（原史料は、田﨑哲郎「市民的図書館の先駆――羽田八幡宮文庫をめぐる人々――」『地方知識人の形成』二〇二頁に翻刻して掲載）

二部十巻を上限として貸し出しを認めていたことが分かります。貸し出し期間は一ヶ月と、現代の公共図書館の貸し出し期間が二週間程度なのと比べるとだいぶ長いようですが、当時はコピー機などないので、自分の手許に残したければ書き写して写本を作成する必要がありました。

そのための期間かと思われます。

注目すべきは「他郷の者」、つまりよその土地の者でも閲覧を許可していることです。地域の結束が現代とは比べものにならないくらい強い江戸時代ですから、庶民から見て他郷の者といえば外国人のような感じだったでしょう。それを許可しているわけですから、羽田八幡宮文庫の「公共性」が窺えます。

また著名な学者が来訪した際には、講演会も開催しています。安政二年（一八五五）二月七日には、国学者・神道家の野之口隆正《ののくちたかまさ》（後の大国隆正《おおくにたかまさ》）が来訪し三泊もしています（『幕末三河国神主記録』二八三〜二八四頁）。

野之口は二年後の安政四年（一八五七）九月二日にも文庫を訪れて『古事記』と『百人一首』などの講釈をし、聴衆は十四、五人ほど集まったといいます（『幕末三河国神主記録』三二七頁）。

同年には、儒学者の藤森弘庵《ふじもりこうあん》も訪れています。藤森は八月二十三日から敬雄のところで二泊しています。『孟子』の一章を講義したようで、聴衆は十五、六から二十人ほど集まったようです。また藤森は自作の詩集『春雨楼詩抄』を文庫に寄贈しています（『幕末三河国神主記録』三二七頁）。

藤森は現在ではなかば忘れられている学者ですが、当時はかなり著名でした。主著にペリー来航に際して書き上げた『海防備論』があります。この本は写本でかなり流布したようで、現在でもよく古書店等でみかけます。

学者が訪れて、その話を聞きに二十人ほどの人が集まるというのは、すごいことだと思います。その内訳も武士だけではなく敬雄の友人の商人も確認されていますので、学問が商人にまで浸透していたことが窺えます。

また文庫は学者だけではなく、藩の役人の「教諭」も行われています。安政二年（一八五五）二月に行われ、役人は八人出席で午前・午後と計四回行い、町人から農民まで聴衆は延べ二百人を集めたということです（『幕末三河国神主記録』二八四頁）。これだけの人数は文庫内には入りきらないので、おそらく露天でやったのでしょう。

また前述しましたが、文庫の蔵書が一千巻に達した安政二年（一八五五）八月には、歌会を開いています。参加者は三十二人、集まった懐紙短冊は一六〇枚でした。敬雄はそれらを『ふぐらのさかえ』二巻にまとめています。参加者の内訳は藩の関係者が十八人で、後は各地区の町人などでした。

歌会の終了後は酒も入った宴会となりました。また赤飯が出席しなかった高位の藩士宅に届けられています（『幕末三河国神主記録』二八八〜二九〇頁）。

羽田八幡宮文庫のまとめ

羽田野敬雄が中心となって設立した羽田八幡宮文庫についてみてきましたが、設立や蔵書の蒐集については、敬雄の交友関係のネットワークがかなり関係したことが判明しました。文庫は国学を核とした情報ネットワークの拠点であったといえます。そのネットワークのメンバーには、前水戸藩主徳川斉昭や国学者の大国隆正、そして地元の有力者など、身分を越えた様々な階層の人たちで形成されていました。大名から幕臣、町人までの幅広い交友関係があったればこそ、蔵書が一万巻も達したと考えられます。

文庫の利用については、原則として貸し出しを禁止していましたが、実際は一ヶ月での貸し出しも許されていました。貸出期間も写本作成を考慮して比較的長期に設定したようです。

また文庫では、学者の講演会や、歌会なども不定期に開催されていました。文庫は静寂の空間だけではなく、活動的な場でもあったわけです。これらの催し物で、参加者の新たな交友関係も広がったこととおもいます。

こういったことは、現代の公共図書館にも共通している点だといえるでしょう。

蔵書の家

羽田八幡宮文庫と羽田野敬雄たちの活動は、書籍を媒介とした身分を越えた交友関係と情報ネットワークが構築されていたことが分かるものでした。敬雄たちのネットワークは都市部在住の商人が大きく関与していました。

では村落ではどうだったのでしょうか。村落部にも村人に書物を無料で貸し出すところがありました。ただしそこは幕府や藩が設けた「〇〇文庫」と呼ばれるものではなく、庄屋や名主、あるいは肝煎《きもいり》と呼ばれる村役人が個人的に蒐集した蔵書を、村人に貸出していたのです。

それを「蔵書の家」と呼んでいます。ただし、この名称は江戸期にあったものではなく、日本史学者の小林文雄氏が平成三年（一九九一）四月に発表した論文（小林文雄「近世後期における「蔵書の家」の社会的機能について」）で初めて用いたものです。

蔵書の家・野中家

小林氏は武蔵国幡羅郡中奈良村（埼玉県熊谷市）の名主、野中家を例にとりあげて分析を試みています。その詳細は小林氏の論文を直接参照してください。以下は、拙著『図書館と江戸時代の人びと』と内容が重複しますが、非常に重要な事例ですので取り上げたいと思います。

野中家の総蔵書数は二九八冊で、内訳は「趣味娯楽」が一二八冊、「学術教養」が二十三冊、「紀行・地理・信仰」が二十三冊、「実用・教養」が七十冊、「諸情報」が五十四冊となっています。紅葉山文庫や藩校付属文庫と比べると蔵書数が格段と少ないのですが、元はといえば名主の個人蔵書なのですから致し方ないでしょう。

では蔵書の内容についてみていきます。

まず指摘できることは、「趣味娯楽」・「実用・教養」など一般向けの本が多く、学術的な性格の書籍は非常に少ないということです。当時の学術書は、みな漢文で書かれていました。漢籍といえば初歩入門用の教科書だけで、ほぼ所蔵していません。これは村人が漢文を読めなかったからでしょう。

「趣味娯楽」に着目してみると、一番多いのが「軍記・敵討ち・読本」で五十一冊となっています。書名をいくつか挙げてみると、曲亭馬琴『青砥藤綱模稜案《あおとふじつなもりょうあん》』、『赤穂実録』、『大岡忠相政務実録』、『望遠実録』、加藤在止《かとうありとめ》『太平国恩俚譚《たいへいこくおんりたん》』などがみられます。これらはみな手書きで書き写された写本で、刊本から転写されたものです。野中家の蔵書は刊本が非常に少ないのが特徴です。

表　野中家蔵書の構成（『図書館と江戸時代の人びと』より）

趣味娯楽	128	実用・教養	70
芝居・浄瑠璃・音曲など	18	算法	13
生け花	2	医療	3
碁・将棋	3	農業・地方書	7
軍記・敵討ち・読本	51	辞典類	2
俳諧・和歌・狂歌	47	教科書（手本・往来物）	18
武芸（柔術など）	1	教訓的なもの	27
絵画	6		
学術教養	23	諸情報	54
漢籍（儒学）	14	公文書	7
心学	2	政治情報	9
文学	7	武家情報	16
紀行・地理・信仰	23	社会情報	22
		総計	298

※小林文雄「近世後期における『蔵書の家』の社会的機能について」所収の表1をもとに作成

当時の本は非常に高価でした。大雑把にいうと、書籍の価格は現代の感覚でいえば一冊数千円から一万円近くになるものがザラでした。なんでもホイホイと買うことができなかったので、名主たちは写本を作成して村人に提供していたのだと思われます。

「実用・教養」書は、室鳩巣『六諭衍義大意《りくゆえんぎたいい》』、西川如見『百姓嚢《ひゃくしょうぶくろ》』、『孝義録』などです。『六諭衍義大意』は、元々は中国で刊行された『六諭』の解説書の日本語訳で、八代将軍徳川吉宗に仕えた儒者の室鳩巣が著者です。寺子屋の教科書として多数印刷されました。『百姓嚢』は、農民としての心得や学問などをやさしく説いた全五巻の本で、『孝義録』は幕府の命によって昌平坂学問所が編さんした、日本各地の善行者の事例報告集です。

これらの書物は農民が読むべき本として名主が所蔵していたとしても不思議ではありません。娯楽書や実用書に比べると、それほど貸出率は高そうにありませんね。

野中家蔵書の貸借

野中家蔵書が、身分ごとにどのような本が貸し出されたのか、小林氏が表にしているのでみてみましょう。

一般の村人を指す「小前《こまえ》」層が好んでいる本は、実録物や読本《よみほん》が多く、また信仰に関する本も多く貸し出されていることが窺えます。実録物とは、御家騒動や仇討など、過去に実際に起きた

表　野中家蔵書の貸出状況階層別一覧（『図書館と江戸時代の人びと』より）

	書籍											文書		計
	往来	教訓	実録	読本	芝居	宗教	飢饉	信仰	紀行	漢籍	武家	改革	他	
名手	3	1	12	4			4		2		2	7	61	96
名手に準ずる者		2			1		1		1	2		2	5	14
小前	2	5	14	9	3	1	1	10	1			2		48
寺	4	4	6		3	1	3			1		1	10	33
計	9	12	32	13	7	2	9	10	4	3	2	12	76	191

※小林文雄「近世後期における『蔵書の家』の社会的機能について」所収の表4をもとに作成

出来事をベースにして講談師が面白おかしく脚色した台本のことです。それがいつの間にか流出して写本として貸本屋などで貸し出されるようになっていました。野中家も実録物の写本をそれなりに所蔵していたのでしょう。読本は現代で言えば娯楽小説のことです。

注目すべきは、過去に起きた飢饉の記録を名主が四冊借りていることです。江戸時代の村々は、過去に起きた飢饉の対処法についてまとめ、記録として後世の村人のために残して蓄積されていました。それを村の代表者である名主が借りているということは、常日頃から飢饉が起きた時に指導者としてどう対処すべきなのか知るために、借りていたということでしょう。危機管理意識が強かったのかもしれません。

また注目すべきは、小前層に分類した者の中には「日雇《ひよう》取《とり》」や「隠居」などの肩書きを付けた者も散見されることです。「日雇取」とは、日決めの賃稼ぎで生計を立てていいました。

た人のことで、江戸前期は都市に多く見られましたが、後期には農村でもみられるようになって

野中家の蔵書は、身分に関係なくかなり広く貸し出されていることが窺えます。

ではもう少し実例に即して、貸借の様子をみていきましょう。大坂で勃発した大塩平八郎の乱について書かれた写本を例にします。

大塩平八郎は陽明学者で、もともとは大坂東町奉行所組与力でした。天保の飢饉で大坂の町人が米価高騰で苦しむのを尻目に、東町奉行跡部良弼《あとべよしすけ》が何ら対策もせず、それどころかますます米価を釣り上げる政策を行ったため、大塩は我慢できず、遂に天保八年（一八三七）二月十九日に挙兵しました。ところが計画は事前に奉行の跡部に漏れていたため、半日ほどで幕府軍に鎮圧されてしまいました。

たった半日とはいえ、元幕府の役人が謀反を起こしたというこの大事件は、瞬く間に全国に知れ渡ることになりました。ただ幕府は大塩の乱を題材にした書籍の刊行を禁止していますので、民衆は写本によって知ることになります。写本は規制していなかったのです。

反乱が起きた二ヶ月後の四月七日には、『大坂大火百姓鑑』、『田舎賢人百姓鑑』といった反乱事件を読本風にまとめたものを、長慶寺の「ご隠居」から野中家が借り受けています。長慶寺は現在も埼玉県熊谷市中奈良に現存している真言宗の寺院です。「ご隠居」とあるので寺の住職を

表　大塩関係情報の貸借一覧（『図書館と江戸時代の人びと』より）

	居住地	人名	賃借年月日	書籍題名	備考
借入	下奈良	吉田市右衛門	天保 8.9.17	大坂騒動書札 8	名主・豪農
	奈良新田	高橋喜右衛門	天保 8.5.10	大坂大塩一件来状写し	名主
	村内	政右衛門	天保 8.4.14	大坂大塩一件記	名主
	弥藤吾	地蔵堂御隠居	天保 9.4.10	大坂大火・子供教訓雑談夢物語・2	不明
	弥藤吾	地蔵堂御隠居	天保 9.4.10	教訓雑談・大坂大火夢物語・3	不明
	弥藤吾	御隠居	天保 8.9.12	大坂新談・一	不明
	村内	嘉兵衛	天保 9.4.22	大坂大火夢物語	寺か
	長慶寺	御隠居	天保 8.4.7	大坂大火百姓鑑	寺
	長慶寺	御隠居	天保 8.4.7	田舎賢人百姓鑑	寺
貸出	河原明戸	戸右衛門	天保 9.1.25	大坂乱防記	名主
	下奈良	弥七郎	天保 8.5.6	大坂にて聞書	名主
	下石原	松屋定八	天保 8.3.12	大坂来状	
	代村	文吉	天保 8.5.11	大坂乱防一件書	小前か
	村内	友次郎	天保 8.5.5	大坂乱防一書	小前か
	村内	南光院御隠居	天保 8.4.10	大塩氏捨状	寺

※小林文雄「近世後期における『蔵書の家』の社会的機能について」所収の表3をもとに作成

引退した僧から借りたと思われます。

ついで、四月十四日に村内の政右衛門、五月十日に奈良新田村（埼玉県熊谷市）の高橋喜右衛門、弥藤吾村（埼玉県熊谷市）の「ご隠居様」、下奈良村（埼玉県熊谷市）の吉田市右衛門、と近隣の豪農層からも積極的に大塩の乱の情報を収集しています。

借り受けた本は写し取ったものと考えられますが、それらを村内の小前や、隣村の下奈良村の名主・弥七郎、河原明戸村（埼玉県熊谷市）の名主・戸右衛門にも貸し出しています。

一応幕府が情報統制をしている大塩の乱の情報を二ヶ月後には、大坂からかなり隔たった関東北部の一農村の農民が知っていたことになります。それも名主や寺院といった村の指導層だけではなく、小前にまで情報が広まっているのです。

江戸時代というとマスコミも存在せず、民衆は重要な情報から目隠しされていたというイメージを持たれがちですが、決してそんなことはありません。村人たちは「蔵書の家」を活用して、娯楽から農業などの実用知識、そして世の中の動きまで知ることができたのです。これはなにも武蔵国の野中家が特殊だったのではなく、近年は色々な地域で確認されています。

加賀国喜多家の蔵書貸借

ここでは加賀藩で十村《とむら》の役職に代々就いていた豪農、喜多家を事例にしたいと思います。工藤航平氏の『近世蔵書文化論』に拠りながらみていきます。

まず十村という加賀藩独自の制度についてですが、十から数ヶ村程度を「一組」として管轄し、百姓の逃亡の取締と呼び戻し、年貢諸役の徴収、新田開発、給人の不法な農民支配の監視が職務でした。加賀藩の農政が確立するに従って十村が地方自治の拠点になったのです。他藩でいう大《おお》庄屋《じょうや》に近い制度です。大庄屋は庄屋の上に位置し、数ヶ村を束ねていました。

喜多家はその十村の一つだったわけですが、農民とはいえかなり由緒が良かったようです。先祖は鎌倉末期・南北朝期の武将新田義貞で、戦国時代は畠山氏に仕えていましたが、七尾城陥落後は能登国（石川県）を拠点とする扶持百姓になっています。扶持百姓とは前田家から扶持を受けている百姓のことで、半農半武士といった感じでしょうか。

後に姓を「喜多」と改称し、加賀国河北郡倉見村（石川県河北郡津幡町）に移り、地主経営のほか米商売、材木商売、海運業、酒造業、質屋といった商業も手広く行っていました。喜多家は商人でもあり、農民でもあったようです。

以上が喜多家の概要ですが、この家もまた多数の蔵書を保持していて、貸し出しも行っていました。ただあまり史料上からは、貸借の事実は確認できないようです。

書籍を喜多家が借りた事例は、金沢の高田方水という人物から『唐詩選』と『国字弁』を借りています。逆に方水には『千字文』を貸しています。

喜多家が本を貸した相手は、もう少し史料上にみえています。一族の北川尻村の喜多一三郎、上田村の弥次右衛門、能登郡の下村一楽、金沢の高田方水、高田翰三郎、「つ三郎」、「至道公」、市右衛門、きん、「蛭子講《えびすこう》」という名が確認されます。最後は個人ではなく蛭子講に貸したのでしょう。

野中家と比べるとそれほど多くの事例が確認されませんでしたが、喜多家も蔵書の家だったと言って良いでしょう。

工藤氏は、喜多家の蔵書目録である「[書籍録」に収録されていないものでも、書籍の貸借ネットワークが存在し、頻繁な貸借を通じて、さまざまな書籍を入手していたことが推察される」（工藤航平『近世蔵書文化論――地域〈知〉の形成と社会』三二一頁）と指摘しています。ではもう一つ事例をあげてみましょう。越中国（富山県）の和算家石黒信由《いしぐろのぶよし》です。

和算家石黒信由

石黒信由は一般にはあまり知れ渡っていませんが、江戸後期の和算家として著名な人物です。和算家とは、わかりやすく言えば数学者でしょうか。日本で独自に発達した和算の研究を行った学者です。

信由は、宝暦十年（一七六〇）に越中国射水郡高木村（富山県射水市高木）の肝煎（名主や庄屋と同役）の家に生まれました。関孝和の流れを汲む和算家中田高寛《なかだたかひろ》のもとで二十三歳の時から十五年間本格的に和算を学び、免状を取得したあとも研鑽を積みました。そして百年以上も解けなかった和算の難問を解くことに成功しています。それだけではなく、西洋数学や測量術、天文学も学びました。

享和三年（一八〇三）八月、日本全国地図作成のため越中を訪れていた伊能忠敬の測量に信由は同行しています。越中・能登（石川県）・加賀（石川県）の海岸を測量して作成した『加越能三州郡分略絵図』は現在の地図とほぼ変わらない正確さでした。天保七年（一八三七）十二月に死去しています。

これほどの業績を挙げた信由ですが、本業は高木村の肝煎でした。村役人の傍ら、和算などの研究を続けていたのです。都市部に居住せず、村落に住んでいた知識人を「在村知識人」と呼ぶのですが、信由は典型的な在村知識人だといえるでしょう。

蔵書貸借

石黒信由もまた、村人に自分の蔵書を貸し出していたことが明らかになっています。以下、竹松幸香氏の『近世金沢の出版』に依拠しながら、信由の活動を紹介したいと思います。

石黒家の蔵書貸借が分かる史料として竹松氏が用いたのが、「書籍出入留」です。

表　文政2年〜天保7年書籍貸借一覧表（『近世金沢の出版』より）

所在地	名　前	伸由からの貸し出し		伸由が借用	
		貸出回数（回）	貸出点数（点）	借用回数（回）	借用点数（点）
金屋村	名兵衛	6	21		
薮田村	善兵衛	2	4		
	岩井武次郎	3	2		
小杉	今井屋粂之助	1	1		
城端	紺屋五左衛門	1	1		
南保村	次助	2	2		
富山	高木屋吉兵衛	2	4	2	4
島村	折橋善兵衛	2	2		
西広上村	四郎右衛門	3	5		
柳瀬村	権右衛門	4	4		
金沢	井上与兵衛様	2	3		
金沢	嶋田権五郎様	1	1		
金沢	日下理兵衛	6	14	2	4
金沢	早川理兵衛	1	2		
金沢	柴野優次郎	6	16	1	1
金沢	河野久太郎	10	19	17	28
金沢	遠藤数馬殿	2	4		
金沢	小原九八郎	1	7	1	2
金沢	北村順吉	1	1		
金沢	広瀬平之丞	2	2		
金沢	越中屋平七	2	3	1	2
金沢	深川新八	1	1		
金沢	井上井之助殿	1	1		
佐加野村	平右衛門	1	1		
内嶋村	五十嵐小豊次	6	10	2	4
沼保村	甚左衛門	1	1		
四日曾根村	次郎左衛門	2	4		

上牧野村	弥三郎	14	19		
小杉村	又三郎	16	42		
宮袋村	栄次郎	9	13		
殿村	次三郎	3	3		
布目村	仁兵衛	2	2		
上伏間村	甚兵衛倅次郎吉	1	1		
上伏間村	甚兵衛	1	1		
南高木村	十三郎	33	57		
殿村	善三郎倅歴之助（喜兵衛）	43	80		
小杉新町	助左衛門	2	4		
小杉新町	次郎兵衛	1	1		
新開発村	次郎兵衛	2	4		
若杉村	神田清左衛門倅清七郎	12	23		
広瀬館村	権丞	1	1		
宮森村	斉藤庄五郎	4	6		
次郎嶋村	端左衛門	1	1		
	南兵左衛門	1	1		
五十里村	長蔵	1	1		
二塚村	又八郎	1	1		
大門新町	祐次	1	1		
飯久保村	弥三兵衛	4	10		
鹿島郡中島村	与三兵衛	1	1		
海老江村	弥三	1	1		
小杉三ヶ村	太郎兵衛	1	1		
新川群若栗村	文助倅宇助	1	1		
	折橋甚助			1	2
国分村	光西寺			1	2
城端	西村太冲			1	1

竹松氏作成の「文政二年~天保七年書籍貸借一覧表」を見ると、かなり頻繁に信由と近郊の村落の人びとから本を貸す・借りる関係が相互にあったことが窺えます。「書籍出入留」によれば、信由が書籍を貸与しているのが五十二名、借用しているのは十名となっています。

信由から書籍を貸借している人物は、信由が庄屋を務めている高木村周辺の村落部に多いことが分かります。また村落だけではなく、城下町金沢在住の者からも貸借が確認されます。これらの多くは武士身分の者だと思われます。

信由も身分を超えて幅広い人達と交流があったと思われます。単なる肝煎ではなく、和算家として著名であったので当然ともいえるでしょう。

では貸与と借用について、少し細かくみていきましょう。

貸与した人物・貸与した書籍類

最も多く貸与をしている人物は、殿村の善三郎と倅の歴之助(喜兵衛)です。歴之助は善三郎の倅とありますからおそらく若者なのでしょう。親子二代にわたって借りたと竹松氏は考えています(『近世金沢の出版』二六三頁)。貸出回数は四十三回、貸出点数は八十点とあり、ダントツに多くなっています。文政二年(一八一九)から天保七年(一八三六)までの十七年間で四十三回ですから、五ヶ月に一回の割合で書籍を借りていたことになります。石黒家では特に返却期限等は設けられていなかったようですが、写本作成等の期間を考慮すると、返却したらすぐ別の本を借りていったことになります。

次に多いのが南高木村の十三郎で貸出回数が三十三回・点数が五十七点、小杉村の又三郎が回数十六回・点数四十二点、上牧野村の弥三郎が回数十四回・点数が十九点、若杉村の神田清左衛門と、倅の清七郎が回数十二回・点数二十三点、金沢の河野久太郎が回数十回・点数十九点となっています。

喜兵衛も十三郎も農民ではありますが、測量術などで信由に教えを乞うていました。つまり弟子だったわけです。自身の弟子に勉強用に本を大量に貸していたというわけでしょう。

竹松氏に拠れば、殿村、南高木村、小杉村、上牧野村などは「信由の居住する高木村近隣の村に居住しており、その村は小矢部川や庄川流域に集中している」（『近世金沢の出版』二六三頁）と分析をしています。つまりこれらの人物の多くは、信由の隣村に住んでいたわけです。

どんな本を信由は貸していたのでしょうか。それは、信由が著述した算学書が大半を占めていたようです。次いで天文学、測量術の書籍や絵図類と続きます。ほとんどが写本で、刊本は少なかったようです。また貸与した人物はほとんどが信由の門人だそうです。

武士や豪農層にも書籍を信由は貸していますが、改作奉行や郡奉行などの藩の役人、あるいは十村、十村肝煎などの村役人層には村の絵図や村名帳などを貸し出しています。
これらは村方の「行政文書」というべきもので、村役人が大過なく村を治めるにはこうした「文書行政」に精通している必要がありました。

十八世紀後半になってくると、村と村の間の村境争いや、村人間の土地の境界争いなどが多発してきます。それら騒動を決着するためにも過去の行政文書は「証拠」となりますので、どこの村も大切に永久保存してきました。その保存場所が名主・庄屋・肝煎と呼ばれる豪農の家に代々残されてきたのです。それが結構貸し出されているということは、この時代には争いがかなり起こっていたことが裏付けられます。

借用した人物・借用した書籍

信由が借用した先についてみてみましょう。最も多く借りているのは、金沢の河野久太郎です。借用回数は十七回、借用点数は二十八点とあります。後はごく少量になってしまいますが、富山の高木屋吉兵衛から回数二回・点数四点、金沢の日下理兵衛から回数二回、点数四点、内嶋村の五十嵐小豊次から回数二回・点数四点となっています。

信由が本を借りた相手は金沢に住んでいる武士が多い印象です。河野以外では、日下理兵衛、柴野優次郎、小原九八郎などが武家でしょう。また国分村の光西寺という寺院からも本を借りています。

さて、一番多く信由が本を借りている河野久太郎ですが、どのような人物なのでしょうか。竹松氏に拠ると、加賀藩年寄衆長家の与力で、信由から算学を学んでいたようです。文政五年（一八二二）から始まった「金沢分間絵図」の製作や同七年（一八二四）の時鐘・時法改定に関わった人物ですので、信由との付き合いは深かったと思われます。柴野も同じく長家の家臣で、日下は加賀藩年寄衆村井家の家臣とあります（『近世金沢の出版』二六三〜二六四頁）。和算や測量術など、信由が本を借りた相手は、学問的な交友関係のあった人物のようです。

さて信由が借りた本ですが、やはり自分の専門分野の本が多かったようです。しかし竹松氏は次のような本も借りていると指摘しています（『近世金沢の出版』二六五頁）。『魯西亜志』、『印度物語』、『采覧異言《さいらんいげん》』、『三壺記《みつぼき》』、『日本外史《にほんがいし》』などです。

『魯西亜志』は蘭学者桂川甫周が、寛政四年（一七九二）〜同五年（一七九三）にかけて、ドイツの地理学者が著した地理書に収録されていたロシアの部分を翻訳したものです。ロシアの歴史・地理・自然についてよくまとまって記述されています。これは寛政四年（一七九二）にロシア使節ラクスマンが、漂流民大黒屋光太夫を伴って日本に来航したので、慌てた幕府が甫周に命じて訳出させたものです。とりあえず、ロシアとはどのような国か知りたかったのでしょう。この本は写本でかなり広範囲に広まったようです。それだから加賀の片田舎の肝煎の蔵書に入っていたのかもしれません。

『印度物語』はインドの地誌で、『采覧異言』は儒者新井白石が、日本にキリスト教布教のために潜入したイタリア人宣教師シドッチを尋問して著した世界地理書です。正徳三年（一七一三）に完成しました。これは公刊されず写本で広まったのですが、約百五十年後には加賀の肝煎も手に入るような書物だったというのも面白い話です。これら三冊は外国の地理書ですので、信由は海外の地理や風土にも関心があったと思われます。

『三壷記』は、別名を『三壷聞書《みつぼのききがき》』ともいい、編者は江戸中期の加賀藩士山田四郎右衛門です。戦国時代の加賀・越中・能登の名将・勇士の話や、前田家のことなど、面白いエピソードが満載の本です。ただ内容の信ぴょう性はよく分かっていません。写本でかなり流布していました。信由も肩の凝らないこういった本を、算学書の合間に読んで疲れを取っていたのかもしれません。

『日本外史』は江戸後期の思想家頼山陽《らいさんよう》が寛政十二年（一八〇〇）から書き始め、文政九年（一八二六）に完成させた武家中心の日本史の書です。源平二氏から書き起こし、徳川氏までの武家興亡史となっています。幕末の尊皇の志士に広く読まれ、明治維新後も刊行され多くの読者を得ました。原文は漢文ですが、明治には現代語訳も出されています。信由は天保六年（一八三六）に柴野優次郎から借りています。

石黒家蔵書の貸借の様子をザッとみてきましたが、武蔵国の野中家と比較すると農民とはいえ信由は学者なので、あまり庶民向けの読本や農業の実用書等は所蔵していなかったようです。算学や測量、天文学の専門書や外国の地理書、日本史の本などを貸借していました。貸与した者には信由の門人が多く、借りた相手は武士が多いというのも、学問研究のために信由が蒐集した蔵書なので、自ずと貸借関係にあるのもそういった者に限られていたのでしょう。石黒家は、野中家とはまた別の性格の「蔵書の家」であったのです。

石黒家の書籍購入ルート

村落に居住していた石黒家はどのように本を入手していたのでしょうか。写本の場合は、友人・知人から本を借用して書き写していたわけですが、出版されている書籍はどのように入手していたのでしょう。竹松氏の研究に依拠しながら、明らかにしていきたいと思います（『近世金沢の出版』二六五〜二六七頁）。

信由は、河野久太郎、遠藤数馬、今村嘉平太、日下理兵衛などの加賀藩士や陪臣に依頼して書籍を買ってきてもらっていたことが書状から判明しています。

例えば、文政四年（一八二一）十一月十三日の信由の日記では、河野久太郎に書籍の購入を依頼し、翌十四日の河野から信由宛の書状には、確かに代金を受け取ったとの記述が確認できます。

河野たちは金沢在住でした。当時金沢の書店では松浦善助と塩屋与三兵衛の二軒が、河野と付合のある店でしたので、どちらかで買い求めていました。しかし目当ての書物がなかった場合は、わざわざ江戸や京都、大坂にまで問合わせています。それも板元（出版社）にまで尋ねているのです。これらは信由の意を汲んで、金沢の加賀藩士たちが行っているのですが、加賀百万石の城下町とはいえ、金沢は地方都市ですので、本をなかなか入手しづらかったのでしょう。何が何でも本を手に入れるぞ！という、信由たちの気迫が感じられます。

また信由の孫の信之は、オランダ語の書物（「蘭書」と呼ばれていました）が欲しくなり、やはり河野に購入を依頼しています。加賀藩では農村に在住していても、オランダ語の書物も手に入れることは不可能ではなかったことになります。書物のネットワークというのはものすごい広がりをもっていたのです。

人脈を駆使して入手した書物は石黒家の蔵書となり、さまざまな人びとに貸し出され、おそらくそこで写本が作成され、そこの家の蔵書として蓄積されたのでしょう。農村にはこのようにして書籍が蓄積されていったのです。それには洋書も含まれていました。

第五節　近世の図書館のまとめ

江戸時代は、戦国乱世の戦いが収束した平和な時代でした。したがって文化が発達する時代でもあります。

また武士が治めていた時代ですので、図書館も武士中心に発達します。初代将軍徳川家康が書籍好きということもあり、三代将軍家光によって江戸城内に紅葉山文庫が整備されます。いわば将軍専用の「図書館」ですが、幕臣や諸大名も利用することができました。紅葉山文庫は書物奉行によって管理されていましたが、奉行の仕事は今日の図書館司書にも相通じるようなことを行っていました。例えばレファレンス業務も行っていました。

紅葉山文庫は、将軍が政治を行うための参考書籍や重要な文書などが保管されていました。歴代将軍の中で一番利用したのが八代将軍徳川吉宗です。吉宗が推進した享保の改革の裏には、紅葉山文庫の蔵書で勉強した知識が大いに役に立っていたと思われます。

各藩には、藩校という藩士の子弟のための学校が設置されていました。幕末には三百ほどある藩のほとんどで設置されていることが確認されています。藩校は学校ですので、今日の大学図書館や学校図書館に近い役割をになった「文庫」が設けられていました。学校付属の「図書館」ですので、蔵書は学術的な内容のものが多かったようですが、大いに藩士の勉学に利用されていたようです。多くの藩校では館内閲覧のみを認めていましたが、中には館外貸し出しを許していたところや、夜間に開館している文庫もありました。規定をみると、意外と蔵書の「利用」について触れているところもあり、蔵書を死蔵させようという意図は感じられませんでした。

以上は武士層を相手とした文庫ですが、では庶民は本や「図書館」とは無縁だったのでしょうか。結論からいえば、江戸時代は庶民のもとにまで本が行き届いた時代だったといえます。それは書籍の普及と識字率の拡大が背景にあります。江戸中期には木版印刷の確立によって、書籍の量が格段に多くなりました。それまで手書きの写本でしか生産できなかった中世までと比べると、庶民にまで本が届きやすくなったのです。また、江戸中期以降は寺子屋の整備などによって、地域や性別にバラつきはあるものの、少なくとも中世よりは文字を読めるようになった人口は確実に増加したと思われますので、庶民が書物にふれる機会も増えました。

庶民が読書をできるようになると、庶民向けの「図書館」も江戸後期に入って徐々にできてきます。

向学心に燃える町人や農民、下級武士なども含まれると思いますが、そういった人たちを利用層とした神社文庫や、国学者の「図書館」建設計画などがありました。

三河吉田藩の羽田野敬雄が設立した羽田八幡宮文庫は、専用閲覧所、返却期限一ヶ月の館外貸し出しの許可、講演会、歌会なども催し、書物を核としたイベントなども行っていて、単なる図書を貸し出す場所にとどまらない活動が確認されています。

また江戸期の名主層は大量の蔵書を有していて、それを村人に無償で貸し出す活動も行っていました。それを「蔵書の家」と呼びます。武蔵国幡羅郡中奈良村の野中家もそのうちの一つでした。当時は極秘情報とされていた大塩平八郎の乱の様子もいち早く入手しています。加賀藩の喜多家、石黒家もそうした蔵書の家だと考えられます。石黒家は様子が分かる史料を残していますが、当主の石黒信由が和算家だったこともあり、学術的な内容の書籍が多かったようです。他村の村人から、僧侶、武士まで多様な人びとと交友関係があり、独自な人的ネットワークを介してさまざまな書物を手に入れていたことが明らかになりました。書籍と人脈から、村外の情報を入手していたと思われます。

蔵書の家は、紅葉山文庫や藩校付属文庫に比べると正式な施設ではなく、単に有志の名主が蔵書を村人に開放しているだけかもしれません。しかし蒐集した蔵書と情報を、惜しげもなく村人たちに伝えていることは、むしろ武士層の「図書館」より蔵書の家の方が、今日の図書館に近い役割を果たしていたと考えられます。

こういった書籍を核としたコミュニティは、古代・中世では経蔵や日記の家にみられましたが、これらは僧侶や貴族、武士などに限定されていました。庶民は蚊帳の外だったわけですが、江戸期に入って初めて庶民がその中に入りました。しかも羽田八幡宮文庫や石黒家の例のように、身分を越えたネットワークが構築されていたことも重視すべきでしょう。厳格な身分制社会にあった江戸時代ですが、書物を通した繋がりではそれを逸脱することも可能であったのです。

現代の図書館は「情報の集積基地」であると序章で指摘しましたが、こうして古代から近世までの「図書館」を概観してみると、その役割を果たしていたのは「〇〇文庫」と名付けられた政府が設けた施設ではなく、経蔵・日記の家・蔵書の家といった「図書館の三要素」も充分に満たしていないきちんとした施設ではないところが、その機能を果たしていたといえるのではないでしょうか。特に江戸期の蔵書の家は、書物を媒介として様々な人々が集い、そして色々な情報をそこで入手することができる「情報の集積基地」の役割を見事に果たしています。

こういった豊穣な図書文化は、明治維新以後の近代、そして現代にどう影響を及ぼしているのでしょうか。次章ではいよいよ近代そして現代に入ります。

【引用・参考文献】

入口敦志『武家権力と出版――柳営連歌、『帝鑑図説』』ぺりかん社、二〇一三年
岩猿敏生『日本図書館史概説』日外アソシエーツ、二〇〇七年
大串夏身『ある図書館相談係の日記――都立中央図書館相談係の記録』日外アソシエーツ、日外教養選書、一九九四年
小川徹・奥泉和久・小黒浩司『公共図書館サービス・運動の歴史』一、日本図書館協会、JLA図書館実践シリーズ四、二〇〇六年
小野則秋『日本図書館史　補正版』玄文社、一九七三年
小野則秋『日本文庫史研究　改訂新版』下巻、臨川書店、一九七九年
小和田哲男『呪術と占星の戦国史』新潮社、新潮選書、一九九八年
小和田哲男『戦国大名と読書』柏書房、二〇一四年

小和田哲男「戦国三大文化と家康」『武士と印刷』凸版印刷 印刷博物館、二〇一六年
工藤航平『近世蔵書文化論――地域〈知〉の形成と社会』勉誠出版、二〇一七年
呉座勇一『戦争の日本中世史――「下剋上」は本当にあったのか』新潮社、新潮選書、二〇一四年
小林文雄「近世後期における「蔵書の家」の社会的機能について」『歴史』第七十六輯、一九九一年四月
今田洋三『江戸の本屋さん――近世文化史の側面――』日本放送出版協会、NHKブックス、一九七七年
近藤正斎『近藤正斎全集』第二、国書刊行会、一九〇六年
近藤正斎『近藤正斎全集』第三、国書刊行会、一九〇六年
新藤　透『図書館と江戸時代の人びと』柏書房、二〇一七年
新藤　透「近世に於ける「図書館」利用規程について――藩校付属文庫を事例として――」『研究論集　歴史と文化』第二号、二〇一八年三月
竹松幸香『近世金沢の出版』桂書房、二〇一六年
田﨑哲郎『地方知識人の形成』名著出版、一九九〇年
東京大学史料編纂所編『大日本近世史料　幕府書物方日記』一～十八巻、東京大学出版会、一九六四～八八年
羽田野敬雄研究会編『幕末三河国神主記録――羽田野敬雄『萬歳書留控』――』清文堂、清文堂史料叢書第六十九刊、一九九四年
福井　保『紅葉山文庫　江戸幕府の参考図書館』郷学舎、東京郷学文庫、一九八〇年
『本居宣長全集』第一巻、筑摩書房、一九六八年
森潤三郎『決定版　紅葉山文庫と書物奉行』鷗出版、二〇一七年
文部省編『日本教育史資料　復刻』全十巻、臨川書店、一九六九年

矢野太郎編『国史叢書　武野燭談　全』国史研究会、一九一七年
『武士と印刷』凸版印刷 印刷博物館、二〇一六年
『日記』天保二年辛卯従正月至六月（国立公文書館所蔵）
「図書館の自由に関する宣言」一九七九年改訂
（日本図書館協会ホームページ http://www.jla.or.jp/library/gudeline/tabid/232/Default.aspx　二〇一八年三月五日閲覧）

第四章　近代の図書館

第一節　明治の図書館

「近代」という時代

いよいよ本章からは近代に入ります。近代という時代がいつから始まったのか、ということに関しては日本史学の方で種々見解が表明されていますが、ここでは慶応四年・明治元年（一八六八）の明治新政府設立を境として「近代」としたいと思います。

わが国は、近代に入り西洋から図書館を導入して、その定着を国策として計りました。前章までに見てきたような、前近代の「図書館」は基本的に無視されました。文庫と呼ばれてきた施設や、都市の文人が個人的に蒐集した蔵書や貸本屋、「蔵書の家」などが、西洋のライブラリーに匹敵する機能を有していたなど、考えもしなかったでしょう。

遅れている日本は、「先進国」である西洋にすべてを学んで吸収する必要があると、皆考えていたのです。明治初期には日本古来のモノがすべて否定され、西洋のモノはなんでも良いという風潮までありました。

福沢諭吉のライブラリーの紹介

西洋のライブラリーを初めてわが国に紹介したのは、福沢諭吉であるといわれています。福沢は幕府の命により使節団の一員として、欧米各国を歴訪しました。最初は安政七年（一八六〇）一月にアメリカに渡り（万延遣米使節）、帰国後休む暇もなく福沢は文久遣欧使節の一員として文久元年十二月二十二日（一八六二年一月二十一日）にはヨーロッパに派遣されます。

福沢は、欧米で見聞した西洋諸国の様子をまとめた『西洋事情』を刊行し、初編三冊は慶応二年（一八六六）に刊行されています。

その『西洋事情』の中に、西洋の「ビブリオテーキ」がやや詳しく紹介されています（傍線引用者）。

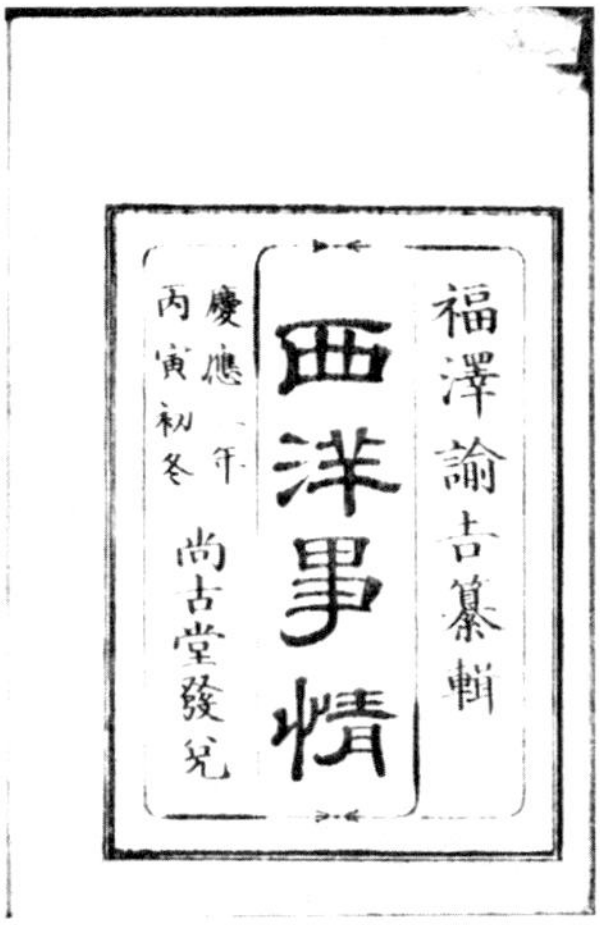

『西洋事情』初編（平山洋『「福沢諭吉」とは誰か』ミネルヴァ書房、2017 年より）

　西洋諸国の都府には文庫あり。「ビブリオテーキ」と云ふ。日用の書籍図画等より古書珍書に至るまで万国の書皆備り、衆人来りて随意に之を読むべし。但し毎日庫内にて読むのみにて家に持帰ることを許さず。（中略）文庫は政府に属するものあり。国中一般に属するものあり。外国の書は之を買ひ、自国の書は国中にて新に出版する者より、其書一部を文庫に納めしむ。

（『福澤諭吉全集』第一巻、三〇五頁）

この中で福沢は、西洋の「ビブリオテーキ」は自由に来館して閲覧をすることができるが、館外貸し出しは許されていないこと、また納本制度が既に施行されていることを紹介しています。福沢の意図は、西洋の進んだ「ビブリオテーキ」を紹介することによって、日本の近代化に貢献しようというものであったと思われます。日本の文庫は、福沢から見れば遅れていると認識されていたのでしょう。

王政復古の大号令

江戸時代までの日本の諸制度や文化をすべて遅れているとみなし、西洋の進んだ諸制度を積極的に取り入れようという「進取」の精神は、王政復古の大号令にも如実に表れています（傍線引用者）。

徳川内府従前御委任大政返上将軍職辞退之両条今般断然被　聞食候抑癸丑以来未曾有之国難

先帝頻年被悩　宸襟候御次第衆庶之所知候依之被決　叡慮　王政復古国威挽回ノ御基被為立候間自今摂関幕府等廃絶即今先仮ニ総裁議定参与之三職被置万機可被為　行諸事　神武創業之始ニ原キ縉紳武弁堂上地下之無別至当之公議ヲ竭シ天下ト休戚ヲ同ク可被遊　叡慮ニ付各勉励旧来驕惰之汚習ヲ洗ヒ盡忠報国之誠ヲ以テ可致奉　公候事（後略）

（『法令全書』慶応三年、六頁）

王政復古の大号令とは、慶応三年十二月九日（一八六八年一月三日）に発令された天皇親政の国家体制になったことを公式に宣言したものです。内容は十五代将軍徳川慶喜の大政奉還を正式に認め、摂政・関白・幕府を廃止し、新政府の役職として臨時に総裁・議定《ぎじょう》・参与の三職を設置することなどが明記されています。大号令は十二月十四日に諸大名に、十六日には庶民にも布告されました。

ここで注目したいのは、傍線を付した箇所です。その箇所の意味としては、初代神武天皇が建国した創業当時に戻り、身分の高い者も低い者も関係なく一緒に力を合わせて、旧来の「汚習」を洗い流して奉公しなければならない、ということになります。

それまでの朝廷の政治は、平安時代の藤原氏が象徴的ですが、先例重視でした。何かやるにしても、必ず先例を調査してそれに沿っていたのです。ですからまったく新しい事業などはできませんでした。無理やりやるにしても、先例にこじつけて行っていました。

ただ南北朝時代の後醍醐天皇のみは「朕が行うことが未来の先例になる」といってどんどん新しい政治を行ったのですが、逆に大混乱を招くことになってしまったのはご承知の通りです。

この大号令の「神武創業時に戻る」ということは、日本は第二の建国を行うと宣言したのと同じことです。まさに革命的な出来事でした。

ここで注目したいのは、「旧来驕惰之汚習ヲ洗ヒ《きゅうらいきょうだのおしゅうをあらい》」という文言です。江戸時代までのことはすべて「汚習」となってしまったのです。もちろんこの「汚習」の中には幕府の紅葉山文庫や諸大名の藩校付属文庫も含まれています。そして福沢が紹介したような新しい文庫、「ビブリオテーキ」を導入しなければならない必然性が生まれます。

日本初の近代図書館・「書籍館」

明治新政府は王政復古の大号令、五箇条の御誓文（一八六八年）によって施政方針を国内外に表明していますが、その基本精神は「国のすべてを新しくつくり変える」ということでした。

明治五年（一八七二）文部省十一等出仕・市川清流《いちかわせいりゅう》は、「書籍院建設ノ儀ニ付建白書」を文部卿（今日の文部科学大臣）・大木喬任《おおきたかとう》に提出します。市川は旧幕臣で文久遣欧使節団にも参加した経験がありました。市川はヨーロッパ型の近代図書館の必要性を建白書で訴えたのです。

明治五年（一八七二）八月一日に政府は、東京・湯島の旧幕府の学問所跡地に、書籍館を開館します。「書籍館」は「しょせきかん」ではなく「しょじゃくかん」と発音し、英語の「ライブラリー」を翻訳した言葉でした。

その蔵書は紅葉山文庫、昌平坂学問所、医学館、蕃書調所など、旧幕府の高等教育・研究機関の旧蔵書を引き継いだものでした。書籍館は発足したばかりの文部省の管轄となります。

書籍館が開設された、湯島聖堂（Wikimedia Commons より。©Edomura no Tokuzo）

書籍館は日本初の近代的な図書館です。館外貸し出しは行いませんでしたが、身分にとらわれずに誰でも閲覧することはできました。ただし有料でした。

しかし書籍館は長くは続きませんでした。早くも明治六年（一八七三）には、管轄が文部省から太政官博覧会事務局になり、翌七年（一八七四）に浅草蔵前の旧幕府米蔵に移転します。さらに翌年には閲覧所を併設して浅草文庫と改称します。

明治八年（一八七五）、文部省は書籍館の管轄のみを取り戻すことに成功しました。浅草文庫とはまったく別に、東京・湯島に東京書籍館として再発足します。しかし、浅草文庫の蔵書が戻ってくることはなく、東京書籍館の蔵書は新しく文部省からの寄贈書一万冊からスタートせざるを得ませんでした。また文部省は旧藩校蔵書を提出させて、東京書籍館の蔵書としました。そんな努力もあって、明治八年（一八七五）の年末には、約三万三千冊に達しました。

ちなみに、明治九年（一八七六）に刊行された東京書籍館所蔵の洋書目録の標題紙《ひょうだいし》（表紙を一枚めくった本文一ページ目にある書籍名や著者名などが書いてある紙）には、Tokio Shoseki-Kwanとありました。どうやら書籍館には「しょせきかん」と「しょじゃくかん」という二通りの読み方が存在したようです。

「書籍館借覧規則」という利用規定も定め、午後十時までの夜間開館が行われ、さらに無料で利用することができました。

また同時期に納本制度も開始しています。これは明治八年（一八七五）に改正された出版条例（明治八年太政官布告第一三五号）による検閲制度のために、出版物は一部を内務省に納本することになったからです（田中久徳「旧帝国図書館の和雑誌収集をめぐって――「雑誌」メディアと納本制度――」一八頁）。

しかし明治十年（一八七七）には西南戦争勃発による財政難から東京書籍館は廃止が決定してしまい、同年中に東京府に移管されて東京府書籍館となります。

東京府書籍館も書籍の寄贈と売却を広く国民に求めたので、順調に蔵書は増えて行きました。

明治十二年（一八七九）には約十一万冊まで増加しています。

西南戦争は明治十年（一八七七）九月末には終結していましたが、なかなかその余波は収まらず物価高騰によって国民生活を苦しめました。

ようやく静まってきた明治十三年（一八八〇）、文部省は東京府から書籍館を再び国立にすることに決定しました。同年七月一日に東京図書館と改称して再発足します。「図書館」という言葉が用いられていますが、実はこの時の読みは「づしょかん」だったのです。この「図書館」という漢字の読みについて、次項で少し説明しましょう。

「図書館」の読み方

さて、明治初期に「ライブラリー」を翻訳した言葉は「書籍館」でした。それが今日の「図書館」に変遷したのはいつなのでしょうか。史上初めて「ライブラリー」にあたるものを「図書館」と称したのは、明治十年（一八七七）開学の東京大学付属の「図書館」であるといわれています。

明治十二、三年（一八七九、八〇）の『東京大学法理文学部一覧』の英文版によれば、図書館は「Tosho-kuan (Library) of the University」となっており、「としょかん」と読んでいたことが窺えます。

以降、東京専門学校（現在の早稲田大学）図書館、英吉利法律学校（現在の中央大学）図書館、同

志社（現在の同志社大学）図書館と、一八八〇年代に開学した、後の大学はみな「図書館」という名称を使用していました。

対して一般向けに開設されたものはすべて「書籍館」と名付けられていたので、岩猿敏生氏は「図書館という名称は大学図書館だけに限られて用いられていた」（岩猿敏生『日本図書館史概説』一五一頁）と指摘しています。

明治十二年（一八七九）、太政官はそれまでの学制を廃止して教育令（明治十二年太政官布告第四十号）を公布しますが、その第一条に「全国ノ教育事務ハ文部卿之ヲ統摂ス故ニ学校幼穉園書籍館等ハ公立私立ノ別ナク皆文部卿ノ監督内ニアルヘシ」（傍線引用者）とあって、書籍館という名称が法的に裏付けられたからです（岩猿敏生『日本図書館史概説』一五一頁）。

しかし前述したように東京図書館は、明治十八年（一八八五）に刊行された『東京図書館洋書目録』で、Tokio Dzushokwanと表記されていて、「づしょかん」と発音していました。

ちなみに、本格的な近代国語辞典の嚆矢といわれている大槻文彦《おおつきふみひこ》の『言海《げんかい》』には、図書館は「としよーくわん」と読んでおり、その解説には「又、書籍館。多ク図書ヲ集メ置キテ、人ノ覧ルニ供フル所」（大槻文彦『日本辞書　言海』第三冊、七一七頁）とあります。この辞典は明治二十三年（一八九〇）に出版されたものです。

どうやら一八九〇年代に、図書館の読み方は「づしょかん」から「としょかん」へと変わっていったのだと考えられます（岩猿敏生『日本図書館史概説』一五二頁）。

明治二十五年（一八九二）に設立された日本文庫協会が、日本図書館協会と改称するのが同四十一年（一九〇八）なので、そのころには「図書館」という名称が完全に定着していたと言えるでしょう（高山正也『歴史に見る日本の図書館：知の精華の受容と伝承』五十九頁）。

明治時代はライブラリーの翻訳語が、まだ「図書館」と完全に定着していませんでした。また読み方も一定ではなかったことが分かります。

変転する東京図書館

紆余曲折を経て、再び東京・湯島で唯一の国立図書館である東京図書館がスタートを切ったのですが、直面したのが建物の老朽化の問題でした。東京図書館は旧幕府の湯島学問所の建物をそのまま利用していたので使い勝手が悪く、また立地上から火災の危険性が常にありました。移転が喫緊の課題になっていたのです。

明治十七年（一八八四）、上野に新築移転することがようやく決まったのですが、翌十八年（一八八五）六月には同じく上野にある東京教育博物館（現在の国立科学博物館）と合併することになってしまいました。東京図書館は博物館内の図書室に当てられることになり、手狭になってしまったのです。

その一方、明治十六年（一八八三）に発足した全国規模の教育団体である、大日本教育会という団体があり、同二十年（一八八七）三月に東京の一ツ橋に事務所を構え、書籍館も開設しました。

東京図書館が教育博物館図書室に移転させられ、活動が大きく制限を加えられてしまったのを知った教育会は、明治二十二年（一八八九）三月に通俗図書（一般向け図書）約一万五千冊の貸与を東京図書館に願い出ます。教育会は明治二十二年（一八八九）七月に東京・神田に大日本教育会附属書籍館を拡張して移転しますが、元東京図書館の蔵書が多く占めていました。

一方、東京図書館も教育博物館との分離独立を目指して運動を展開することになるのですが、通俗図書は大日本教育会附属書籍館に貸与しているので、学術図書を中心とした図書館という性格を強めます。

ところが、明治二十二年（一八八九）三月に東京教育博物館の敷地と建物は、東京美術学校（現在の東京藝術大学美術学部）用に召し上げられてしまいます。東京図書館は再び元の湯島に戻ってしまいました。同年、東京図書館官制（明治二十二年勅令第二十一号）が公布され、文部省管轄下の図書館として法的根拠を得ることがようやくできました。

図書館学者・田中稲城の活躍と帝国図書館の誕生

明治二十三年（一八九〇）三月、文部省から図書館調査のために米英に留学中であった田中稲城《たなかいなぎ》が帰国し、帝国大学文科大学（現在の東京大学文学部）教授に着任し、さらに東京図書館長も兼務します。明治二十六年（一八九三）九月からは東京図書館長専任になります。

田中稲城は、わが国における初の図書館学者ともいわれており。今日の図書館界でも広く名前が知られている人物です。欧米の最新知識を身につけて帰国した田中は、図書館の重要性を政治家や官僚に説いて回りました。

しかし当時の文部省は学校教育重視の方針を採っており、社会教育施設である図書館のことはほとんど顧みられていませんでした。

社会教育の予算は削減させられていたところに、朝鮮情勢が緊迫化しだします。とうとう明治二十七年（一八九四）八月には清国と開戦する事態になってしまいました。日清戦争です。

この戦争は明治二十八年（一八九五）四月、清国と下関条約を締結し日本の勝利で終戦となります。

それを待っていたかのように田中は、活動を開始します。文部次官に旧友の牧野伸顕（大久保利通の次男）、文部省会計課長に永井久一郎（荷風の父）という田中の理解者がいたのを頼みに、明

帝国図書館（現・国立国会図書館国際子ども図書館）
（Wikimedia Commons より。©Wiiii）

治二十九年（一八九六）二月の第九回帝国議会に「帝国図書館ヲ設立スルノ建議案」を田中の協力者の外山正一が提出しました。東京図書館を本格的な帝国図書館にするための法案です。

この時、貴族院に外山正一、衆議院では田中と東大の同期である鈴木充美《みつよし》が発議の先頭に立ちました。田中は文部省サイドと貴衆両院に味方を作って臨んだのです。

こうした援護を受けて、ようやく明治三十年（一八九七）に帝国図書館官制（明治三十年勅令第一一〇号）が交付され、田中が初代帝国図書館長に就任しました。

帝国図書館は新築移転することが決定していましたが、なかなか良い土地が見つからず、結局文部省が保有していた東京音楽学校（現在の東京藝術大学音楽学部）敷地内の空き地に建設することになりました。

新図書館建設が着手されましたが、間に日露戦争を挟んでいたので予算も減額され、当初の建築計画の四分の一程で落成式を行うこととなりました。明治三十九年（一九〇六）三月二十日のことです。帝国図書館の建物は、現在の国立国会図書館国際子ども図書館として利用されています。田中が最初に思い描いていた図書館とはだいぶ縮小された形になってしまいましたが、帝国図書館としてわが国の国立図書館はようやく軌道に乗ることができました。

集書院（和田敦彦『読書の歴史を問う』笠間書院、2014年より）

京都集書院

書籍館から帝国図書館の流れをたどってきましたが、では府県や市町村が設立した公立図書館はどのように始まったのでしょうか。

ここではその源流の一つとみられている、京都集書院についてみていきます。

明治維新後、天皇は東京に移り、正式な遷都の発表は政府からありませんでしたが、事実上京都から東京の遷都が行われました。

とはいえ、さすがに江戸期まで「文化の中心地」であった京都の人たちは、教育にも積極的でした。京都府御雇英学教師チャールズ・ボールドウィンらの建議もあって、集書院の建設が着手されます。集書院とは図書館のことです。

ところが、集書院建設が決まったほぼ同時期に、民間の有志が一般公衆に書物の閲覧及び貸し出しを目的とした集書会社の設立を計画していました。

この集書会社の発起人は四人いました。村上勘兵衛、大黒屋今井、三国幽眠、梅辻平格です。村上は十七世紀末以来京都で仏書の出版を行っていた書肆で、今井は長州藩御用達の商人で桂小五郎（木戸孝允）とも親交がありました。三国は越前（福井県）の人で橋本左内とも交流があり、安政の大獄で捕縛されて江戸にいました。維新後は五摂家の一つ、鷹司家に仕えたといいます（岩猿敏生『日本図書館史概説』一五九頁）。最後の一人、梅辻は近江（滋賀県）出身で石山洋氏によれば北野天満宮の神職ということです（石山洋『源流から辿る近代図書館』三十四頁）。

この集書会社は当初は会員制図書館のような仕組みを考えていたようですが、発起人たちが府立集書院の計画を知ったらそれに合流したいという希望を表明して認められました。集書会社は明治五年（一八七二）五月に開設されます。

集書院の方は、明治五年（一八七二）九月に竣工します。集書会社の方は閉鎖される予定でしたが、同六年（一八七三）五月には発起人の村上と今井が継続を申請しています。両名は、集書院の土地建物を集書会社で借り受けて運営を続けたいというもので、京都府はそれを認めたのです。したがって、集書院の経営は民間の集書会社が行っていました。現代には、民間企業が公立施設を委託経営できる指定管理者制度というものがあるのですが、それを先取りするような図書館が明治初期にあったことになります。

集書院は木造洋館二階建て、門内飲食可、閲覧室と書庫は二階にあり、利用者が書庫に立ち入ることは自由であったといいます。

実は日本の公共図書館は戦後になるまで、閉架制といって書庫中心のつくりになっていました。利用者は備え付けの所蔵目録で目当ての資料を探して、利用請求票に記入してカウンターに提出、職員が書庫から持ってきた本をカウンターで受け取るという仕組みでした。利用者が自ら書架の前まで行って閲覧することができないので、結構不便な仕組みだったのです。ただ集書院のような書庫出入り自由の図書館は、一部に存在していました。

しかし残念なことに集書院は有料で、見料は一回一銭五厘を徴収していました。

東京と京都にこうして図書館が同時期に誕生したわけですが、どちらも有料であったのは象徴的です。以降設立される図書館が有料のものが多くなってしまったのは、これらを手本にしたからでしょうか。

集書院と書籍館の最大の違いは、前者は府立で民間経営委託、後者は国立ということです。民間業者は経営がうまく行かなくなれば手を引くものです。明治九年（一八七六）一月には利用者がなかなか増えないことから、村上と今井が集書院の経営権の返上を京都府に願い出てきました。明治九年（一八七六）から京都府が集書院を直接経営することにして、改めて村上と今井を集書院御用掛に任命して運営に当たらせましたが、翌十年（一八七七）には今井が死去してしまいます。ただ同年には明治天皇が集書院に行幸するという栄に浴することができました。

しかし、京都府も集書院に対して熱意を失っていたので、明治十五年（一八八二）三月に遂に閉鎖されてしまいます。十年という短命に終わってしまったのです。

新聞縦覧所の勃興と衰退

図書館とは少し性格が違いますが、明治初期には新聞を閲覧できる施設「新聞縦覧所」というものがありました。

新聞は幕末に江戸幕府が発刊した『バタビア新聞』が嚆矢だとされています。維新後、明治三年十二月八日（一八七一年一月二十八日）に横浜で創刊された『横浜毎日新聞』が、わが国初の本格的な日本語日刊新聞です。以降、続々と新聞が創刊されました。

これら新聞は購読料が高額で、手軽に庶民が読めるものではありませんでした。そこで無料もしくは低額で新聞が自由に読める新聞縦覧所が都市部を中心に急速に広まったのです。

新聞縦覧所は公立ではなく、地域の知識人や神官、僧侶などが中心になって開設されたものです。明治五年（一八七二）頃から広まりましたが、一八八〇年代に入ると急速に衰退していったようです（廣庭基介「新聞縦覧所小論――明治初期を中心に――2完――」一四〇～一四一頁）。

その理由として、当初政府は新聞の創刊を奨励していましたが、明治七年（一八七四）に板垣退助が民選議院設立の建白書を太政官に提出すると、全国の新聞一五五紙がこれを支持しました。驚いた政府は明治八年（一八七五）に讒謗律《ざんぼうりつ》（明治八年太政官布告第一一〇号）と、新聞紙条例（明治八年太政官布告第一一一号）を定めて取り締まる方針を鮮明にしました。これらの法律の制定により、新聞縦覧所は自然と衰退していったようです（石山洋『源流から辿る近代図書館』二十頁）。

田中不二麻呂の公立書籍館設置の提言

京都の集書院や、あるいは新聞縦覧所などの庶民を利用対象とした施設が明治初期には散見されますが、公立図書館は少しも増えていませんでした。もっとも国立図書館も財政不足で一次東京府に移管していたほどですから、地方では図書館まで手がまわらなかったというのが実情なのでしょう。図書館の優先順位が低いということも確かにありました。

そんな中、政府内でも一部の官僚は公立図書館数増加に向けて動いていました。その一人が文部大輔田中不二麻呂《たなかふじまろ》です。田中は尾張藩士の出身で、草創期の文部官僚として活躍した人物です。

後年には枢密顧問官、司法大臣も歴任しています。

田中は明治四年（一八七一）の岩倉遣米欧使節団に随行して、アメリカ、ヨーロッパ各国を歴訪しました。その報告書『理事功程《りじこうてい》』には、図書館については結構ページが割かれています。特に学校図書館や大学図書館に関心が高かったようです（三浦太郎「明治初期の文教行政における図書館理解――「公共書籍館」理念の成立をめぐって――」八十六〜九十一頁）。

明治九年（一八七六）、田中はアメリカのフィラデルフィアで開催された万国博覧会視察のために再び渡米しています。アメリカ当局からの招きに応じたもので、廃止直前の東京書籍館からは館長の畠山義成が同行していました。

明治十年（一八七七）一月に一行は帰国し、報告書『米国百年期博覧会教育報告』全四冊を刊行します。その第三冊に「書籍館」が取り上げられています。特にpublic libraryを田中は「公共書籍館」と翻訳して、「何人ニテモ代料ヲ払ハスシテ縦覧スルコトヲ得ル書籍館ナリ」（文部省『米国百年期博覧会教育報告』巻三、二十丁ウ）と紹介しています。「公共書籍館」は、無料でなければならないとの認識を田中が有していたことが窺えます。

田中はアメリカの「公共書籍館」を「現今米国内ノ都府ニハ殆ント公共書籍館ノ設ケ有ラサル所無ク山村埜邑ノ貧民ニテモ書籍ヲ得ルコト難カラス」（文部省『米国百年期博覧会教育報告』巻三、二十一丁オ・ウ）と極めて高く評価しています。田中は是非とも「公共書籍館」を定着させようと考えたのです。

ところが、日本では図書館の数が増えるどころか、唯一の国立図書館も東京府に移管されてしまいました。田中は明治十年（一八七七）十二月付で、『文部省第四年報』に「公立書籍館ノ設置ヲ要ス」を発表します。

田中は「公立書籍館」の地方における設置は「目下ニ施行スヘキ緊切ノ件」（『文部省第四年報』二十一頁）だとし、「今ヤ公立学校ノ設置稍《やや》多キヲ加フルノ秋《とき》ニ際シ独リ公立書籍館ノ設置甚タ少ナキハ教育上ノ缺憾ト謂ハサルヲ得ス」（『文部省第四年報』二十二頁）とまで言い切っています。「各地方教育者ノ公立書籍館ノ特ニ有益ナル理由ヲ認知」（『文部省第四年報』二十二頁）して速やかに建設すべきだと力説しています。建設費については「政府モ亦其費額ノ幾分ヲ補給スルハ敢テ不当ニ非サルヲ信ス」（『文部省第四年報』二十二頁）とまで言っています。

注目すべきは「公立書籍館」に備えるべき書籍は「勉メテ人民ノ志好ニ投シ」（『文部省第四年報』二十二頁）ていなければならないと指摘している点です。つまり、利用者の意向を完全に無視してはいけないと田中は言っているのです。もちろん、所蔵すべき書籍は娯楽書などではなく「虚飾ヲ去リ実利」（『文部省第四年報』二十二頁）的なものでなければならないのですが、明治十年（一八七七）という日本が近代国家として図書館を増やしていこうという時代背景を考えると、「人民ノ志好」という文言はもっと重視すべきことではないでしょうか。

公立図書館の増加と衰退

さて、文部大輔という役職は文部省の次官に相当します。しかも明治十年（一八七七）十二月当時はトップである文部卿が不在で、文部大輔の田中が文部卿の職務を代行していました。事実上の文部卿が「公立図書館を増やしなさい」、「費用は政府で幾分援助します」と公式文書で呼びかけたことは非常に影響力がありました。

早くも明治十一年（一八七八）には、静岡師範学校附属書籍館と福岡博物館、翌十二年（一八七九）には新潟学校附属書籍館、滋賀県師範学校附属書籍縦覧所、秋田書籍館、書籍縦覧所（島根県）、高知書籍館などが相次いで設立されました（岩猿敏生『日本図書館史概説』一六六頁）。

この時期の公立図書館の特徴としては、①公立図書館単独で設置されたもの、②師範学校附属図書館として開設されたものがありました。

①は浦和（埼玉県）、徳島、高知などがあり、②は宮城、愛知、滋賀などがあります。学校図書館が法的に位置づけられるのは戦後になってからで、戦前は小学校や師範学校内に設置された図書館（室）が地域住民と児童・学生が共に利用できる施設とされていました。ただ師範学校内に設置された公共図書館は、旧藩蔵書を引き継いでいたり、教育関係の専門書を多く保存しているなど、必ずしも一般向けの蔵書構成をとってはいませんでした。

したがって来館者もそれほど多くはなく、一部の地域を除いては「蔵書猶ホ少ク来観人亦寥々タリ」（『文部省第十七年報』六十一頁）という状況で、明治二十三年（一八九〇）には文部省も次のようなことを言っています。

抑〃世人カ未タ其利益ヲ認知セサルニ由ルカ想フニ書籍館ハ其創設ノ際ニ当リ必シモ規模ノ大ナランコトヲ欲セス又其書籍ノ必シモ高尚ナランコトヲ要セス若シ一二ノ有志者アリ普通ノ図書ヲ集メ之ヲ寺院等ニ装置スルモ可ナリ学校所蔵ノ図書ヲ整頓シテ之ヲ教場ノ一隅ニ排列スルモ亦可ナリ

（『文部省第十八年報』六十五頁）

図書館創設の際には、大規模な建物は必要なく、高尚な書籍も必要ない。地方に有志を募って、普通の図書を集めて寺院や学校の教室の片隅に書籍を並べた「図書館」でも構わない、と書いてあります。

教室の片隅の本など、現在では学級文庫レベルのものですが、それでも構わないからとりあえず図書館を設置してその効果を一般に浸透させなければならない、というのが文部省の意図なのです。

一八九〇年代に入ると、公立図書館開設数が伸び悩んできます。明治十五年（一八八二）には、公立二十、私立一、同二十二年（一八八九）では公立十九、私立八でしたが、同二十四年（一八九二）には公立九、私立十一、同二十八年（一八九五）では公立五、私立二十となってしまいました。その理由としては文部省自身も認めているように、学校附属の図書館が多く、施設が独立しておらず貧弱であったこと、旧藩校蔵書がそのまま公共図書館の蔵書に引き継がれていたこと、つまり漢籍や古典籍が多く、一般の人が読むのに適さない本が多かったことが考えられます。

さらに公立図書館を支える府県市町村の財政的窮乏が挙げられます。田中不二麻呂は政府が支援をすると言っていましたが、田中はあの文章を書いて間もなく文部省を去ってしまいます。世の中は不況になっていたので、政府も図書館事業に割く予算がなかったのです（岩猿敏生『日本図書館史概説』一六六～一六七頁）。

第一次・第二次教育令

書籍館や集書院が設置された当初は、図書館を規定する法令は存在していませんでした。近代国家において法的根拠が不明確な施設ほど、不安定なものはありません。

初めて書籍館が法令に登場したのが、明治十二年（一八七九）公布・施行の教育令（明治十二年太政官布告第四十号）です。

第一条　全国ノ教育事務ハ文部卿之ヲ統摂ス故ニ学校幼穉園書籍館等ハ公立私立ノ別ナク皆

文部卿ノ監督内ニアルヘシ

ここで書籍館は、文部卿の監督下に置かれることが法的に根拠を得ます。具体的に設置・廃止する際には、公立の場合は府知事・県令（現在の県知事）に認可を（明治十二年文部省布達第五号）、私立の場合は府知事・県令に「開申」することが義務付けられました（明治十二年文部省布達第六号）。

しかしこの体制は長くは続きません。政府は翌明治十三年（一八八〇）十二月二十八日に早くも教育令を改正し、書籍館の位置づけについても左記のように改められました。これを第二次教育令といいます（明治十三年太政官布告第五十九号）。第一条については同じですが、次の条文が追加されました。

第二十条　公立学校幼穉園書籍館等ノ設置廃止其府県立ニ係ルモノハ文部卿ノ認可ヲ経ヘク其町村立ニ係ルモノハ府知事県令ノ認可ヲ経ヘシ

第二十一条　私立学校幼穉園書籍館等ノ設置ハ府知事県令ノ認可ヲ経ヘク其廃止ハ府知事県令ニ開申スヘシ（後略）

第二十二条　町村立私立学校幼穉園書籍館等設置廃止ノ規則ハ府知事県令之ヲ起草シテ文部卿ノ認可ヲ経ヘシ

これによると、公立書籍館は府県立の場合は文部卿の認可を、町村立については府知事・県令の認可を得なければならなくなりました。また私立書籍館設置の際は府知事・県令の認可を得る必要が、廃止の際は、府知事・県令への「開申」が義務付けられていました。町村立と私立の書籍館の規則は、府知事・県令が起草して文部卿の認可を得なければならないと規定されました。

第二次教育令は前年に公布・施行されたばかりの教育令を大きく改正しています。第一次は知育重視で自由主義的な内容のものでしたが、それによって児童・学生のモラルが低下した、学力が低下したなどの批判が起こっていました。

第一次教育令公布に向けて主導したのが、田中不二麻呂でした。田中はアメリカ流の開明的な思想をもっていたのですが、明治十三年（一八八〇）三月に司法卿に「栄転」になっていました。事実上、田中を文部行政から遠ざけた人事だったといえるでしょう。

第二次教育令は徳育重視、つまり現代風でいえば道徳教育重視で、修身を全教科の中で最も重視していました。新しく文部卿になった河野敏鎌《こうのとがま》主導で第二次教育令は公布・施行されたのです。

文部省示諭

徳育重視の政策は文部省示諭にも現れています。

明治十五年（一八八二）十一月二十一日から十二月十五日にかけて、文部省は全国各府県の学務課長と府県立学校長を招集して学事諮問会を東京で開催します。文部省示諭は、その際に配布された資料のことです。

学事諮問会の目的は、明治十三年（一八八〇）に改正された第二次教育令の趣旨を徹底させることでした。示諭は文部卿代理九鬼隆一の「序」が最初に冠され、専門学務局長浜尾新《はまおあらた》の指示を受け、文部七等属伊東平蔵が起草し、課長高橋健三の校訂を経て完成されたものです。

中心となった伊東平蔵ですが、どんな人物だったのでしょうか。

伊東は後に東京図書館に勤務し、文部省退官後はイタリアに留学し、帰国後は東京外国語学校（現在の東京外国語大学）教授となります。外語学校も退官した後は、大橋図書館、東京市立日比谷図書館、宮城県立図書館、佐賀図書館、横浜市図書館等に携わり、長らく図書館人の道を歩むことになるのです。

文部省示諭は、図書館蔵書に対して文部省が干渉する文言があることから、「思想統制」という批判があります。しかし伊東自身は図書館に対しては、庶民のための小規模な通俗図書館を数多く建設させ利用促進を図ることや、府県立の機能明確化（参考調査能力を強化するなど）を唱えており、利用者のために考えて行動・発言していた図書館人であったといえます（吉田昭子「伊東平蔵とその実践的図書館思想」）。

さて肝心の示諭の内容については、文部省の「教育諸般の事項に関する基本方針」が明記されていました。十三項目にそれは分かれていて、「書籍館」は八番目に挙げられています。十ページにも渡って書かれており、文部省が書籍館に対してこの時に大きな関心を示していたことが窺われます（『学事諮問会と文部省示諭』一〇九頁）。

この示諭では、その土地の状況に応じて対応しなければならないとした上で、書籍館の役割を三点ほど挙げています。

①専門家のために、学術・研究書籍を備える書籍館
②庶民に読書という行為を定着させるために、通俗的で優しい内容の書籍を備える書籍館
③小中学校や各種学校の教員や児童・生徒のために、勉学に有用な書籍を備える書籍館

また、書籍館を計画する際の最重要案件として、蔵書の選択を重視しなければならないとしています。

書籍には「善良の本」・「不良の本」があるとし、前者のみを選別して備えなければならないと

釘を刺しています。「善良の本」とは愛国心を喚起させるものとし、「不良の本」とは、自らも身を滅ぼし、果ては国家までも衰亡させる本だとしています。特に青少年や学生に対して注意を喚起させようという内容でした。各府県立学校長が全国から呼び集められていますので、特に学校長に聞かせたい内容だったのではと思います。

他にも示諭には、書籍館の整備についても具体的に指摘しています。蔵書目録の編纂、利用者の便を考えた開館時間・開館日の設定、夜間開館の奨励、迅速な出納業務など、利用者のことも考慮した記述が散見されます。

文部省示諭は良くも悪くも、書籍館の監督官庁である文部省が発したものであるので、影響力はあったと考えられます。

第三次教育令・諸学校通則・小学校令

では再び図書館に関する法令の動向についてもふれておきましょう。

教育令は明治十八年（一八八五）に二回目の改正令が公布・施行されます。第三次教育令といいます（明治十八年太政官布告第二十三号）。

第十五条　学校教場幼穉園書籍館等ニ公立私立ノ別アリ地方税若クハ町村ノ公費ヲ以テ設置

セルモノヲ公立トシ一人若クハ数人ノ私費ヲ以テ設置セルモノヲ私立トス

この条文は始めて「公立」と「私立」の区別を法的に規定したものです。それまで曖昧だったわけです。

第十六・十七・十八条は公立・私立書籍館の設置・廃止時の手続きについて規定されていますが、これは第二次教育令の条文とそれほど変更はありませんので割愛します。

教育令は幼稚園、小学校から大学、師範学校、専門学校、書籍館まで規定しており、かなり広範囲にわたっていました。それで翌年には各学校別に法令が公布されます。

明治十八年（一八八五）十二月二十二日に、それまでの太政官制を廃し、内閣制になりました。第一次伊藤博文内閣が発足し、各省のトップも「卿」から「大臣」と改称されます。

書籍館については単独の法令は制定されず、諸学校通則（明治十九年勅令第十六号）という各種学校を規定する勅令に含まれました。

さすがに書籍館と各種学校を同じ法令に規定するのは無理らしく、明治二十三年（一八九〇）改正の小学校令（明治二十三年勅令第二一五号）に規定されました（傍線引用者）。これは第二次小学校令と呼ばれています。

第四十条　市町村ハ幼稚園図書館盲唖学校其他小学校ニ類スル各種学校等ヲ設置スルコトヲ得（後略）

第四十一条　私立ノ小学校幼稚園図書館盲唖学校其他小学校ニ類スル各種学校等ノ設立ハ其設立者ニ於テ府県知事ノ許可ヲ受ケ其廃止ハ之ヲ府県知事ニ上申スヘシ

条文の内容については、設置・廃止の認可に関するものですが、注目すべきは法令に初めて「図書館」と規定されたことです。

しかし図書館の規定を、各種学校や小学校を規定する法令に盛り込むことにはかなり無理がありました。

大日本教育会の公立図書館設置運動

文部省示諭を起草した伊東平蔵自身は、後年の文章で公立図書館の利用が低迷したためと、示諭発布の意図を述べています（伊東平蔵「四十五年前の文部省図書館示諭事項」）。

伊東が指摘するように、この時期の公立図書館はなかなか設置が伸び悩んでいました。財政難の府県・市町村が新しい図書館建設まで回せる予算はなかったのです（どこかで聞いたような話ですが……)。

低迷する公立図書館に対して、明治十六年(一八八三)九月に設立された大日本教育会(後に帝国教育会と改称)が、自ら図書館建設に乗り出します。

大日本教育会は会長に文部少輔九鬼隆一、文部大書記官辻新次を副会長として発足した「官製団体」です。「教育の普及改良及び上進を図り、併せて教育上の施設を翼賛」することが目的で、「翼賛」とは力添えをして助けること、というのが本来の意味です。

大日本教育会は、前述したように明治二十年(一八八七)三月に東京・一ツ橋に附属の書籍館を開館しました。「通俗の図書」を蒐集して、広く一般の利用に供することが目的でした。附属書籍館の蔵書が、東京図書館蔵書の貸与によっていたことは前述しました。これを機として、明治二十二年(一八八九)七月に東京・神田に書籍館を移転・開館します。書庫や閲覧室を大幅に拡張し、夜間開館、児童の利用許可、当時としては珍しい館外貸し出しも行うなど、東京図書館の機能を補塡するかのような活動を行い、利用者を集めたのです。

事実、開館初年度の一日の平均閲覧者は七人にしか過ぎなかったのですが、明治二十一(一八八八)年度には一日平均三十二人に増加しました。「通俗の図書」を多く集めた結果だと思われます。

明治四十四年(一九一一)十一月、大日本教育会附属書籍館は、図書すべてを東京市に供託してしまいます。東京市はこれを受けて同年十二月五日に東京市立神田簡易図書館を設置しました。東京以外の半官半民的性格が強い教育会書籍館も、公立図書館に引き継がれていったケースが多いということです。

一八九〇年代から各府県に府県立図書館が設置されることが多くなっていきますが、地域の教育会が設置運動の中心になることが多かったといいます。第二次世界大戦前に設置された府県立図書館の三分の二は、教育会の設置運動によるものであり、設置が決定すれば、教育会で運営していた書籍館の蔵書等を、公立図書館に引き渡すこともありました（岩猿敏生『日本図書館史概説』一七〇頁）。

教育会が一定の基盤を築いた後に府県に引き渡した図書館として、埼玉、長野、京都、高知など、教育会が中心になって建議して公立図書館を設置したものとして、秋田、東京、岡山、山口、福岡などがあります（小川徹・奥泉和久・小黒浩司『公共図書館サービス・運動の歴史』一、一〇五頁）。

また、公立図書館の衰退期には有志が設立した私立図書館が増加していきます。後にそれら私立図書館が府県立や市町立に移管されることも多くありました。例えば、埼玉県の熊谷市立図書館、山形県の市立米沢図書館、新庄市立図書館など開設当時は私立で、その後公立に移管されたのです。

図書館令

政府でも公立図書館の設置を増やすために、図書館単独での法令の制定に向けて動きがみられました。

図書館単独の法令である図書館令（明治三十二年勅令第四二九号）が制定・公布されたのは、明治三十二年（一八九九）のことです。

図書館令の特徴的な点をいくつか述べたいと思います。

第一条　北海道府県郡市町村北海道及沖縄県ノ区ヲ含ムニ於テハ図書ヲ蒐集シ公衆ノ閲覧ニ供セムカ為図書館ヲ設置スルコトヲ得

（中略）

第三条　私人ハ本令ノ規定ニ依リ図書館ヲ設置スルコトヲ得

第一条では公立図書館の設置主体を北海道・府・県と市・町・村であると定めています。また第三条では、私立図書館に関しても法的根拠を与えました。

第四条　図書館ハ公立学校又ハ私立学校ニ附設スルコトヲ得

第四条は、公立・私立学校に附設する図書館も公立図書館として認めることを意味しています。財政難から地方では図書館単独での建設が困難でした。そこで小学校などの図書室を、児童も地域住民も利用できる「公立図書館」として法的に認めたのです。「図書館」というよりも、今日の「学校図書館」や「学級文庫」のようなレベルのものも公立図書館であるという根拠を法的に与えてしまったので、簡素な「公立図書館」が増加してしまいました。

第五条　図書館ノ設置廃止ハ其ノ公立ニ係ルモノハ文部大臣ノ認可ヲ受ケ其ノ私立ニ係ルモノハ文部大臣ニ開申スヘシ

第五条は、公立図書館設置・廃止の権限は文部大臣の認可とし、私立は文部大臣に「開申」することが義務付けられました。

第七条　公立図書館ニ於テハ図書閲覧料ヲ徴収スルコトヲ得

第七条は、必ずしも公立図書館は無料でなくとも良いという法的根拠を与えてしまいました。ですので、住民は居住地によって無料・有料に分かれてしまったので、かえって不公平になってしまいました。公立図書館完全無料化は、戦後を待たなければなりませんでした。今日の目から見ればいささか問題がある内容に思えてしまいますが、やはり図書館単独での法令の効果は大きく、これ以降地方に図書館の建設が増加しました。

日露戦争の勝利と戊申詔書

明治三十七年（一九〇四）から同三十八年（一九〇五）にかけて、日露戦争が戦われました。当時のロシア帝国といえば大国です。それに勝利をした日本は一等国になったという国民感情が沸き起こったのです。ロシアに勝利をしたとはいえ、実際は「辛勝」だったわけですから、講和条約で多額の賠償金を得ることはできませんでした。そのことを知った一部の国民は激怒し暴徒化したことは有名です（日比谷焼き討ち事件）。

戦争による多額の戦費により、財政は危機的状況にありました。地方もまた例外ではなく、財政も人心も荒廃していました。

そのような中、政府は国民の動揺を沈めるために、明治四十一年（一九〇八）十月十三日に「上下一心忠実勤倹自彊タルヘキノ件」という詔書が明治天皇から下されました。通称「戊申詔書《ぼしんしょうしょ》」と呼ばれます。

戊申詔書の内容は三つに分けられます。①西洋列強との関係を緊密にして共に発展していくことに貢献することが国家の大方針であること、②これを実現するためにはそもそも日本自体が発展をする必要があること、③日本が発展するためには、皇祖（天照大神、神武天皇など）皇宗（二代綏靖《すいぜい》天皇以降の歴代天皇）の教えを国民がよく理解して実行しなければならない。それを実現するためには、国家として弛んだ風紀を粛正し、国民として仕事に励んで勤倹貯蓄し、信義を厚くして醇厚《じゅんこう》を旨としなければならない、という内容でした（建部遯吾『戊申詔書衍義』二十八～二十九頁）。

政府は戊申詔書に示された精神に基づいて、地方改良運動を推進します。終戦直後に解体されるまで「官庁の中の官庁」と呼ばれた内務省によって、この運動は主導されます。

内務省は警察や宗教行政など、かなり広範な範囲に渡って管轄していた「スーパー官庁」でした。東京帝大を卒業して内務省に奉職するというのが、戦前のエリート役人の出世コースだったのです。

地方改良運動と通俗図書館建設

地方改良運動は内務省によって進められたので、文部省管轄の図書館とは一見すると関係がなさそうですが、実はそんなことはまったくありませんでした。

戊申詔書では、前述の③に皇祖皇宗の教えを国民がよく守り実行することが求められるとありましたが、そのためにも義務教育であった小学校教育、そして社会人を対象とした社会教育が重要だと内務官僚は考えました。社会教育を実行する組織は学校ではなく、図書館です。そういった関係から図書館が重視されたのです。

社会人のなかでも特に義務教育終了から日が浅い若者に対しては、内務省は各地に青年団を組織させました。青年団には社会教化機関としての役割が課せられ、「模範的な取り組み」が奨励されました。国はそれらを優良団体として表彰しました。青年団も小規模の図書館を町や村に建設したのです。

青年団には若干の活動資金も提供されたことから、若者たちによる自学自習、また娯楽施設として簡易な図書館が小学校などに附設される形で、全国各地に開館しました。これらの簡易図書館は児童だけではなく町村の住民にも開放されて、公共図書館としての役割を担っているものもありました。

青年団や、あるいは前述した教育会によって設置された図書館は、多くは小学校内に附設されたものでした。したがって開館日や開館時間は学校の授業がある平日の日中に限定され、夜間や日曜祝日には閉館していました。地方では日中に利用できる社会人はほとんど存在していなかったので、図書館をつくったのは良いものの閑古鳥が鳴いている館も多かったといいます。また図書館を管理する専任の職員などもおらず、小学校の訓導《くんどう》（戦前は小学校の先生のことを教諭とは言わず、訓導といいました）が業務の片手間にやっていました。中には児童の教育に大いに活用した小学校もあり、今日の学校図書館に近い働きをしたところもあったようですが、極めて少数でした。

学校図書館としても公共図書館としても中途半端な、小規模な簡易図書館が雨後の筍のように乱立したのです。ただ図書館が多く建設されたので、巡回文庫などをつくって、図書館のある村の中心部まで来られない地域の人びとのために配本するサービスが新しく行われるようになりました。

内務官僚・水野錬太郎の図書館効用論

内務省主導で、地方に小規模な図書館が建設されたのですが、では当の内務官僚たちは図書館に対してどのような役割を期待していたのかみていきたいと思います。

まずは水野《みずの》錬太郎《れんたろう》の意見をとりあげてみましょう。水野は江戸詰めの秋田藩士の子で、帝国大学法科大学（現・東京大学法学部）を卒業した後、第一国立銀行、農商務省を経て内務省に入省します。退官後は政治家に転身し貴族院議員になり、三回も内務大臣を務めました。昭和初期の田中義一内閣では文部大臣にも就きます。また朝鮮総督府総監にも就任していますし、著作権で有名なヴェルヌ条約加盟に尽力した官僚としても有名です。今日では著作権関係で記憶に残っている人物でしょう。法学博士の学位も有し、内務省の重鎮として存在感は退官後も非常に大きな人物でした。

地方改良運動は水野がまだ内務省在職中に行われており、講演で図書館建設の意義について次のように発言しています（傍線引用者）。

一体市でも町村でも、公共団体の目的といふものは、其市民其町村民の利益幸福を増進しやう、愉快な生活をさせて、其幸福を全うせしめやうといふのである。これは国家の目的でもあり、又公共団体の目的である。国家の繁栄を図かつて、国家の富を増すといふのが、終局の目的である。此目的に向つて市町村も公共団体も種々の経営をして居るのである。此図書館の経営なども何の為に必要であるかといふのに、国民の知識を増すに必要であるといふのである。国民はどうしても知識を増して行かなければならぬ。（中略）国の発達を計るには、国民の知識を増すことが必要である。欧米人の我々よりも常識に富んで居るのは、彼等が読書をして居るからであらうと思ふ。それから又読書をすると、其人の人格も高くなる。（中略）日本でもなるべく図書館を利用して、国民の品性を養ひ、又常識を養ふやうにしたいと思ふ

（水野錬太郎「泰西に於ける地方経営」内務省地方局編『地方改良事業講演集』下、四四七～四五〇頁）

どうやら水野は、図書館をどんどん建設して国民に読書習慣を定着させれば、欧米人のように

常識に富んだ人間になると考えていたようです。

またこんなことも水野は発言しています（傍線引用者）。

兎に角外国には、図書館が多い。さうして図書館に行つて見ると、非常に閲覧者が多く居る。又向ふの図書館は、閲覧することを、余程自由にしておる。誰れでも這入つて行つて、好きな本を引き出して読めるやうにしてある。日本では一々手続きをして、借りて読むのであるから、面倒である。公共図書館といふやうに、自由に這入つて、好きな本を引き出して見ることの出来るやうな所は、余計はないと思ふ。況んや貸し出しの制度を取つて、各自の宅に持ち帰られるやうな設備をしてあるのは、余計にないと思ふ。外国では自由に出入の出来る図書館もあり、又自由貸し出をして居るのもある。これは一面には、彼等の公共心が発達して居ることにも由るのである。若し日本でさういふ事をしたならば、図書の紛失が或は多いかも知れぬ。これは公共心の程度によることである。我邦では、公共心がまだそれほど発達して居らぬから、斯の如き自由図書館の制度を採つたり自由貸出の制度を採つたりするといふことは、勿論早いと思います。けれどもなるべく図書館を利用して、国民の間に読書の観念を増さしむるやうにしたいと考へる。

（水野錬太郎「泰西に於ける地方経営」内務省地方局編『地方改良事業講演集』下、四四八〜四四九頁）

明治期は館外貸し出しを行っている図書館はまだ数が少なかったのですが、それは日本人に「公共心」が乏しく、図書の盗難を恐れて図書館が二の足を踏んでいるからだと水野は指摘します。その一方で、なるべく図書館を国民にたくさん利用させて、読書を定着させなければならないとも言っています。

水野は国民に読書を定着させて欧米人に負けないような、品性の高い日本国民をつくろうとしていたのです。

内務官僚・井上友一の図書館観

水野以上に地方改良運動で図書館建設を主張した内務官僚に、井上友一《いのうえともいち》という人物がいます。井上は加賀藩士の子として金沢に出生しました。東京帝国大学法科大学卒業後に内務省に入省し、異動することなく順調に出世していきます。途中でヨーロッパ留学もしています。東京府知事に任命された四年後に、帝国ホテルで渋沢栄一らと会食中に脳溢血で倒れ急逝してしまいました。井上も法学博士の学位を有し、社会福祉関係などに造形が深く単著も何冊か書いています。学究肌の官僚ではなかったかと思います。

井上は明治四十二年（一九〇九）に刊行した著書で、図書館の役割について「古代に於ける図書館の理想は蔵積に在り近世に於ける図書館の理想は利用に在り」（井上友一『救済制度要義』四五九頁）と指摘しています。実はこの言葉はアメリカ議会図書館長ハーバート・パトナムのものなのですが、引用しているところをみると、井上も同じ意見だったのでしょう。図書館の機能を「利用」に置いていたというのは、当時としては非常に斬新な考えだったと思います。

また井上は、アメリカのピッツバーグ市立図書館の取り組みを次のように紹介しています。

家庭文庫は館員進んで一週一回貧家を訪問し其家庭改良の為め必要なる書冊を貸し与へ其貧児を近所に招集して趣味ある談話を為す。所謂感化文庫は市内の不良少年にして途上に浮浪徘徊せるものを聚めて之に読書の趣味を与へ以て其悪戯を防がんとするに在り。是等は主として智育、徳育を目的とす

（井上友一『自治要義』一〇六〜一〇七頁）

「家庭改良」のために、図書館員が個別家庭を訪問して良書を貸す活動と、不良少年に読書趣味を定着させて、いたずらを防止しようという取り組みをしていたようです。

これらのピッツバーグ市立図書館の活動を著書で紹介しているということは、井上は日本でもこのような活動を図書館で行うべきだと考えていたのでしょう。

地方改良運動を推進してきた二人の内務官僚の図書館観をみてきましたが、どちらも共通していることは、読書の習慣を日本国民に定着させ、欧米人に負けないくらいの人格高潔な日本国民にするということです。このことは戊申詔書の内容にも通じていることでした。

小松原訓令

日露戦後の一時期は、内務省が図書館の所轄官庁である文部省を差し置いて通俗図書館建設を推進してきたのですが、明治の末期になると地方改良運動は終了となりました。

代わって文部省が図書館についてようやく関心を示すようになります。省庁間の力関係では、圧倒的に内務省が上でした。「越権行為」ともとれる内務省の図書館建設の動きに文部省は口をはさむことはできなかったのです。

明治四十三年（一九一〇）二月、小松原英太郎文部大臣は各地方長官宛てに「図書館設置ニ関スル注意事項」という訓令を発します。いわゆる「小松原訓令」とよばれるものです。

その内容を、原文を引用しながら確認していきましょう（数字・傍線引用者）。

一、①図書館ハ学術研究ニ資スルト共ニ一般公衆ノ読書趣味ヲ涵養シ其ノ風尚ヲ高メ其ノ智徳ヲ進ムルノ用ニ供スルモノナレハ図書館ノ種類目的ニ応シ適当ニシテ有益ナル書籍ヲ選択蒐集センコトヲ要ス通俗図書館ニ在リテハ殊ニ然リトス依テ其ノ蒐集スヘキ書籍ハ勿論其ノ寄贈ニ係ルモノ、如キモ一般公衆殊ニ青年児童ノ閲覧ニ供スヘキ雑誌類ニ就キテハ十分取捨選択ニ注意シ最健全ニシテ有益ナルモノヲ選ミテ閲覧用ノ書目ヲ調製スヘシ②

（『明治以降教育制度発達史』第六巻、二〇八頁）

①の傍線部に注目すると、図書館は学術研究のためにも存在するのだが、一般人の読書趣味を涵養し、その好みを高尚なものにするためにもある、と図書館の設置目的を謳っています。②では、特に青少年や児童向けの閲覧用図書は選書に注意しなければならず、最も健全にして有益なものを提供しなければならないと釘を刺しています。つまり、「健全」でない書籍、例えば国体変革のおそれがある社会主義などの本は排除しなければならないことを意味していました。

一、図書館ハ単ニ其ノ地方ニ古来存在セル古書類ヲ収容シ又ハ寄贈ヲ受ケテ之ヲ閲覧セシムルニ止マラス③常ニ有益ナル新刊図書ノ増加ヲ図リ館内ニ於テ閲覧ニ供スルハ勿論広ク館外ニ貸出シ稍々規模ノ大ナル図書館ニアリテハ或ハ分館ヲ設ケ或ハ巡回文庫ノ制ヲ立ツル等成ルヘク地方一般ニ書籍ノ供給ヲ図ランコトヲ要ス

（『明治以降教育制度発達史』第六巻、二〇八頁）

③に着目すると、館内閲覧はもちろんのこと館外貸し出しも積極的に行うべしと奨励しています。また分館制や巡回文庫も推奨しています。図書館の利用推進を文部省は図っていたと考えて間違いはないでしょう。ただその目的は内務省主導の地方改良運動と同様に、読書が趣味で知的レベルの高い日本国民を養成するためだと思われます。

以上、帝国図書館や図書館関係の法令など、国の施策を中心に見てきました。明治期の国の図書館行政をひとことで言い表すのは難しいのですが、あえてまとめるとつぎのようになるでしょうか。

まれに図書館に非常に関心の高い官僚が登場して種々の施策を行うのですが、他部署に異動してしまい、その後任の担当官がそれほどやる気がないと図書館行政が停滞するという印象を受けます。一貫した、国の図書館に対する姿勢というものは見当たらないと思います。

では、国レベルの話はいったん中断して、図書館発展のために尽力した図書館人がいますので、そちらに少し触れたいと思います。

佐野友三郎の活躍

図書館界では知らない人がいないくらいに有名な人物に、佐野友三郎《さのともさぶろう》という人がいます。元治元年三月十日（一八六四年四月十五日）に、佐野は武蔵国川越（埼玉県川越市）に川越藩士の長子として誕生しました。

佐野は維新後に帝国大学に進学します。しかし明治二十三年（一八九〇）に、一人の外国人教師と対立して授業に出席せず、佐野は大学を退学してしまいます。

佐野は、山形県米沢市の米沢中学校教員、台湾総督府事務官等を経て、明治三十三年（一九〇〇）に秋田県立秋田図書館長に着任します。当時の秋田県知事武田千代三郎が佐野を招聘したのです。

秋田での在職期間はおよそ三年と短かったのですが、巡回文庫、郡立図書館図書購入費の県費補助、郷土資料の蒐集と保存に尽力しました。

佐野友三郎（『個人別図書館論選集　佐野友三郎』日本図書館協会、1981年より）

佐野は秋田着任以前には、特に図書館とは関係がありませんでした。専門的な知識も持ち合わせていなかったと思います。しかし武田知事の要請を快諾した佐野は海外の図書館に関する文献を集め、独学でかなり図書館の事を勉強したようです。

特に佐野は巡回文庫に力を入れました。佐野は巡回文庫に積む本を、「一般公衆をしてなるべく図書に接近させ、まず読書趣味を定着させる」内容のものとしました。学術的な内容のものではなく、一般の人が親しみやすい図書百冊、ないし百五十冊を選書したのです。

実際の運用は、秋田県下の仙北郡立図書館・北秋田郡立図書館・山本郡立図書館・南秋田郡立図書館の間を四函の文庫が巡回するというものでした。ここに日本初の巡回文庫が誕生しました。

さて、佐野を呼んだ武田知事は明治三十五年（一九〇二）に山口県知事に異動になってしまいます。着任後、武田は山口県に県立図書館を新設することを決します。

ちょうどその頃、佐野は図書費をめぐる問題で地元紙に「発狂」などと書かれ、心身ともに疲弊していました。秋田に居づらくなってきたのです。佐野は再び武田知事に呼ばれて山口に行きます。

明治三十六年（一九〇三）三月三日付で、佐野に山口県立山口図書館長の辞令が交付されました。新図書館は七月六日に開館しました。

佐野が山口で行った図書館サービスは、巡回文庫、夜間開館、児童サービスが代表的です。いずれも今日の図書館では普通に行われているサービスばかりですが、明治後期としては斬新なものでした。

巡回文庫は秋田でのノウハウがあったのですが、そもそも図書館や巡回文庫といったものに意義を見出していない山口県下の郡市長に、その理解を求めることから佐野は始めました。佐野は根回しを郡市長らに行っています。新しいことを行うには不可欠の行為かもしれません。

また、佐野は山口での巡回文庫を開始する前に、アメリカの事例を調べました。アメリカで巡回文庫が盛んになったのは、ニューヨーク州立図書館長メルヴィル・デューイが開始してからだといわれています。佐野はデューイに直接書簡を送り、教えを乞うています。一面識もないアメリカ人に手紙を送るのも勇気がいることですが、デューイも佐野にきちんと返書を認めており、デューイもさすがだと感心させられます。

明治三十七年（一九〇四）一月、阿武郡役所で巡回文庫がスタートしました。五月下旬には大津郡役所に九月下旬まで設置され、続いて美祢郡役所に翌三十八年（一九〇五）一月まで置かれ、二月一日に本館にいったん戻ります。その後二月から六月まで厚狭郡役所、七月から十月まで豊浦郡役所、十一月から翌三十九年（一九〇六）三月まで下関にと経路が決められていました。一か所にはおよそ四か月留め置かれたようです。

書函は全部で八個ありましたが、このような感じで初年度の明治三十七年（一九〇四）は県内二十箇所、翌三十八年（一九〇五）には三十九箇所を巡回しました（小川徹「佐野友三郎伝」九十九頁）。

佐野は館長着任直後から、図書館の開館時間の延長にも取り組んでいます。明治三十七年（一九〇四）五月二十四日付で山口県立山口図書館規則が改正され、開館時間については日曜日・祝祭日は冬季午前九時から午後五時、ほかは午前八時から午後六時となりました。平日は従来通りの冬季午後二時から九時、ほかは午後二時から十時まででした。

その後規則改正があり、明治三十九年（一九〇六）四月二十四日、七月、八月の開館時間は午前八時から午後六時までとなりました。これらの期間は夏休みに当たっており、児童・学生の利用が多かったので、午前から図書館を開けるようにしたのでしょう。

さらに開館時間は延びます。明治四十三年（一九一〇）四月からは平日も午前から開館することになりました。一月から三月、十月から十二月は午前九時開館、ほかの月は午前八時開館となりました。文字通り図書館は朝から晩まで開館することになったのです。

開館時間の延長によって閲覧者の数も増加しました。

明治四十二年度	八万七五八八人
明治四十三年度	一〇万八二六七人
明治四十四年度	一〇万七八九三人
大正元年度	一二万五〇二一人

開館時間延長に伴い、佐野は職員も増員させています（小川徹「佐野友三郎伝」一一五～一一六頁）。

開館時間の延長は利用者増加に直結したことが分かります。

さて、佐野が行った新しいサービスとして一番有名なのが児童サービスです。佐野が館長に着任する以前は、県立山口図書館では十二歳未満の児童の利用を認めていませんでした。それを佐野は児童の利用を認めさせたうえで、子ども用の図書や雑誌を揃えた「児童室」を整備したのです。

小川徹氏によれば「児童室」とはいえ、独立した部屋ではなかったようです。新聞雑誌閲覧席と児童閲覧席が一室に収まっていました。当時は「男女七歳にして席を同じくせず」という道徳規範が非常に強かったわけですが、男女同席が許されていたようです。

どんな本を子どもたち向けに購入していたのでしょうか。博文館刊行の少年向け物語シリーズである「少年文学」、「少年読本」を多くそろえていたようです。また雑誌では『少女界』（金港堂）・『少女世界』（博文館）・『少年世界』（博文館）・『中学世界』（博文館）を所蔵していました。また佐野は婦人閲覧室も設置しています。こちらは十六席であまり利用者は多くなかったようです（小川徹「佐野友三郎伝」一二一～一二六頁）。

他にも佐野は、図書館史に残る先進的なサービスを実施しています。紙幅の都合で本書では詳しくふれることはできませんが、佐野の活動は近代図書館史に特筆されるものでした。

ただ、山口県立山口図書館の先進的な図書館サービスは、佐野個人の熱意と知事の理解と協力があって実現できたものでした。日本全体として図書館に対する理解と認識はあまりなかったのが、明治末期の現状でした。ひょっとしたら現代でもそれほど変わっていないのかもしれませんが。

江戸の蔵書家の生き残り――文人たちの趣味会

明治になり、図書館という新しい概念がわが国にもちこまれると忘れ去られてしまいましたが、第三章でみてきたように、しっかりとした施設をもたないけれども、「図書館」的な活動をしているグループが存在していました。

都市部の蔵書家や村落の蔵書の家です。

では明治になると、そのようなものは無くなってしまったのでしょうか。

結論から言えばそんなことはありません。書籍を中心とした文人・趣味人のネットワークは明治になっても生き続けていました。ここでは山口昌男氏の研究（『内田魯庵山脈』）を参考にしながら紹介をしていきたいと思います。

山口氏は神田の古書市で『集古《しゅうこ》』という古雑誌を発見したことから、集古会に集う人たちのことを調べ始めたといいます。

集古会とは、もともとは帝国大学理科大学人類学教室教授坪井正五郎《つぼいしょうごろう》を中心とした集まりでした。その目的は「茶を飲み、菓子を食しながら、楽しみの中に存分各自の意見を語る一種の遊びをかねての会合を図ろう」というもので、その席で考古に関する器物や書画等を持ち寄ってその知識を交換していたようです。当初は坪井周辺の人物だけだったようですが、会が長く続くことによって非常に多様な人びとが参加するようになりました。

山口氏は明治四十四年（一九一一）現在の会員を紹介しています。

名誉会員

蜂須賀茂韶《はちすかもちあき》（侯爵、学問好きで各種の民間学会のパトロン役を務めた）、大槻文彦（『言海』の著者）、坪井正五郎、箕作元八《みつくりげんぱち》（西洋史家）、三宅米吉（教育学者、人類学に理解あり）、三上参次（国史学者）、東久世通禧《ひがしくぜみちとみ》（政治家、いわゆる都落ちした七卿の一人）

（山口昌男『内田魯庵山脈』上、五十七頁）

賛助会員

井上頼國（文化史家）、大槻如電（根岸の大通人学者）、竹内久一（もと浅草の遊び人、のちに東京美術学校教授、彫刻家）、益田孝（実業家、鈍翁）、朝吹英二（実業家）、佐々木信綱（歌人）、関根正直（国文学者）

（山口昌男『内田魯庵山脈』上、五十七頁）

もちろん名誉会員も賛助会員もこれが全てではありませんが、こうして見てみると、職業や専門分野を超えて、さまざまな人びとが集っていることが窺えます。ちなみに一般会員の中には図書館学者の和田万吉東京帝国大学教授兼図書館長の名前も見えます。和田は図書館学者ですがもともと国文学を専攻していたので、こういった会にも関心があったのでしょう。

集古会の活動は機関誌『集古』の目次を通覧するだけでも、どのような活動を行っていたのか分かりますが、考古的遺物や書画骨董を持ち寄って会員同士で品評したり知識を交換し合ったりしていたようです。参加者は著名な学者や文人も多く含まれていましたが、純粋に趣味的な関心から集ってきたようで、学問にまで発展させようとの考えは薄かったようです。兵庫県から上京し、一高・帝大・官僚と順調に出世していった柳田国男《やなぎたくにお》は集古会の活動を「江戸の粋人趣味」として批判的だったようです（山口昌男『内田魯庵山脈』上、八十三〜八十七頁）。

林　若樹

集古会の中心的存在だった人物に、林若樹《はやしわかき》がいます。

林は江戸以来の蘭方医の家に生まれましたが、生来病弱で第一高等学校を中退してしまいます。以来、生涯定職には就かず、親の遺産で一生生活しました。ちなみに奥さんと四人の娘さんもいました。

林は集古会以外にも複数の同様の会に参加しています。欣賞会という会もその一つで、実業家の安田善次郎、作家の幸田露伴や帝大図書館長の和田万吉も参加していました。同じく欣賞会に参加していた早稲田大学図書館長の市島春城《いちしましゅんじょう》は、林が亡くなった際の追悼文で次のように述べています。

（欣賞会は―引用者註）思ひ〳〵に種々の図書を持寄つて互ひに鑑賞したが、林君は最も熱心に自慢の図書を持ち来つて鑑賞に供した。それから二十年前稀書複製会を起し稀書の出版を企て、それが今も持続してゐるが、この会もいつも安田邸に催され、林君との交りも継続して、林君が毎会持ち来る稀覯の書を見て、益を得ることが多かつた。

（『市島春城随筆集』第十巻　余生児戯、二九五頁）

おそらく集古会も同じような感じではなかったかと思われます。その場では珍書そのものも会員に貸したかもしれませんし、なにか参考になる文献を会員同士で相互貸借したかもしれません。こうした光景は柳田の批判したように「江戸の粋人」そのものですが、近代以降の図書館とはまた違う、本を核としたコミュニティが明治には生きていたのです。

市島春城

ちなみに林の追悼文を執筆した春城も早大図書館長、日本図書館協会会長を務めた人物で、「江戸の粋人」でありながら近代的な図書館にも関心を寄せた人物です。春城の日記が一部翻刻されており、その中に書籍の借用の記述がわずかですが見受けられます。

（明治三十五年三月十六日）

日曜。快晴。（中略）坪内逍遥を訪ふて若干の書籍を借受帰宅す。

（「翻刻春城日誌」（一）『早稲田大学図書館紀要』第二十六号、一四三頁）

（明治三十五年四月十一日）

曇天。（中略）千葉鉱蔵を仲根岸に訪ふて二三の書籍を借用

（「翻刻春城日誌」（一）『早稲田大学図書館紀要』第二十六号、一四八頁）

（明治三十五年七月十一日）

千葉鉱蔵を訪ふて写本を借り受け帰へる。

（「翻刻春城日誌」（一）『早稲田大学図書館紀要』第二十六号、一六九頁）

（明治三十五年九月一日）

紅葉山人より使ニ付説郛裏三巻貸付す。

（「翻刻春城日誌」（一）『早稲田大学図書館紀要』第二十六号、一七七頁）

明治三十五年（一九〇二）の事例を四件挙げました。それほど頻繁ではありませんが、英文学者・翻訳家の坪内逍遥、千葉鉱蔵《ちばこうぞう》（掬香）、尾崎紅葉と書籍の貸借をしていたことが分かります。

千葉鉱蔵は掬香《きくこう》と名乗り、青山学院を経てイェール大学に留学した翻訳家です。早稲田大学で

教鞭を執っていました。

春城が紅葉に貸したのは『説邪裏』という漢籍です。この『説邪裏』ですが、調べてみたのですがどういう性格の書物なのかよく分かりません。『説邪《せっぷ》』というのは中国で編纂された有名な一大叢書で、漢学の分野ではよく用いられるようですが、『説邪裏』は不詳です。タイトルもなんと読んで良いのか分かりません。

国立国会図書館デジタルコレクションに『説邪裏』が確認できます。それによると明の崇禎年間（一六二八〜一六四四）に、編者の陳時（三陟）が『説邪』を新たに編纂し直したもののようです（中国文学者の加藤聰氏のご教示による）。

春城も大量の書籍を有し、多くの人たちと交わっていました。それらの人たちのネットワークもやはり書籍の貸借が行われていたことが分かります。江戸文化人の延長に春城はいたのです。

その一方で春城は近代的な感覚も身につけていました。春城の図書館観がよく分かる一節を次に引用しておきます（傍線引用者）。

全体書物は赤裸になるのが其の使命で、深く珍蔵されたり死蔵されたりしては其の使命が没了されるのであるから、書物は赤裸の状態にあらねばならぬ。若し図書館の書庫にある本が、時好に投じた本のやうに頻々と取出され、多くの手に翻閲さるゝとしたら、どんなに文化をたすけることであらうか。

（市島春城『春城漫筆』一八二頁）

当時の図書館は閉架制といって、利用者は目録で蔵書検索をして請求票に記入し、カウンターで受け取るスタイルが一般的でした。それを春城は現在と同様の開架制がふさわしいと言っているのです。江戸時代の残滓のような趣味をもつ春城ですが、早稲田大学の図書館長を務めるに際して独学で図書館学を学び、近代的な図書館観も身につけていたことが窺えます。

青年団の読書運動

都市部では江戸以来の文人たちの書物ネットワークは存続していましたが、農村部にあった蔵書の家は明治になったらどうなったのでしょうか。

結論からいえば、明治の蔵書の家については個別研究がないため不詳です。庄屋という村方の制度も明治政府によって廃止されました。しかし、江戸後期に根付いたこうした文化は時代が変わったからといって、なかなかなくなりません。

明治に見られる村落の読書形態として、明治二十年代以降に青年団主催の読書会が挙げられます。

青年団のルーツは近世の村の若者組なので、そういった面で江戸期と明治は断絶していないといえます。

明治20年代になると、青年が自学自習のために義務教育終了後の若者たちを組織化して夜学会を開いた。その折、青年たちは新聞、雑誌、書籍などを持ち寄り回覧した。教養を高め、農・蚕業の改善、村の近代化などのために自主的な読書組織を形成するものもあり、なかにはこうした学習運動から文庫などを組織するものも現れた。

（小川徹・奥泉和久・小黒浩司『公共図書館サービス・運動の歴史』一、一七一頁）

ところが内務省の地方改良運動によって、それら近世以来の青年団は町村行政の末端を担うことになります。青年団の団長は、多くの場合地元の小学校長が兼務するようになり、団の運営は小学校訓導や地域の有力者、篤志者に任されます。教育勅語や戊申詔書、また日露戦勝などを記念して文庫が設けられたりしました。

それら「官製青年団」によって、小学校や村の寄り合い所の一室に文庫が設けられ、そこで読書会なども行われるようになります。地方改良運動は農村の風紀改善も目指していたので、読書を通しての高潔な人格形成も目指されたのです。難しい学術書ではなく、通俗書籍による、割合自由な読書も行われていたようです。

明治期のまとめ

明治時代の図書館の動向について概観してきました。

政府は王政復古の大号令を発し、「神武創業」に立ち返ることを宣言します。それは先例重視で固まっていた旧来の朝廷の政治を根本から覆す革命的な出来事でした。

しかしそれは、江戸まで連綿と続いてきた蓄積も否定的に捉えることになってしまったのです。図書館も当然その中に入っています。幕府の紅葉山文庫、諸藩の藩校の文庫、中世から存続していた金沢文庫や足利学校の文庫までも閉鎖に追い込んだのは明治新政府でした。

政府は図書館にそれほど関心があったとは思われませんが、一部官僚の建白や運動によって国の中央図書館である帝国図書館開館にこぎつけます。また公立図書館も図書館令を公布して法的整備を進めました。

日露戦争後の地方改良運動で、内務省主導により地方に小規模の通俗図書館や巡回文庫が開設されます。国民に読書を定着させて「一等国」に恥じないような教養溢れる日本国民を育てようとしたのです。その一方で、日本の国体に反するような思想（例えば社会主義など）の書物は厳しく取り締まる姿勢を小松原訓令などで明確に示しました。

それら通俗図書館を運営する村落部の青年団は、江戸期の蔵書の家によって定着されたので、読書というものに抵抗が少なかったと推測されます。それ故、明治になってわずか三十数年で小規模とはいえ図書館数が増加したのだと思います。

明治後期になると、佐野友三郎のような図書館に情熱を注ぐ図書館員も登場し、欧米を手本に先進的なサービスも取り入れました。しかしそれは個人的な活動に留まり、その流れが国を動かすところまでは行きませんでした。

その一方で、江戸以来の趣味人たちのサークルは明治になっても健在でした。仲間同士で書籍の貸借も行われ、書物を核としたコミュニティが形成されていきました。仲間同士ですから、誰でも借りることができたわけではありませんが、社会的立場を超えた様々な立場の人が同じ趣味で集っていたのは、江戸時代と変わらないものでした。図書館は江戸と明治で断絶されていましたが、こちらの方はつながっていたようです。

第二節　大正の図書館

文部省の社会教育の強化

明治の地方改良運動の頃は、内務省が通俗図書館建設を推進していましたが、図書館の本来の所轄官庁は文部省でした。いわば内務省が文部省の管轄を侵していたのですが、立場が圧倒的に上の内務省には何も言えなかったのだと思われます。しかし地方改良運動終了後、文部省は小松原訓令を発するなどして図書館にも関心を示すようになります。

ところが大正デモクラシーにより国民に自由主義的な風潮がみなぎり、またロシア革命により共産主義思想が入ってきたことから、その流入を阻止するために政府は社会教育行政に力を入れるようになった、というのが通説となっています。

政府は大正六年（一九一七）九月に臨時教育会議官制（大正六年勅令第一五二号）を公布し、臨時教育会議を発足させます。

同会議の目的について、寺内正毅首相は「中外ノ情勢ニ照シ国家ノ将来ニ稽ヘ教育制度ヲ審議シテ多年ノ懸案ヲ解決（臨時教育会議ニ関スル寺内内閣総理大臣演示）」（『資料　臨時教育会議』第一集、七十六頁）するために設置したと述べています。その意味について、教育学者の海後宗臣氏によれば「国民道徳を如何にして振興し、国民の思想を統一するかがとりあげられそのための方策」（海後宗臣「総説」同編『臨時教育会議の研究』三頁）を立てるためだったということです。確かに臨時教育会議では読書の青少年に与える影響を大変警戒しています。

臨時教育会議は大学までの学校教育をカバーするものでしたが、文部省は社会教育にも関心を寄せました。大正八年（一九一九）には文部省普通学務局内に通俗教育担当課として第四課を設置し、関東大震災後の同十三年（一九二四）に社会教育課と改称します。

地方に対しては、大正九年（一九二〇）に社会教育に関する事務担当主任吏員特設を各府県に通達し、さらに同十四年（一九二五）には地方社会教育職員制の公布により、各府県に一〜二名の専任社会教育主事と、二〜三名の社会教育主事補が置かれることになり、社会教育の体制が整備されました（岩猿敏生『日本図書館史概説』二〇一頁）。

大正期の公共図書館数の増加

そうした社会教育体制が整備されてきたこともあって、各府県・市町村の図書館が相次いで設立され始めました。府県によっては市町村立図書館建設を推進させるために、補助金を交付するところもありました。

文部省によって作成された、昭和十一年（一九三六）四月現在の『全国図書館ニ関スル調査』によれば、公立・私立の公共図書館数は四六〇九館に達しています。

これによると、大正期に公共図書館数が増加していることが分かるのですが、特に後期の大正十一年（一九二二）から同十五年・昭和元年（一九二六）に一九六六館と、前の五年間の七七九館と比べると激増しているのです。

特に大正期は市立図書館の設置数が伸び悩み、町村立図書館が多く開設されました。しかし町村立図書館は小学校の一隅に設置された図書室も「公立図書館」としてカウントされており、かなり貧弱なものも含まれていたようです。多くは蔵書数が千冊にも満たないような小規模館でした。実態はともかくとして、新しく図書館が設置された市町村は、府県から図書館設置の訓令などが出されていたものが多かったようです（岩猿敏生『日本図書館史概説』一八九〜一九四頁）。

東京市立図書館

明治四十一年（一九〇八）に東京市立日比谷図書館が開館しました。翌年からは市内各地に分館を設置して数年後には帝国図書館に倍する利用者を集めます。

東京市立日比谷図書館（1908年完成）
（Wikimedia Commons より）

日比谷図書館は午後九時まで、十月から三月は午後八時までの夜間開館を実施していました。大正二年（一九一三）には、日比谷では季節に関係なく午後九時までの開館が実現します。また小学校付設の分館でも夜間開館を実施していました。東京市の電力事情の改善も大きく影響していました。

さらに東京市立図書館は大正期に大きく機構改革を行い、利用者にとっては使いやすくなりました。

清水正三氏は八点の改善がなされたと指摘しています。

①閲覧時間の延長
②日比谷図書館以外の閲覧料無料化
③館外貸出重視の方針
④開架の促進
⑤図書の選択方法の改良
⑥同盟貸付制度の創設
⑦印刷カードの採用
⑧整理業務及び経理業務の合理化

（清水正三「一九一五（大正四）年における東京市立図書館の機構改革とその成果について：永末十四雄『日本公共図書館の形成』中の「東京市立図書館」についての論述に関連して」『図書館史研究』四号、三十～三十三頁）

⑥の「同盟貸付」とは聞きなれない言葉だと思いますが、現代でいう図書館間の相互貸借のこ

とです。自館にない図書でも、よその図書館にあれば取り寄せて利用者に提供するということのサービスは、今日ではどこの図書館でも行われていますが、当時としてはとても斬新なものだったと思います。

同盟貸付は利用者にも喜ばれたようで、大正八年（一九一九）には月平均六百冊の利用があったそうです。

また、佐野友三郎によって山口県立山口図書館で始められた児童サービスは、東京市立日比谷図書館で本格的に開始されました。本格的に実施されたのは日比谷図書館が最初でした。児童室は日比谷図書館開館と同時に設置されました。大正二年（一九一三）には児童への館外貸出を始め、同四年（一九一五）には閲覧料の無料化を実現します。大正十年（一九二一）には東京市内の二十館に、児童室あるいは児童コーナーが置かれ、そこには児童を対象とした講演会、読物展示会、お話会などがさかんに行われていました。

東京市立図書館ではレファレンスサービスも行われていました。このサービスは利用者からの調査相談に応じるもので、欧米での公共図書館ではよくやられているものでした。東京市立図書館にはアメリカに留学した毛利宮彦《もうりみやひこ》や、竹内善作《たけうちぜんさく》といった図書館員が中心になって、こういったサービスが実施されていたようです。

レファレンスサービスは日比谷図書館ではいつから開始されたのか、はっきりとは分からないようですが、開館当初の「処務細則」では閲覧係の業務に「閲覧ノ案内ニ関スル事項」がみられます。また日比谷図書館では辞典などの参考図書は、一般図書とは別置してまとめて排架されていました。レファレンスコーナーが整備されていたのです。

大正四年（一九一五）、日比谷図書館では利用者の問い合わせに対して「図書問答用箋」を置いて、資料の相談への回答をすることにしました。大正十年（一九二一）四月には調査係が新設され、翌十一年度には書面による問い合わせが四三〇件寄せられたといいます。実用的・実務的な内容のレファレンスが多く、商工業者が利用していたようです

大正十二年（一九二三）九月一日、東京は関東大震災により甚大な被害を受けました。東京市立日比谷図書館も大きく破損し臨時休館となりますが、九月四日にははやくも罹災住民に対する救護活動を行い、震災資料の収集も行いました。

急ごしらえの新聞縦覧所を屋外に開設し、新聞情報などを元にして罹災者、また公衆に必要と認めた事柄などを、件名索引カードを作成して案内や質問に対応したのです。

数年後には、日比谷、深川、京橋、駿河台の各図書館は日比谷をも凌ぐほどの大図書館となって復興しました（小川徹・奥泉和久・小黒浩司『公共図書館サービス・運動の歴史』一、一四一～一六九頁）。

青年団図書館の村立化の問題点

大正期に入ると、青年団の通俗図書館は一部村立化されます。村立化については、青年たちにいろいろと葛藤もあったようです。

青年会によってつくられた図書館は、もともとは部落単位の小さな読書施設であった。それらは地域と不可分の関係にあり、村の青年たちの場の共有意識とともに育まれた。青年会の図書館は、大正期の青年団自主化以降その発展の過程で、村立化の問題に直面した。そこで問題になったのが選書権の維持についてであった。村立化による「公」への経営権の委譲は認めるとしても、蔵書内容を支配されることに対する抵抗感は強かった。青年会に選書権が確保されるか否かが「村立化」の分岐点となった。これは公立化の否定ではなく、図書館をどのようにつくっていくのかという課題について、青年たちが一石を投じたこと、と解することもできよう。

（小川徹・奥泉和久・小黒浩司『公共図書館サービス・運動の歴史』一、一七九～一八〇頁）

上記の文章は、あくまで長野県の事例をまとめた文章ですが、村立化の問題点を端的に現していると思います。

自分たちの自治で運営している図書館の「選書権」まで渡してしまっては、自分たちの図書館ではなくなると考える青年たちもいたのです。

大正期に増加した公立図書館で町村立が多いのは、こうした青年団などで運営されていた図書館が村立に移管されたからだと考えられます。

日本図書館協会・文部省図書館員教習所

全国の図書館を束ねている日本図書館協会は、明治二十五年（一八九二）に日本文庫協会として発足し、後に現在の名称となりました。

明治三十九年（一九〇六）に東京で第一回全国図書館大会を開催し、翌同四十年（一九〇七）には『図書館雑誌』を創刊します。これらは現在も継続して行われている事業です。大正三年（一九一四）には、公共図書館が備えるにふさわしい良書目録として、『日本図書館協会選定新刊図書目録』の刊行が開始されます。最初は独立して販売されていましたが、後に『図書館雑誌』に付載されるようになりました。また大正期には多くの地方支部も設置されています。

日本図書館協会は大正期に大きくその活動を拡大させたといえるでしょう。

さて、図書館協会は政府に対して長らく図書館司書養成機関設立の要望を出していました。それがようやく実り、大正十年（一九二一）十月に文部省図書館員教習所が開校します。しかし正式の学校ではなく、帝国図書館の一部を間借りしているという代物で、中等学校卒業以上の者が出願できましたが、募集人員も二十から三十名程度と少人数でした。それでも図書館司書の養成機関が発足した意義は大きいといえます。最初は文部省管轄でしたが、まもなく帝国図書館附設となり、帝国図書館長が管理者になります。

ちなみに図書館員教習所は組織と名称をコロコロ変えています。煩雑かもしれませんが、その後を確認しておきましょう。

教習所は大正十四年（一九二五）には文部省図書館講習所と改称します。今までは帝国図書館内に設置されていましたが、昭和二年（一九二七）九月に初めて独立した校舎をもちました（写真）。

文部省図書館講習所（『図書館情報大学同窓会橘会80年記念誌』2002年より）

戦後は帝国図書館附属図書館職員養成所、次いで国立図書館附属図書館職員養成所、さらに再び文部省管轄となって、文部省図書館職員養成所と名称と所属を変遷させます。

そして昭和三十九年（一九六四）に国立の図書館短期大学となって開学し、さらには同五十四年（一九七九）に四年制の図書館情報大学となります。平成十四年（二〇〇二）に図書館情報大学は、筑波大学と統合されて筑波大学図書館情報専門学群・大学院図書館情報メディア研究科となりました。さらに独立した学群は平成十九年（二〇〇七）には無くなり、情報学群の一専攻である、知識情報・図書館学類となり現在に至っています。大学院はかろうじて独立を守っているというのが現状です（二〇一八年五月現在）。

大正期のまとめ

大正期は文部省が社会教育の整備に尽力したので、公立図書館数が飛躍的に増加しました。特に町村立図書館が増えたのは、青年団などが設置した小規模の通俗図書館が村立に移管されたので、数が増えたと推測されます。江戸期の蔵書の家の活動で、おそらく農村にも読書文化は定着していたところもあり、それで青年団が読書会や夜学会を開き、図書館を開設しようという発想が生まれたのかもしれません。

都市部では先進的な図書館サービスを展開する公立図書館も出てきます。本書では東京市立図書館の事例を紹介しました。

日本図書館協会の活動も軌道に乗り、図書館員養成の学校も開校します。大正期は図書館界にとって発展した時代といえるでしょう。

第三節　昭和戦前期の図書館

図書館令改正への動き

昭和八年（一九三三）七月一日に改正図書館令が公布され、八月一日に施行されました（昭和八年勅令第一七五号）。改正とはいってもほぼ新しい法律といっても良いぐらいの全面的な改正です。なぜ図書館令はここにきて改正されたのでしょうか。改正に至るまでの経過を概観してみましょう。

実は図書館令改正の動きは、前の図書館令が公布・施行された明治三十二年（一八九九）以来図書館界で話題にあがっていました。明治三十九年（一九〇六）の第一回全国図書館大会の場でも、改正が議題になっていたのです。

全国の府立・県立図書館長の会議である府県立図書館長会議は、大正十一年（一九二二）頃より、府県立図書館の設置義務化と絡めて図書館令改正も提起していました。府県立図書館長会議は府県立図書館長の独自組織であり、日本図書館協会の一部会と定められています。

しかし参加数は府県の半数程度しか集まらなかったといいますから、文部省に対して自分たちの意見を強く主張することはなかったようです。

現場の図書館員の中にも、図書館令改正の意見は出ていました。図書館員の待遇改善、図書館への国庫補助などを希望していたのです。

昭和五年（一九三〇）三月には、文部省は全国図書館長会議を招集して、ここで初めて図書館令改正について諮問をしました。国が改正に向けて本格的に動き出したのです。

会議には富山、広島、大分、沖縄以外の四十三道府県代表四十八名（二名出席の府県があるため）と台湾、朝鮮からの三名も加えて五十一名の出席者がありました。

会議は二日間にわたり、二日目は文部大臣諮問事項に対する答申案について審議をして、図書館令改正要項をまとめました。図書館の設置目的を、「図書を収集して公衆の閲覧に供して、その教養に資すること」だと明確にしたのをはじめとして、公立図書館を経常費、蔵書数、閲覧座席の量的基準によって甲乙丙丁の四種に分け、種別ごとの職員の待遇と、その任用資格、さらに職員定数までも定めていました。

このような経過から図書館令は改正されたのですが、具体的に改正前と後ではどのように変わったのでしょうか。

改正図書館令の要点

明治に公布・施行された図書館令は全八条でしたが、改正図書館令は全十四条となり条文も増えています。

まず、第一条に「図書館ハ図書記録ノ類ヲ蒐集保存シテ公衆ノ閲覧ニ供シ其ノ教養及学術研究ニ資スルヲ以テ目的」だとして、図書館の設置目的を明確にしました。これは全国図書館長会議の答申に沿ったものでした。

しかし二項に「図書館ハ社会教育ニ関シ附帯施設ヲ為スコトヲ得」という条文を追加されてしまいます。これについて「附帯施設論争」と呼ばれるものが文部省と現場の図書館長との間で勃発します。これについては次項で説明します。

第七条は「図書館ノ設置廃止ハ道府県立ノモノニ在リテハ文部大臣、其ノ他ノモノニ在リテハ地方長官ノ認可ヲ受クベシ」とあり、図書館の設置・廃止について道府県立は文部大臣の認可を、「其ノ他ノモノ」については地方長官（知事など）の認可を受けなければならないとなりました。改正前は私立図書館の設置・廃止は文部大臣に「開申」で済んでいました。開申とは「報告」であり、基本的に文部大臣が拒否することはありませんでしたが、改正後は「認可」となったので私立図書館は設置を認めない場合もあるということを含ませていたのです。

第十条には「地方長官ハ管内ニ於ケル図書館ヲ指導シ其ノ聯絡統一ヲ図リ之ガ機能ヲ全カラシ

ムル為文部大臣ノ認可ヲ受ケ公立図書館中ノ一館ヲ中央図書館ニ指定スベシ」との条文が新しく追加されました。これは「中央図書館制」と呼ばれる上位下達の組織体制になったということです。これについても後述します。

第十二条には「文部大臣ハ図書館事業ノ奨励上必要アリト認ムルトキハ公立又ハ私立ノ図書館ニ対シ毎年度予算ノ定ムル所ニ依リ奨励金ヲ交付ス」とあり、文部省は奨励金を各図書館に出すことを定めています。しかしすべての図書館に出されるわけではなく、そこは文部省の裁量によって決まっていました。

第十三条は「公立図書館ニ於テハ閲覧料又ハ附帯施設ノ使用料ヲ徴収スルコトヲ得」とあり、図書館界が求めていた「無料」の原則はここでも実現できませんでした。それが適うのは、戦後の図書館法（昭和二十五年法律第一一八号）を待たなければなりません。

図書館「附帯施設」論争

第一条第二項に新しく追加された「図書館ハ社会教育ニ関シ附帯施設ヲ為スコトヲ得」という条文について、図書館界から困惑の声が上がってきました。

その声を代表して疑義を呈したのが、石川県立図書館長の中田邦造《なかたくにぞう》です。中田は『図書館雑誌』昭和九年一月号に「図書館員の拠つて立つところ」という一文を投稿して次のように主張しまし

中田邦造（『個人別図書館論選集　中田邦造』日本図書館協会、1980年より）

た。図書館の本務は社会教育だと我々は思っていたが、文部省はそう思ってはいないようだ。では二項で示される「社会教育」とはどのようなものなのか、と中田は率直に疑問を投げかけました。

中田の疑問に対して、文部省担当官の松尾友雄は「図書館令第一條第二項」との一文を『図書館雑誌』昭和九年二月号に投稿して反論します。

松尾によれば、従来図書館は図書の閲覧を通して広く民衆の向上を図るとともに、学術研究の発展のためにも資することを使命としてきたが、時代の推移と共にそればかりではなく、「全面社会教育施設」として機能しなければならなくなったと主張します。

特に町村のような人口も少なく、財政も潤沢でないようなところは、「社会教育館」とでもいうべき図書館・博物館・成人教育・体育館・民衆娯楽・産業教育もできるような、さまざまな機能をもった施設が望ましい。ただ、すぐそういった社会教育館はできないので、当面図書館にそのような機能を持たせるのが望ましいと述べています。

松尾は、町村図書館はさまざまな社会教育機能をもつ社会教育館が望ましいとしていますが、都市部の図書館（道府県市立図書館）はそうではなく、「附帯施設」の範囲は小規模でよいとしています。

松尾の反論に対して、中田は再反論し「図書館は図書館として発達せしめよ――図書館令第一条の再吟味――」（『図書館雑誌』昭和九年四月号）を投稿します。中田は町村図書館が「社会教育館」になることは望ましいとしながらも、その場合であっても図書を中心にした活動が行われて発展していくことだ、と主張します。

同月号には松尾の文章も掲載されていました（「図書館の附帯事業に関する見解の対立」）。第一条二項は本来図書館の職務でないものを特に図書館の職務に編入しているので、場合によっては図書館が体育の指導をするためにふさわしい土地を選定することまで、松尾は求めています。

中田と文部官僚の松尾の論争は平行線で終了してしまいましたが、日本図書館協会は「図書館社会教育調査委員会」を設置し調査を開始、その結果を「図書館社会教育調査報告」（『図書館雑誌』昭和十二年六月号）としてまとめました。

このなかで、中田と文部省の論争の決着を図るのですが、岩猿敏生氏は次のようにまとめています。

> 図書館の附帯事業として、文部省は体育活動や大衆娯楽活動の類まで、地域の状況によっては図書館が当然担当すべきだとした。調査報告では、附帯事業を直接と間接の2種に分ける。

前者は図書館固有の職能を助成促進することに役立つものであるのに対して、後者は図書館固有の職能に本来関係を持つものではないが、図書館の設備や館員の余力を割いて社会貢献をするもので、これも図書館の附帯事業として認めることによって、文部省との附帯施設論争を決着させている。

（岩猿敏生『日本図書館史概説』二二一頁）

中田と文部省（松尾）との論争をみると、前者はあくまで図書館本来の機能に沿ったサービスを住民に提供しようとしているのに対し、後者は予算がないので社会教育施設である図書館に、あらゆる社会教育を提供する施設になってもらおうという内容でした。両者の図書館という施設に対する認識の相違が対立を生んでしまったと思われます。

中央図書館制

もうひとつ重要な変更点として、「中央図書館制度」があります。どんな制度なのでしょうか。地方長官（知事）が文部大臣の認可を受け、道府県内の一館を「中央図書館」として指定します。中央図書館は道府県内の公立図書館の上位館となり、国からの連絡や市町村立・私立図書館を指導することが求められたのです。

各道府県の中央図書館には、府県立図書館が任命されましたが、府県立が未設置のところも十四ありました。東京府は府立図書館がなかったため、東京市立日比谷図書館が中央図書館に任じられています。

さらに中央図書館を束ねる役割は東京の帝国図書館が担っていました。ここに帝国図書館―中央図書館―市町村立・私立図書館というピラミッド型の組織が完成したのです。

では文部省は、中央図書館が担うべき職務には、どのようなものを盛り込んでいたのでしょうか。

文部省令では次のように定められていました（図書館令施行規則（昭和八年文部省令第十四号）第七条）。

一　貸出文庫等ノ施設
二　図書館経営ニ関スル調査研究及指導
三　図書館書籍標準目録ノ編纂頒布
四　図書館ニ関スル機関紙類ノ発行
五　図書館ニ関スル研究会、協議会、展覧会等ノ開催竝ニ其ノ開催ノ斡旋
六　図書及図書館用品ノ共同購入ノ斡旋
七　郷土資料ノ蒐集其ノ他適当ナル附帯施設
八　前各号ノ外図書館ノ指導連絡統一上必要ナル事項

中央図書館制度は帝国図書館長・松本喜一が整備をしたとされています。松本は「青年団等に属する私立図書館中には往々にして購入図書の選択を誤り、青年の教養上寒心に堪へざる」ものがあるとしたうえで、「中央図書館長は師範学校長が管内の小学校を視察するが如く管内の図書館を視察指導する任務を帯」びていると述べています（松本喜一「図書館令の改正」『図書館雑誌』二十七巻十号）。

では村の青年団が運営しているような図書館はどのような本を所蔵していたのでしょうか。県立長野図書館長を昭和七年（一九三二）から同二十四年（一九四九）までおよそ二十年間にわたって務めた乙部《おとべ》泉三郎《せんざぶろう》は、同九年（一九三四）に『図書館雑誌』に発表した文章のなかで、次のように県内の村の青年団が設置した図書館の実態を報告しています。

> 図書館といふ名前があるからには、自分達が不断必要としないやうな書物でも、相当高くても、何うにかして買つて置かなければ図書館の体裁をなさないといふやうな、一つの自負心、虚栄心と申しますか、さういつたやうな心持で図書を購入して居るのではないかと思はれる節があるのであります。（乙部泉三郎「長野県の図書館に就て」『図書館雑誌』二十八巻四号）

乙部は図書館という「文化的な」施設に見合った図書を入れようと見栄を張っていた、というのです。仏教経典の一大集成である『大蔵経』が何十冊と並んでいて、経費が少ないのにこんな本を買っていると嘆いています。

また乙部はこんなことも書いています。

青年が寄り集まつて今度は誰々が図書の選定委員だといふやうなことで、委員が殆ど自分達の好きなものを勝手に買つてしまふ。

（乙部泉三郎「長野県の図書館に就て」『図書館雑誌』二十八巻四号）

選書というのは、今日の公共図書館では公平無私で行って自分たちの趣味嗜好で本を選ばないというのが、司書資格をもった人間ならばみんな知っていることなのですが、当時の青年たちには分からなかったのでしょう。結果こんな本ばかりになります。

二十五歳の青年を会長とする青年会のその図書館の蔵書はどういふものかといふと、小説が第一に多い。その次には、いはゆる左翼思想に関連するもの、社会科学に関するものが多い。その次にはエロ、グロといふやうなものが肩を並べて居つて、青年達が最も必要としなければならない筈のもの、繭に関するもの、或は農業に関するやうな書物は殆どそこに姿を見せないといふやうな状況であつたのであります。

（乙部泉三郎「長野県の図書館に就て」『図書館雑誌』二十八巻四号）

蔵書で一番多いのが小説――おそらく大衆文学――、二番が左翼関係の書籍、三番がエロ・グロ関係の本ということで、文部省が奨励していた実学的な本はほとんどなかったといいます。左翼関係の書籍は、昭和戦前期ですから違法のものも含まれていたでしょうが、では左翼関係の本を青年たちは熟読していたか、というとそうでもなさそうです。

斯様なる書物の中には発売禁止の書物が平気で一冊ならず二冊三冊と並んで居る。それを誰も発見しなければ気が付く者もない。しかし幸なことに斯様な本も殆ど実際には手に触れて居らなかつたのであります。体裁も美しく破損されないで並んで居るといふことは、彼等は買ふには買つたものゝ読むといふことを殆どしなかつたのであります。

（乙部泉三郎「長野県の図書館に就て」『図書館雑誌』二十八巻四号）

ロシア革命勃発以降、共産主義などの思想がわが国に流入し、大学教授や大学生などの知識人たちに多く受け入れられていました。昭和八年（一九三三）十二月、岩倉具視の孫娘の靖子が治安維持法違反で警察に事情を聴かれた後に自殺した事件は、大きく報道されました。

また農村にも共産主義・社会主義は浸透していったようです。長野県では昭和八年（一九三三）二月から半年余りに、左派思想を信奉していた教員が大量に検挙された二・四事件が起こっていました。乙部が視察した図書館はそういった背景もあって左派思想の本が多く所蔵されていた可能性があります。おそらく指導的な人物がいて、そういった関係の書籍を購入したものの、一般の村人は誰も読まなかったということではないでしょうか。

乙部は二・四事件後に「急に淋れて了つた」図書館を「再び青年団の図書館が活躍」（乙部泉三郎『農村図書館の採るべき道』四頁）できるように、農村部の図書館はどうすればよいのか色々と提案しています。

乙部は選書には村の青年も参加させ、娯楽小説なども積極的に所蔵し、もちろんそれだけではなく農業などの実用書も入れるべきだと力説します。また高齢者向けに「敬老文庫」の設置を提案しています（乙部泉三郎『農村図書館の採るべき道』十四〜十九頁）。

ただ乙部は、当時の「禁書」であった社会主義や共産主義の書物に関しては厳しい態度で臨んでいました。太平洋戦争が激しくなると「国策」に「沿った」行動が目立つようになります。そのイメージが強烈すぎるからか、現在の図書館史研究者からは「体制側」の図書館人として見られており「評価」は極めて低い人物です。しかしそういった「事情」を割り引いても、この乙部ます。

のレポートは当時の長野県内の通俗図書館の実態を割とそのままの姿で今日に生々しく伝えてい

偏った選書しかされておらず、また不必要な本も少ない予算で多く購入されていたようです。中央図書館制度はそういった村々の図書館を、中央図書館が「指導」をして改善することが目的ですので、その「指導」さえ誤らなければそんなに悪い制度とは言えないのかもしれません。附帯施設論争で、図書館人として論陣を張った中田邦造も、戦後まで中央図書館制度を信奉していたといいます（石山洋『源流から辿る近代図書館』九十五〜九十八頁）。

いよいよ日本は戦争に突入していきます。昭和十二年（一九三七）七月に勃発した日中戦争、同十六年（一九四一）十二月に開戦となった太平洋戦争と「暗い戦争の時代」の始まりです。

次に戦時下の図書館についてみていきましょう。

「国民精神総動員」と図書館

昭和十二年（一九三七）七月七日、北平（当時中華民国の首都は南京で、北京は北平と改称されていた）郊外の盧溝橋付近で、現地駐屯の日本軍と中国国民革命軍（中華民国国民党の軍隊）との間で偶発的に交戦状態に陥ってしまいます。最初は局地戦でしたが、あれよあれよという間に戦線は拡大し、本格的な戦争になってしまいます。

日中戦時下に開かれた昭和十三年（一九三八）五月の第三十二回全国図書館大会に対して、文部大臣木戸幸一は「国民精神総動員ノ徹底ノ為図書館ノ採ルべキ具体的方策如何」（『図書館雑誌』第三十二巻第七号、十頁）を諮問します。

諮問に対しては、①国民精神総動員に関する図書目録の編纂、②国民精神の作興、東亜問題の認識、科学的知識の涵養、職業的実生活の修練に資する図書、軍事・国防・産業、経済、資源、列国事情に関する良書の選択に留意し、その活用の企図。特に貸出文庫の普及、③青年学校及び青年団と協力して青年の読書教育を盛んにして国運進展の基礎を固めること、④銃後の施設として、陣中文庫、傷痍軍人文庫、出征遺家族慰安文庫等の設置の四点を答申しています。

その前文として次のように述べています。

国民全般ニ亘ル読書層ノ向上ハ挙国一致国民精神総動員ノ基調ニシテ図書館ハ社会教育ノ重要機関タルニ顧ミ国民精神総動員ノ徹底ヲ期センガ為ニハ先ヅ図書館ヲシテ総動員ノ機構ニ参画セシメ就中中央図書館ヲ枢軸トシ管下図書館全般ヲ網羅スル図書館総動員ヲ行ヒ（後略）

（『図書館雑誌』第三十二巻第七号、二頁）

読書の向上が「挙国一致国民精神総動員ノ基調」だというのですが、木戸文相からの諮問ということで、なかば強引に結び付けたような気がします。当時は日中戦争下の「非常時」ということで、各界が協力を政府から求められていました。この諮問について協議する冒頭で、文部省の清水成人教育課長は「国民精神総動員運動は政府総掛りの運動」だと位置づけ、「今度の事変に対処して今後来る可き如何なる艱難にも、亦事変が如何に長期に亘つても確乎不抜、堅忍持久の覚悟を吾々の日常の業務生活の中に具現して行く」（『図書館雑誌』第三十二巻第七号、十三頁）のが目標だと述べています。

翌昭和十四年（一九三九）の第三十三回全国図書館大会は、五月九〜十二日に開催されました。文部大臣荒木貞夫陸軍大将（予備役）は「東亜ノ新秩序建設ノ国策ニ鑑ミ図書館ノ採ルべキ具体的方策如何」（『図書館雑誌』第三十三巻第七号、四頁）を諮問し、大会初日に協議され、「国内ニ対スル事項」・「友邦満支ニ対スル事項」・「日満支三国図書館ノ緊密ナル提携」（『図書館雑誌』第三十三巻第七号、四〜五頁）の三点に分けてそれぞれ答申されました。

「国内ニ対スル事項」では次のようなことが盛り込まれていました。

（中略）

1　国策ニ対スル国民ノ完全ナル理解ヲ求ムル為ニハ、政府ニオイテ国策ノ根幹ニ就キ基準トナルべキ図書ヲ編纂セラレ、之ヲ全国図書館ニ対シ其ノ管下ノ全住民ニ遺憾ナク普及セシメ得ルヤウ相当部数配布セラルヽト共ニ、国民精神総動員ノ一計画トシテ図書館ヲ中心トスル国民皆読週間ヲ設ケテ之ガ認識ノ徹底ヲ図ラレンコトヲ切望ス

2　国策遂行上必要ナル国民ノ精神力、体力、経済力等各般ノ能力ノ堅実ナル発達ヲ図リ其ノ耐久性ヲ養フ為、図書館ニオイテハ特ニ日本精神ノ昂揚科学的知能ノ啓発並ニ戦後ノ思想対策ニ資スルヤウ図書ノ選択活用並ニ新施設ノ工夫ニ意ヲ用フルコト

（『図書館雑誌』第三十三巻第七号、四頁）

このような諮問をなぜ文部大臣は図書館協会に対して行ったのでしょうか。近衛文麿首相は、昭和十三年（一九三八）十一月に東亜新秩序声明を出しました。日本・満洲国・中華民国が連携してアジアに新秩序を形成することなどが盛り込まれていました。荒木文相は図書館界として、この東亜新秩序にどう貢献できるのか諮問したのだと思います。

その答申が、政府が国策遂行のための「基準」となる図書を作成したら、全国の図書館に所蔵して全住民に読んでもらう、日本精神昂揚のための書籍を各分野にわたり選書をするなど、図書館として積極的に政府の国策をバックアップしていこうとする内容でした。

そうこうしているうちに日中戦争はますます泥沼化していきます。中華民国の蔣介石総統を援助しているのは米英ですので、日本は米英との対立を深めていきます。そして遂に昭和十六年

（一九四一）十二月八日に日本はアメリカ、イギリス、オランダに宣戦布告をし、太平洋戦争が勃発します。

日本図書館協会主催の全国図書館大会も、昭和十四年（一九三九）五月開催の第三十三回大会をもって中断してしまいます。代わりに昭和十六年（一九四一）には全国図書館綜合協議会が開かれています。翌十七年（一九四二）五月には、第一回日本図書館協会部会綜合協議会と名称が改められ、翌十八年（一九四三）五月には第二回が開催されましたが、以降は戦局悪化により開かれませんでした。戦後の昭和二十三年（一九四八）六月には第三十四回全国図書館大会が東京で開催され、元の体制に戻りました。現在も図書館大会は続いていて、今年（二〇一八年）で、第一〇四回を数えます。

読書会の「官製」化

昭和十七年（一九四二）の第一回日本図書館協会部会綜合協議会には、橋田邦彦文部大臣が「大東亜共栄圏建設ニ即応スベキ国民読書指導ノ方策如何」を諮問します。

その答申には「国民必読図書ノ普及ヲ図ルコト」を目的とし、「政府ニ於テ各種図書群ヲ編成シ之ヲ以テ国民読書指導ノ根幹タラシム」とありました。その具体的な方法として、下記のようなことが盛り込まれていました。

三　読書指導組織ヲ確立スルコト
イ、学校教育ニ於ケル読書指導ヲ強化スルコト
ロ、図書館ニ於ケル読書指導ヲ積極的ナラシムルコト
ハ、読書団体ヲ育成シ集団的読書ノ方法ヲ講ズルコト
ニ、家庭、隣組、職場等国民組織ニ於ケル読書指導ヲ徹底セシムルコト
ホ、読書指導ノ大綱ハ文部省之ヲ定メ道府県ニ於テハ読書指導ノ機関ヲ設置シ適切ナル企画及指導ニ当ルコト
ヘ、各種段階ノ読書指導者ヲ養成スルコト、放送、映画等ヲ利用シ国民全般ノ読書指導ヲナスコト
以上ノ方策ニ依リ、国民読書指導ノ最モ強力ニシテ適切ナル機関ニ参画セル我等図書館員ハ先ヅ現実ニ即応シテ、自ラノ任務ニ挺身スルハ勿論ナレドモ、ソノ目的ノ完遂ニハ、当局ノ強力ナル指導ノ発動ト財的援助トヲ要スルモノト認ム

（国立教育研究所編『日本近代教育百年史』第八巻　社会教育2、二〇二頁）

読書会で取り上げられる図書は、政府が選書を行った図書群の中から選ばれます。図書群とは、もともとは石川県立図書館長中田邦造が提唱した概念で、「図書使用の目的意識をハツキリさせ

堀内庸村『国民読書と図書群 新しき読書文化の為に』（著者蔵）

て、これを経とし、その目的に合する個々の図書を蒐めて緯として編み上げた次元の高い合目的々な図書の組織」（堀内庸村『国民読書と図書群新しき読書文化の為に』一〇三頁）のことです。

こうした図書館協会の答申もあって、文部省は昭和十七年（一九四二）九月に石川県金沢市で三日間にわたり、「読書会指導に関する研究協議会」を全国各府県の中央図書館長を招集して開催します。それと合わせて、文部省社会教育局は日本図書館協会と共編で『読書会指導要綱』を作製しました。

さて、読書会指導に関する研究協議会終了後、文部省は各府県に五か所の読書会を指定し、中央図書館が重点的に指導するよう指示を下します。そのための助成金も文部省は拠出しています。

本来、読書会というものは読書好きの人びとが自然に集まって行うものです。本書でも見てきたように、江戸期から読書会というものはありますが、誰かに強制されて行っている事例はありません。近代に入ってからもそうでした。

しかし太平洋戦時下に政府が読書会に関心を寄せ、『読書会指導要綱』といった手引き書まで作成して行わせたことは、読書会の持つ自由な雰囲気が一掃されたことを意味しています。

こういった官製読書会を指導したのは、附帯施設論争で図書館界を代表する形となった中田邦造でした。中田は義務教育の尋常小学校も満足に通えなかった農村の青年たちに教養を身につけてもらおうと読書会を石川県内に整備します。中田は農民たちに読書指導を行って、積極的に図書館を利用してもらう人材に育てようとしました。これが、文部省の目に留まり、国策に合致するような書籍ばかりを地域住民に読ませる読書会ができてしまう原因ともなりました。岩猿敏生氏は、中田のこういった行動を次のように評しています。

彼自身は純粋であったにしても、彼が図書館の社会教育的職能の一つとして重視した読書指導活動は、行政側の国民精神総動員運動の有力な手段として採りあげられることによって、すっかり変質させられてしまうのである。（中略）利用者に、自ら学ぶ力を育てることによって、文化的に覚醒させることよりも、特定の図書群によって特定のイデオロギーを、読書会という集団読書形態を通じて浸透させるという、思想教化策に変質してしまったのである。

（岩猿敏生『日本図書館史概説』二三一頁）

中田や、石川県の読書運動で彼に協力した堀内庸村《ほりうちようそん》は、特に国家主義者というわけではありませんでした。堀内の主著『国民読書と図書群　新しき読書文化の為に』には、図書群を用いた国民読書運動を行う意義を次のようにまとめています。

斯くて極めて少数の人々のみは文化の享受を私することが出来たとしても、反面国民大衆の大部分は非文化、非科学、非芸術等々凡ゆる好ましからぬ言葉によつて表はされる無残な生活が強いられて来た。国家の蒙る損失の如何に大であつたかは云ふ迄もないことである。然し文化が個人の為のものであつた時代は今や既に去らうとしてゐる。国家民族の向上と発展が文化に於ける至上目的であり、その目的の下に一切の文化手段は統一せられんとするに至つたのである。（堀内庸村『国民読書と図書群　新しき読書文化の為に』七頁）

堀内は一部特権階級の者だけが文化を享受してきて、読書なども楽しんできたが、国民全体が文化的向上と発展を遂げなければならないとして、ここに「国民読書運動」を行う意義があると主張しています。「図書と云ふ文化財の利用にしても、従来のやうな、一部の知識層や、特権者層のみに偏した著者、出版者の営利態度には尠からぬ改善が要求」（堀内庸村『国民読書と図書群　新しき読書文化の為に』七頁）されなければならない、と堀内は力説します。

特権階級の者だけで独占されていた読書を一般に開放しようという堀内の考えは、階級打破的な要素を内包していたのです。

こうした図書館人の情熱を政府がうまく取り込んでしまったのが、戦時下の国民読書運動だったのかもしれません。ここの辺りはこれから大いに研究されなければならないテーマになるでしょう。

昭和戦前期のまとめ

昭和に入ると、社会主義や共産主義が知識層に流入していた事実に政府が衝撃を受け、治安維持法を使ってそれらの「過激思想」を取り締まります。

また満洲の現地駐屯軍である関東軍が、昭和六年（一九三一）に満洲事変を起こして以降、日中戦争、太平洋戦争とわが国は戦争の深みにはまっていってしまいます。

戦争と図書館とは本来相対しているもので、決して交わるものではありません。戦争は図書館の明確な敵です。なぜならば戦争というのは国民の戦意を高揚して持続させるために種々の情報統制・管理を実行するからです。

ところが政府は官製読書会を作らせて、国民に読書を強いることをさせます。ここに江戸以来の自由な雰囲気を残していた読書会はなくなってしまいました。

昭和十九年（一九四四）・同二十年（一九四五）には敗色が濃厚になり、もはや図書館どころではありません。都市部の図書館は地方に蔵書を疎開させていました。図書館は開店休業状態になってしまいます。
昭和二十年（一九四五）八月十五日、昭和天皇がポツダム宣言受諾を国民にラジオで表明、同年九月二日には日本は降伏文書に調印して戦争は終結しました。

第四節　昭和戦後期の図書館

アメリカの初期対日占領方針とCIE

ポツダム宣言を受諾し降伏した日本に対して、アメリカ軍を中心とする連合国軍は軍事占領を行うべく進駐してきました。

日本占領の現地機関であるGHQ（連合国軍最高司令官総司令部）も、昭和二十年（一九四五）八月三十日に横浜に本部を構え、最高司令官ダグラス・マッカーサー元帥も到着しました。GHQは同年九月十七日に東京に移転し、皇居前の第一生命ビルを本部とします。同月二十二日には図書館も管轄する民間情報教育局（CIE　Civil Information and Educational Section）もGHQ幕僚部の一部局として設立されました。

CIEの任務は、①民主思想の普及、②国家主義の排除、③日本の諸教育機関との提携、④最高司令官の教育方針の実施に必要な計画策定および情報収集の四点です。それ以外にも美術品や古器物のほか図書館や博物館など文化的な施設の保護・保存についてマッカーサー最高司令官に勧告する責任も有していました（根本彰ほか「政策文書に見るGHQ／SCAP民間情報教育局の図書館政策」四五五頁）。

CIEは教育課に図書館担当官（Library Officer）を配置して、公共図書館行政を監督しました。昭和二十一年（一九四六）三月に初代担当官としてキーニーが配属されたのが始まりです。二代目がバーネット、三代目がフェアウェザーで、一時期社会教育担当官ネルソンが二度ほど兼務していました。ネルソンは昭和二十五年（一九五〇）にアメリカに帰国してしまい、以降は占領が終結するまで誰も任命されませんでした（根本彰ほか「政策文書に見るGHQ／SCAP民間情報教育局の図書館政策」四七四頁）。

ちなみに初代担当官のキーニーは、日本共産党に対して思想的な共感を有しているとの嫌疑で、昭和二十二年（一九四七）六月一日に正式に解任されています（三浦太郎「占領期初代図書館担当官キーニーの来日・帰国の経緯および彼の事績について」一五〇頁）。当時のアメリカは、共産主義者に対する弾圧が強まっている時期でした。

CIEが設立された九月二十二日に、アメリカ政府は一片の文書を公開しています（文書自体は九月六日成立）。「降伏後ニ於ケル米国ノ初期ノ対日方針」という、アメリカが日本を占領するにあたっての基本方針を示したものです。

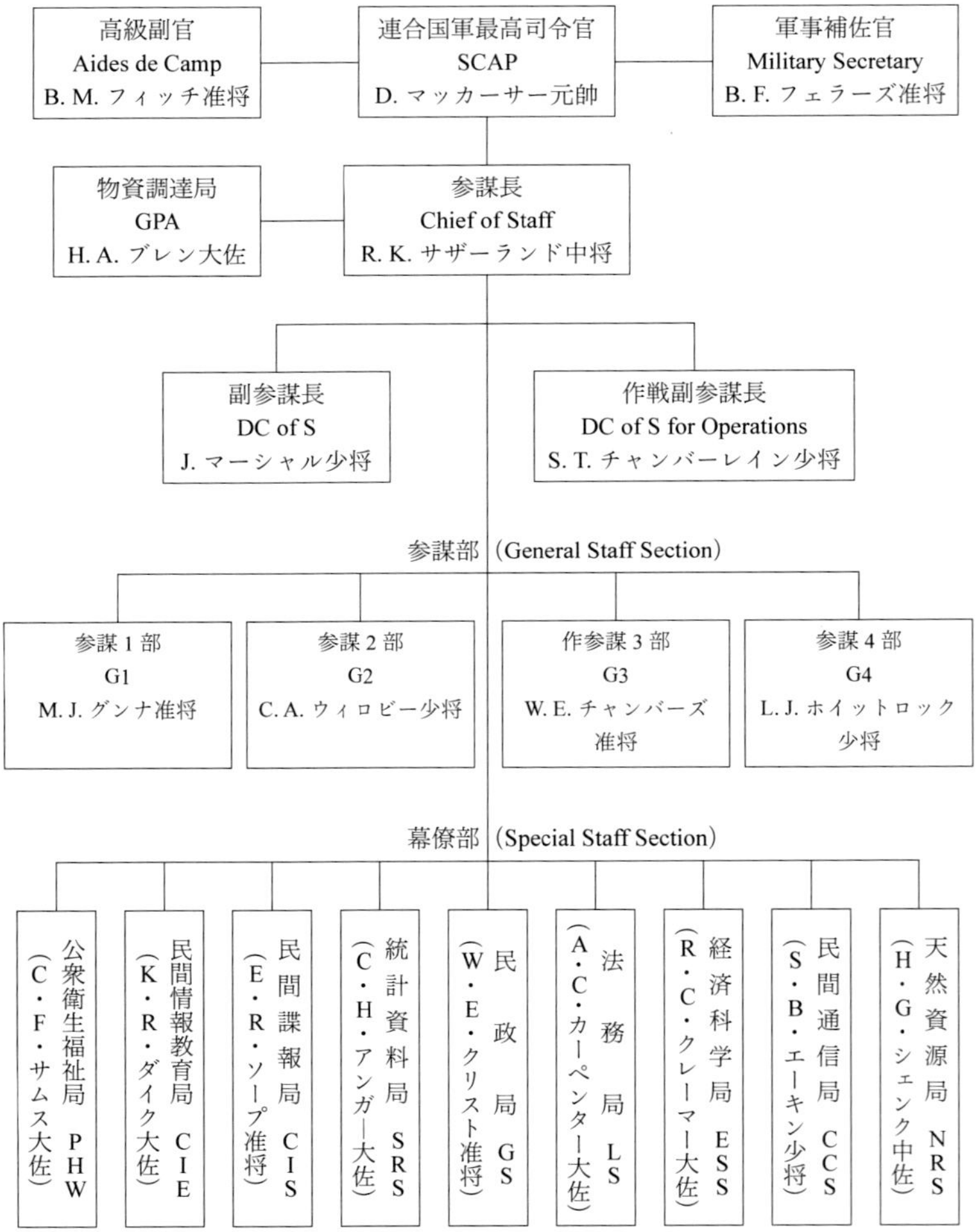

GHQ（スタッフ）組織図（1945年10月2日）（竹前英治『占領戦後史』岩波書店、岩波現代文庫、2002年より）

敗戦国である日本を占領する目的は次の二点であると明確に示されています（傍線引用者）。

第一部　究極ノ目的

日本国ニ関スル米国ノ究極ノ目的ニシテ初期ニ於ケル政策が従フベキモノ左ノ如シ

（イ）日本国ガ再ビ米国ノ脅威トナリ又ハ世界ノ平和及安全ノ脅威トナラザルコトヲ確実ニスルコト

（ロ）他国家ノ権利ヲ尊重シ国際聯合憲章ノ理想ト原則ニ示サレタル米国ノ目的ヲ支持スベキ平和的且責任アル政府ヲ究極ニ於テ樹立スルコト、米国ハ斯ル政府ガ出来得ル限リ民主主義的自治ノ原則ニ合致スルコトヲ希望スルモ自由ニ表示セラレタル国民ノ意思ニ支持セラレザル如何ナル政治形態ヲモ日本国ニ強要スルコトハ聯合国ノ責任ニ非ズ

（鹿島平和研究所編『日本外交主要文書・年表』第一巻、八十一頁）

この目的を達成するための具体的方策として、次のようなことをアメリカは言っています。

此等ノ目的ハ左ノ主要手段ニ依リ達成セラルベシ

（中略）

（ロ）日本国ハ完全ニ武装解除セラレ且非軍事化セラルベシ軍国主義者ノ権力ト軍国主義ノ影響力ハ日本国ノ政治生活、経済生活及社会生活ヨリ一掃セラルベシ軍国主義及侵略ノ精神ヲ表示スル制度ハ強力ニ抑圧セラルベシ

（ハ）日本国国民ハ個人ノ自由ニ対スル欲求竝ニ基本的人権特ニ信教、集会、言論及出版ノ自由ノ尊重ヲ増大スル様奨励セラルベク且民主主義的及代議的組織ノ形成ヲ奨励セラルベシ

（後略）

（鹿島平和研究所編『日本外交主要文書・年表』第一巻、八十一〜九十一頁）

一目瞭然ですが、アメリカの日本占領の「究極ノ目的」は、「再ビ米国ノ脅威」とさせないためなのです。また日本政府は「米国ノ目的ヲ支持スベキ」ものでなければならないとされています。つまり、新しく樹立される日本政府に拒否権は事実上認めないと言っているのです。

この二つの目的を達成するための「主要手段」として、日本の完全武装解除と軍国主義者の追放、そして信教・集会・言論及び出版の自由を尊重されなければならないと書かれています。戦後日本の民主化は、アメリカのこのような意図のもとに推進されたということを踏まえなければならないでしょう。

その流れで、日本国憲法制定も日本の民主化のためにGHQ主導のもとに推進されました。憲

法ができると、それを立派に機能させることが重要課題になります。

そのために、占領目的にもある「日本の民主化」のために必要不可欠であるとして賢明な主権者・一般市民の養成、すなわち公民の養成のために、公共図書館の振興を図ることが占領政策の重要な要素として取り上げられるようになったのです（高山正也『歴史に見る日本の図書館――知的精華の受容と伝承』一二〇頁）。

ただし、こういった目的で推し進められた民主化が、戦前の軍国主義は排除されたのですから、日本国民にとって決して「マイナス」ではなかった点も押さえておくべきでしょう。

米国教育使節団の図書館改革勧告

昭和二十一年（一九四六）三月には、アメリカの教育専門家ら二十七名からなる「米国教育使節団」が来日します。使節団は、「日本の教育に関する諸問題につき総司令部ならびに日本の教育者達に助言を与えかつ協議するため」で、「長期間にわたって日本を再教育して、その方向に向け直すような計画を立てる責任がある」（教科教育百年史編集委員会編『原典対訳　米国教育使節団報告書』五頁）との目的で結成されました。

使節団は昭和二十五年（一九五〇）八月にも来日しています。この第二次米国教育使節団は五名で、全員が第一次の団員に含まれていました。その目的も、第一次使節団報告書の「勧告事項の進行と成果とを研究」（教科教育百年史編集委員会編『原典対訳　米国教育使節団報告書』一六三頁）するもので、いわば第一次で勧告された事がきちんと行われているか確認しに来たのです。

この教育使節団は、学校教育だけではなく「成人教育」にも関心を寄せていました。そのなかで公共図書館についても報告書では紙幅を割いています。

執筆者はウッドワード女史です。ウッドワードはジョージア州の教育局員を務め、一九三八年から一九四四年にかけて、同州のニューディール成人教育計画・フォーラムの責任者でした。ただウッドワードはどの程度図書館に関する専門知識を有していたかは、よく分からないそうです。成人教育の章において図書館の重要性が指摘されているのは、アメリカ図書館協会（ＡＬＡ）の働きかけで使節団に参加した、シカゴ大学図書館学部教授カーノフスキーの影響が大きいとされています（根本彰ほか「政策文書に見るＧＨＱ／ＳＣＡＰ民間情報教育局の図書館政策」四五七頁）。

さて、報告書では公立図書館の重要性については次のように指摘しています。

課税によって支持された公立図書館《ママ》は、思想の普及に役立つ一つの機関である。それは階級や富や信条などの差別は全然認めない。それを使いたいと思えば誰でも使うことができる。さらに議論されるべき各方面の問題がその書柵《ママ》や閲覧室に表示されている。余暇の時間を有効に利用せんとする人々にとっては、図書館はいつも歓迎してくれる文化的な慰安の源泉である。

（教科教育百年史編集委員会編『原典対訳　米国教育使節団報告書』一一三頁）

利用者の階級や富や信条などによって差別されずに、あらゆる書物が図書館に行けば自由に閲覧できなければならないとしています。戦前は出版法による検閲制度があり、また治安維持法により社会主義や共産主義思想は弾圧されていました。あらゆる本は、「自由」に図書館で閲覧できなかったのです。使節団はそういった点を念頭に置いてこのように指摘しているのでしょう。報告書では、日本は図書館の基礎はすでに出来ていると評価していますが、戦前の公共図書館は図書館令によって有料であることが認められていました。そこを強く批判しています。

しかし、図書館の組織は、公立ではあったが、無料ではなかったということが想起されなくてはならぬ。そこでは通常入館料を取り、書物を借りるのに料金を取られた。（中略）中央図書館には東洋および西洋の文化《（ママ）》あらゆる面を取扱った書籍および定期刊行物が用意されていて、市民は自由になんらの制限を受けずに、それを使用するようすすめられなくてはならない。書物を調べたり借りたりするのに料金が課せられてはならぬ。経費は政府が負担すべきである。

（教科教育百年史編集委員会編『原典対訳　米国教育使節団報告書』一一三頁）

使節団は公共図書館の無料化を強く提言しているのです。また、図書館は児童文学を収集すべきと指摘しています。

日本の文学の欠点は児童用の書籍が比較的少いことである。もしも最初の公立の新図書館が児童読物のすぐれた収集を行ったならば、児童期教育におよぼす究極の効果は測り知られぬほど大きなものとなろう。

（教科教育百年史編集委員会編『原典対訳　米国教育使節団報告書』一一五頁）

はたして、戦前に児童文学作品がアメリカに比べてほんとうに少なかったかどうかは検討する余地はあると思います。北原白秋や島崎藤村なども児童向け作品を著わしていますし、江戸川乱歩『怪人二十面相』や海野《うんの》十三《じゅうざ》『地球盗難』・『深夜の市長』、平田晋策『新戦艦高千穂』などの大衆児童文学の作品も多く出版されていました。もっとも使節団には、前者はともかく、後者は「文学」とは認識されていなかったのかもしれませんが。

米国教育使節団は、他に総合目録を核にした図書館間相互協力、専門職員養成の重要性も内容に盛り込んでいます。現代の公共図書館では当たり前となっていることばかりですが、ＧＨＱの要請で来日した使節団に指摘されるまで、「当たり前」ではなかったのです。

CIE図書館

GHQで図書館を管轄したCIEは、自ら「先進的」な図書館のモデルとしてCIE図書館を開設しました。第一号は、昭和二十年（一九四五）十一月にCIE本部に設置されましたが、パンフレット中心のかなり小規模なものでした。しかし、翌二十一年（一九四六）三月に日比谷の日東紅茶喫茶店を接収した大きな場所に移転してからは、本格的な図書館サービスを開始しました。

函館 CIE 図書館（『函館市史』通説編 4、函館市、2002 年より）

CIEは昭和二十五年（一九五〇）までに、人口二十万以上の二十三都市に図書館を開設しました。以下開設順に、東京（日比谷）、京都、名古屋、大阪、福岡、新潟、札幌、仙台、金沢、神戸、長崎、静岡、高松、横浜、函館、熊本、広島、東京（新宿）、長野、松山、岡山、秋田、北九州となっています。

CIE図書館の特徴は、なんといっても全てがアメリカ式でした。戦前の日本の図書館は書庫を中心とする閉架式だったのですが、CIE図書館はアメリカと同様に開架を主とした方式だったのです。

目録で調べてカウンターに請求してから、初めて本を手にすることができる閉架制は利用者にとって大変面倒でしたが、ＣＩＥ図書館は直接書架を眺めながら、本を手にとって選ぶことができるため、非常に効率的でした。またすべての図書館サービスを無料で利用することも出来たのです。

図書館関係法の成立

ＧＨＱ占領下のこの時期、相次いで図書館関係の法律が公布・施行されました。

帝国図書館は戦後、名称を国立図書館と改めていましたが、昭和二十三年（一九四八）六月に貴族院図書館、衆議院図書館と合併して国立国会図書館として新しく生まれ変わりました。

そして国立国会図書館法（昭和二十三年法律第五号）が、昭和二十三年（一九四八）二月九日に公布・施行されました。国会図書館の設立には、ＧＨＱ民生局（ＧＳ）国会課長ウィリアムズが深く関与していました。

ウィリアムズは羽仁五郎参議院図書館運営委員長と相談しながら、アメリカから専門家を招聘します。羽仁は当時有名な日本史学者で、マルクス主義を信奉していました。戦前は政府から弾圧されていましたが、戦後は返り咲き、後に評論家として安保反対運動等では当時の大学生から強く支持されていました。

閑話休題。

学校図書館関係もＧＨＱが関係していました。アメリカ図書館協会からグラハムが派遣されています。二代図書館担当官のバーネットは、公共図書館よりも学校図書館に関心があり、グラハム帰国後はその仕事を引き継いでいます。

バーネットは『学校図書館の手引』という、昭和二十三年（一九四八）に文部省が編纂した手引書の作成にも深く参画していました。編集委員にはバーネットの名前は書かれていませんが、アメリカの専門家の指導があったことは判明しています（中村百合子『占領下日本の学校図書館改革　アメリカの学校図書館の受容』九十九～一三五頁）。学校図書館の法律自体は、占領終結後の昭和二十八年（一九五三）に学校図書館法（昭和二十八年法律第一八五号）として成立しています。

『学校図書館の手引』（著者蔵）

公共図書館を規定する図書館法（昭和二十五年法律第一一八号）は、昭和二十五年（一九五〇）に成立しています。同法制定には、ＣＩＥ教育課初代図書館担当官キーニーが関係しています。

キーニーは、昭和二十一年（一九四六）四月に

「日本のための統合的図書館サービス」（いわゆる「キーニー・プラン」）を提出します。このプランは文部省社会教育局の手で翻訳され、日本側の図書館関係者にも周知されることになりました。

六月には図書館新法制定に向けて、文部省によって選ばれた日本側関係者と、キーニーとの間で議論のたたき台となる「図書館法規に規定さるべき事項」が作成されています。東京都立図書館長中田邦造を中心に作成された「事項」では、キーニーの主張は公共図書館の無料化のみ採用されました。

八月には、「図書館制度改革に関する委員会報告書」が出されますが、キーニー・プランからの影響はみられなくなっています。

その後キーニーは担当官を解任されてしまい、社会教育担当官ネルソンが兼務し、その後はバーネット、フェアウェザーが着任しますが、図書館法制定には深く関与しなかったようです。フェアウェザー帰国後は再びネルソンが図書館担当官を兼務しています。

ネルソンは図書館法策定に、昭和二十四年（一九四九）末から関係することになりました。十二月に完成した「図書館法案要綱」には公共図書館無料化が明記され、アメリカ側の要求が実現することになりました。それまで日本側からは無料化に関しては慎重意見も出ていたのです。

十二月二十七日に「図書館法案」は文部省議を通過し、日本図書館協会関係者、文部省関係者、ＣＩＥ関係者によって議論されています。ＣＩＥからは了承を得ることはできましたが、政府印刷局、大蔵省、自治省から反対意見が出てきました。公共図書館への政府の補助金支給の義務規定に関して、ネルソンと大蔵省が衝突する一幕もあったようです。

政府関係部局と調整のうえ、法案は昭和二十五年（一九五〇）三月一日にGHQ民生局の承認を得て、国会に上程される運びとなりました。三月三十一日に参議院、四月八日に衆議院の審議を経て可決され、同月三十日に成立しました。

図書館法に関しては、CIE図書館担当官たちは強力なリーダーシップをそれほど発揮することはありませんでした。むしろ法案作成を主導的に進めたのは戦前から図書館法の構想を温めていた日本の図書館人だったといえます。図書館担当官たちは比較的短期間に交代しており、日本側の公共図書館関係者との緊密な協力関係を築くことができませんでした。唯一、社会教育担当官と兼務していたネルソンが議論に深く関わっていました（以上、この項は三浦太郎「図書館法制定過程におけるCIE図書館担当官の関与について」に拠った）。

図書館法制定過程をみてみると、占領下ですので当然主権は日本にはありません。ですから要所要所で必ずGHQの承認を得る必要があります。しかし図書館法に関しては、日本側は受動的ではなく、熱心に議論に参加していたといえるでしょう。トップダウンでGHQに言われるがままに案を呑んだ、というわけではありません。

図書館法の内容

このように成立した図書館法ですが、どのような内容なのでしょうか。特徴をいくつか挙げてみたいと思います。

①図書館の本質的機能は、第三条に「図書館奉仕のため」と明確に示されています。地域住民に奉仕（＝サービス）という姿勢で、図書館は活動を進めることになったのです。戦前の図書館令にはみられない新しい形の図書館を提示しました。

②公共図書館無料公開の原則を明記しました。

③図書館設置は自治体の意思によるものとして、義務にはしませんでした。

④中央図書館制度を廃止しました。

⑤私立図書館に対する法的拘束力を避け、自主的に活動できるようにしました。

⑥図書館協議会の制度を設けました。第三者的機関として図書館に提言できるようにしたのです。

⑦公立図書館の設置と運営の望ましい基準を示すことで、その拡充・発展を期待しました。

⑧図書館の専門職員制度を整備し、その養成方法も示しています。

（高山正也・岸田和明編著『改訂　図書館概論』五十九頁を参考に記述）

図書館法は「理念は豊かだが実質は乏しい」と、成立当初から指摘されてはいました。事実、法律はできてもなかなか図書館が活況を呈することにはならなかったのです。開架式の導入や館外貸し出しの促進、移動図書館の運行、レファレンスサービスの導入など、新しいサービスも実施されてきてはいましたが、その歩みは遅々として進んでいませんでした。図書館の数も少なく、所蔵数も少なかったのです。

戦後しばらくは図書館界にとって低迷の時代でした。

『中小レポート』と『市民の図書館』

低迷状態から脱する契機となったのが、昭和三十八年（一九六三）に刊行された『中小都市における公共図書館の運営』（略して『中小レポート』）です。

日本図書館協会事務局長の有山崧《ありやまたかし》は図書館増設を模索するべく、協会内に若手図書館員を中心とした調査委員会を設けます。中小公共図書館運営基準委員会と名付けられたこの委員会は、結成から三年後に報告書として『中小レポート』を出版します。

『中小レポート』では、まず「平和で民主的な文化国家は、真理を愛する国民ひとりひとりの、自由な思考と判断とを基礎として創出され、国民の自由な思考と判断は、国民の知的自由と知識の媒体である、図書その他の記録資料が、国民に積極的に確保されることによって可能となる」

（『中小レポート』十九頁）と、知的自由がいかに大事であり、それを守る図書館が重要であるかを指摘しています。「図書館は、まさにこのような国民のために知識の糧を提供する任務を担う、文化教育の必須不可欠の機関として位置づけられるべき」（『中小レポート』十九頁）施設なのです。

委員会では、「公共図書館の本質的な機能は、資料を求めるあらゆる人々やグループに対し、効果的にかつ無料で資料を提供するとともに、住民の資料要求を増大させるのが目的である」（『中小レポート』二十一頁）とし、①資料提供、②館外貸し出しの重視、③図書費の確保の重要性を指摘しました。

そして「中小公共図書館こそ公共図書館の全て」（『中小レポート』二十二頁）であるとし、大図書館よりも「利用者にとっては、生活の場の手近な所に在る、または通勤通学の途中に立ち寄れる近距離に在る数多い図書館施設（建物に限らない）を望んでいるのが実情」（『中小レポート』二十四頁）だとして、中小公共図書館の重要さを主張しています。

しかし、ここで示された改革がすぐに自治体に反映されたわけではありません。実現への第一歩は、委員会を指揮した有山が、出身地である東京都日野市の市長に昭和四十年（一九六五）に当選したことから始まります。

昭和四十年（一九六五）九月に移動図書館一台でサービスを開始した日野市立図書館は、移動図書館の機動性を活かして、市内全域へのサービスを展開するとともに、個人貸し出し、児童サービスに特に力を注ぎました。また初年度五百万円、次年度に一千万円という当時としてはかなりな額の図書費を計上しました。その結果、日野市民の図書館登録率約十八％という驚異的な数値を達成することが出来たのです。全国的には数パーセントが普通の時代でした。

こうした結果が出せたのは、日本図書館協会勤務から日野市立図書館長に転じた前川恒雄の功績も非常に大きいです。

日本図書館協会は日野市立図書館の成功を受けて、昭和四十三年（一九六八）に「公共図書館振興プロジェクト」を開始し、その成果を同四十五年（一九七〇）に新書版の『市民の図書館』として刊行しました。

『市民の図書館』は、『中小レポート』の改訂版のような性格の書物ですが、理論的には深化されています（傍線引用者）。

公共図書館は、住民が住民自身のために、住民自身が維持している機関であるから、資料を求める住民すべてのために無料でサービスし、住民によってそのサービスが評価されなければならない。

公共図書館は、資料に対する要求にこたえるだけでなく、資料に対する要求をたかめ、ひろめるために活動する。

公共図書館は、あらゆる人々にサービスする。年齢、信条、職業などによってサービスに差があってはならない。また公共図書館は、全住民が、どこに住んでいようと最も効果的な方法でサービスを受けられるようにすべきである。公共図書館は、利用者の求める資料は原則としてどのようなものでも提供する。
（『市民の図書館』十頁）

国民の自由な思考と判断は、自由で公平で積極的な資料提供によって保証される。資料の提供は公共図書館によって公的に保証され、誰でもめいめいの判断資料を公共図書館によって得ることが出来る。この意味で公共図書館は、国民の知的自由を支える機関であり、知識と教養を社会的に保証する機関である。
（『市民の図書館』十一頁）

図書館を国民の知識と教養を支える社会保証機関であるとしており、踏み込んだ表現になっています。

『市民の図書館』では、図書館の発展を実現するためには、①市民の求める図書を気軽に貸し出すこと、②児童の読書要求に応え、徹底して児童にサービスすること、③あらゆる人々に図書を貸し出し、図書館を市民の身近に置くために、全域サービス網を張り巡らすこと、の三点を重点課題としました。公共図書館の利用者はもちろん児童だけではありませんが、これは当面の戦

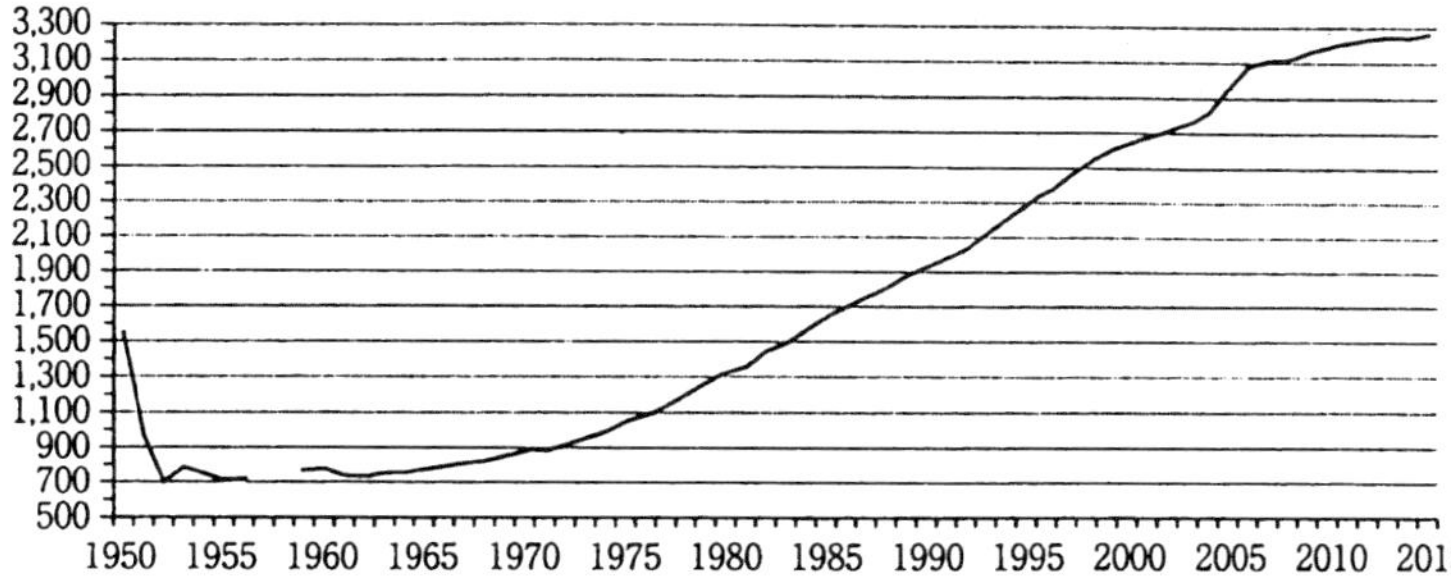

公共図書館数の経年変化（高山正也・岸田和明編著『改訂　図書館概論』より）

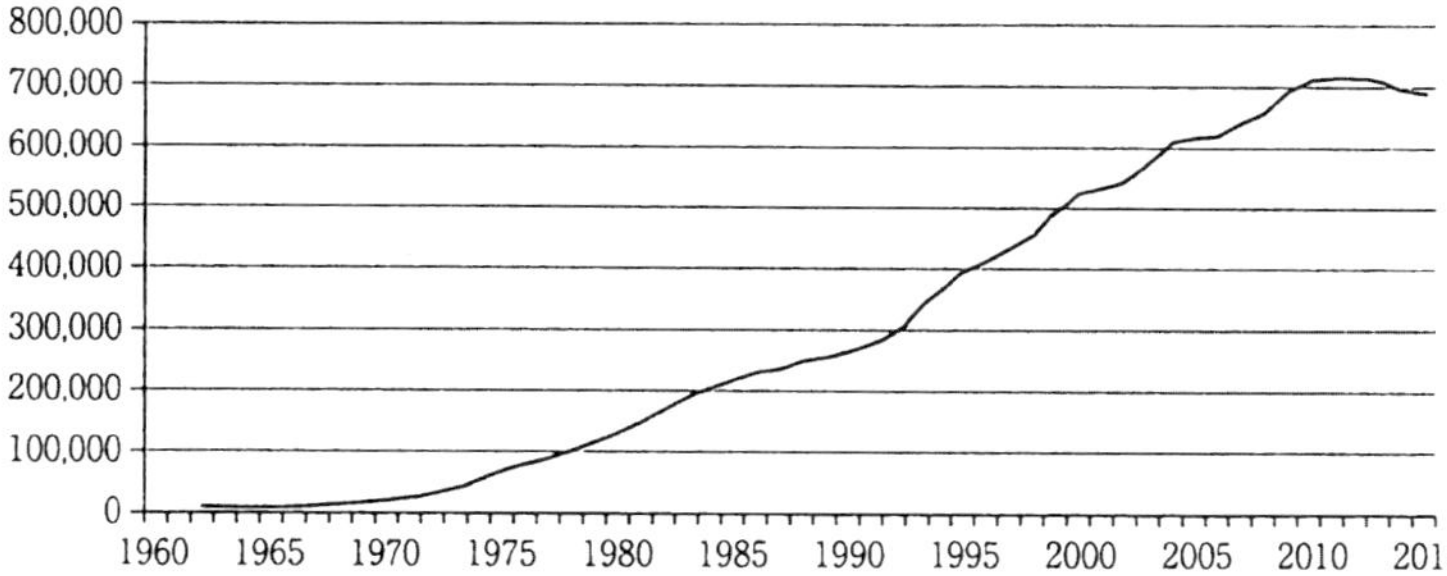

公共図書館個人貸出数の経年変化（単位：千点）（高山正也・岸田和明編著『改訂　図書館概論』樹村房、2017 年より）

略でした。

「利用者ファースト」の公共図書館は、有山や前川をはじめとする図書館人の尽力によって成立しました。以来、今日に至るまでこの考えは変わっていません。

一九七〇年代は、『市民の図書館』の影響が強く、自治体にもさまざまな影響を及ぼしました。昭和四十七年度（一九七二）の図書館建設費補助金を、文部省が前年度の五・六倍に大幅に増額したのもこの時期です。東京都も図書館振興策を打ち出しています。

また、地域住民が主体となった「図書館づくり運動」が活発になります。図書館司書などの専門的な知識をもった人だけではなく、地域の母親を中心とした親子読書運動、子ども文庫づくり運動が、図書館建設要求にまで高まっていったのです。日本史上、はじめて市井の人たちが「官」に対して図書館建設を要求した時代が来たのです。

七〇年代以降、公共図書館は増加の一途をたどります。昭和四十五年（一九七〇）と平成二十七年（二〇一五）を比較すると、図書館数は三・七倍、個人貸し出し数は三十五倍、貸し出し登録者数も三十五倍となっています（高山正也・岸田和明編著『改訂　図書館概論』六十二頁）。図書館は数値の上では格段に増え、市民生活に身近な存在になったといえるでしょう。

昭和戦後期のまとめ

戦後は「歴史」というより「現代」ですので、今日の公共図書館の運営指針である『中小レポート』と『市民の図書館』刊行までふれました。

戦後、日本はGHQの占領下に置かれ、あらゆる面での民主化が推進されました。図書館も例外ではありません。公共図書館はCIEの主導により、開架制を主として無料で利用できる施設として生まれ変わることができました。

ただし、それだけでは利用者が多く増えることはありませんでした。戦後の混乱期や昭和三十年代は、日本はまだまだ貧しく本を気軽に読めるような環境ではなかったのでしょう。

それではいけないとの危機感から、当時の若手図書館員は改革を行って、今日の「利用を第一とする」図書館にさせたのです。またそれら図書館員を後押しする市民運動も、当時は活発に行われていました。六〇年代、七〇年代は学生運動も盛んでしたから、「お上」に対してモノ申す雰囲気が世の中にみなぎっていたのかもしれません。

本書では紙幅の都合からふれませんでしたが、GHQの占領が終了した直後の昭和二十九年（一九五四）に、「図書館の自由に関する宣言」が図書館大会で採択され、同五十四年（一九七九）には改訂版が採択されて今日に至っています。戦前では「図書館の自由」という考えはわが国には定着していませんでしたが、戦後にはそれが確立され、図書館界として利用者の読書の自由をはじめとする権利を守っていこうと宣言をしたのです。

多くの人たちの努力の上に、今日の図書館は成り立っているのです。

【引用・参考文献】

石山　洋『源流から辿る近代図書館――日本図書館史話』日外アソシエーツ、二〇一五年
伊東平蔵「四十五年前の文部省図書館示諭事項」『図書館雑誌』二十一巻一号、一九二七年一月
市島春城『春城漫筆』早稲田大学出版部、一九二九年

市島春城『市島春城随筆集』第十巻　余生児戯、クレス出版、一九九六年
井上友一『自治要義』博文館、一九〇九年
井上友一『救済制度要義』社会事業会館、一九五三年
岩猿敏生『日本図書館史概説』日外アソシエーツ、二〇〇七年
裏田武夫・小川剛編『図書館法成立史資料』日本図書館協会、一九六八年
大槻文彦『日本辞書　言海』第三冊、大槻文彦、一八九〇年
小川　徹『広場としての図書館（未定稿）附：近年の私事一束』小川徹（私家版）、［二〇〇三年］
小川徹・奥泉和久・小黒浩司『公共図書館サービス・運動の歴史』一・二、日本図書館協会、ＪＬＡ図書館実践シリーズ四・五、二〇〇六年
小川　徹「佐野友三郎伝」小川徹・奥泉和久・小黒浩司『人物でたどる日本の図書館の歴史』青弓社、二〇一六年
乙部泉三郎「長野県の図書館に就て」『図書館雑誌』二十八巻四号、一九三四年四月
乙部泉三郎『農村図書館の採るべき道』県立長野図書館、一九三六年
海後宗臣編『臨時教育会議の研究』東京大学出版会、一九六〇年
鹿島平和研究所編『日本外交主要文書・年表』第一巻、原書房、明治百年史叢書第三三巻、一九八三年
教科教育百年史編集委員会編『原典対訳　米国教育使節団報告書』建帛社、一九八五年
慶應義塾編『福澤諭吉全集』第一巻、岩波書店、一九五八年
国立教育研究所編『日本近代教育百年史』第八巻　社会教育2、国立教育研究所、一九七四年
国立教育研究所第一研究部教育史料調査室編『学事諮問会と文部省示諭』国立教育研究所、教育史資料一、一九七九年
竹林熊彦『近世日本文庫史』大雅堂、一九四三年

清水正三「一九一五（大正四）年における東京市立図書館の機構改革とその成果について：永末十四雄『日本公共図書館の形成』中の「東京市立図書館」についての論述に関連して」『図書館史研究』四号、一九八七年九月
新藤　透「明治期の図書館関係法令と図書選択思想」『図書館綜合研究』第十号、二〇一〇年八月
新藤　透「地方改良運動が図書選択論に与えた影響について――特に井上友一に着目して――」『日欧比較文化研究』第十六号、二〇一二年十月
新藤　透「臨時教育会議に於ける「図書館選書」の議論について」『山形県立米沢女子短期大学附属生活文化研究所報告』第四十一号、二〇一四年三月
新藤　透「乙部泉三郎の公共図書館観と選書認識についての試論的考察――県立長野図書館長在職期前半部を中心に――」『日欧比較文化研究』第十九号、二〇一五年十月
新藤　透「戦時下の読書指導に関する言説――佐藤忠恕を中心に――」『日欧比較文化研究』第二十二号、二〇一八年十月
高山正也『歴史に見る日本の図書館――知の精華の受容と伝承』勁草書房、二〇一六年
高山正也・岸田和明編著『改訂　図書館概論』樹村房、現代図書館情報学シリーズ1、二〇一七年
建部遯吾『戊申詔書衍義』同文館、一九二八年
竹前英治『占領戦後史』岩波書店、岩波現代文庫、二〇〇二年
田中久徳「旧帝国図書館の和雑誌収集をめぐって――「雑誌」メディアと納本制度――」『参考書誌研究』第三十六号、一九八九年八月
田中不二麻呂「公立書籍館ノ設置ヲ要ス」文部省『文部省第四年報』文部省、一八七七年
土持ゲーリー法一『米国教育使節団の研究』玉川大学出版部、一九九一年
中田邦造「図書館員の拠つて立つところ」『図書館雑誌』二十八巻一号、一九三四年一月
中田邦造「図書館は図書館として発達せしめよ」『図書館雑誌』二十八巻四号、一九三四年四月

中村百合子『占領下日本の学校図書館改革　アメリカの学校図書館の受容』慶應義塾大学出版会、二〇〇九年
西崎　恵『図書館法　附図書館法条文 社会教育法条文』羽田書店、新法文庫、一九五〇年
日本図書館協会編『中小都市における公共図書館の運営――中小公共図書館運営基準委員会報告』復刻版、一九七三年
日本図書館協会編『市民の図書館』増補版、日本図書館協会、一九七六年
日本図書館協会図書館ハンドブック編集委員会編『図書館ハンドブック』第6版補訂2版、日本図書館協会、二〇一六年
根本彰・三浦太郎・中村百合子・古賀崇「政策文書に見るGHQ／SCAP民間情報教育局の図書館政策」『東京大学大学院教育学研究科紀要』第三十九巻、一九九九年
廣庭基介「新聞縦覧所小論――明治初期を中心に――2完――」『図書館界』二十五巻四号、一九七三年十二月
堀内庸村『国民読書と図書群　新しき読書文化の為に』青年文化振興会出版部、一九四三年
松尾友雄「図書館令第一條第二項」『図書館雑誌』二十八巻二号、一九三四年二月
松尾友雄「図書館の附帯事業に関する見解の対立」『図書館雑誌』二十八巻四号、一九三四年四月
松本喜一「図書館令の改正」『図書館雑誌』二十七巻十号、一九三三年十月
三浦太郎「書籍館の誕生：明治期初頭におけるライブラリー意識の芽生え」『東京大学大学院教育学研究科紀要』第三十八巻、一九九八年
三浦太郎「占領期初代図書館担当官キーニーの来日・帰国の経緯および彼の事績について」『日本図書館情報学会誌』第四十五巻第四号、二〇〇〇年
三浦太郎「図書館法制定過程におけるCIE図書館担当官の関与について」『図書館文化史研究』第十七号、二〇〇〇年

三浦太郎「明治初期の文教行政における図書館理解――「公共書籍館」理念の成立をめぐって――」青山学院大学教育学会紀要『教育研究』第五十三号、二〇〇九年三月
三浦太郎「CIE情報課長ドン・ブラウンと図書館――図書館員養成との関わりを軸に――」『明治大学図書館情報学会紀要』二号、二〇一一年
水野錬太郎「泰西に於ける地方経営」内務省地方局編『地方改良事業講演集』下、内務省地方局、一九〇九年
宮部頼子編『図書館サービス概論』樹村房、現代図書館情報学シリーズ四、二〇一二年
文部省『米国百年期博覧会教育報告』巻三、文部省、一八七七年
文部省『文部省第十七年報』文部省、一八八九年
文部省『文部省第十八年報』文部省、一八九〇年
文部省『学校図書館の手引』師範学校教科書、一九四八年
文部省内教育史編纂会編『明治以降教育制度発達史』第六巻、教育史料調査会、一九六四年
山口昌男『内田魯庵山脈――〈失われた日本人〉発掘』上・下、岩波書店、岩波現代文庫、二〇一〇年
横山道子「占領期日本の公共図書館法制化をめぐる諸問題――CIEによる認識の分析――」『研究集録』第二十四号、東北大学教育学部教育行政学・学校管理・教育内容研究室、一九九三年八月
吉田昭子「伊東平蔵とその実践的図書館思想」『Library and Information Science』第六十七号、二〇一二年
綿抜豊昭『図書・図書館史』学文社、ライブラリー図書館情報学一〇、二〇一四年
「佐野友三郎」日本図書館文化史研究会編『図書館人物事典』日外アソシエーツ、二〇一七年
『法令全書』慶応三年、内閣官報局、一八八七年
『資料　臨時教育会議』第一集、文部省、一九七九年

「翻刻春城日誌」（二）『早稲田大学図書館紀要』第二十六号、一九八六年三月
『説郛裏』全四巻、国立国会図書館デジタルコレクション
http://dl.ndl.go.jp/info:ndljp/pid/2556096?tocOpened=1　2018.5.27閲覧
「御署名原本・明治四十一年・詔書十月十三日・上下一心忠実勤倹自彊タルヘキノ件」国立公文書館
アジア歴史資料センター
https://www.jacar.archives.go.jp/aj/meta/MetSearch.cgi?IS_KEY_S1=A03020740200&SUM_KIND=SimpleSummary&IS_KIND=detail&IS_SCH=META&IS_STYLE=default&IS_START=1&IS_EXTSCH=&DEF_XSL=default&IS_SORT_KND=ASC&IS_SORT_FLD=&IS_TAG_S1=InD&IS_LYD_DIV=&LIST_VIEW=&ON_LYD=on　2018.5.12閲覧
「図書館社会教育調査報告」『図書館雑誌』三十一巻九号、一九三七年六月
『図書館雑誌』三十二巻第七号、一九三八年七月
『図書館雑誌』三十三巻第八号、一九三九年七月

終章　コミュニティとしての図書館の「復活」

日本図書館史の二つの潮流

四章にわたって日本の図書館史をみてきました。

古代・中世は史料が少なくよく分からない点も多々ありましたが、学問研究や公文書管理のために図書館は古代に誕生したことは確かなようです。

中世は政権が武士に移りましたが、やはり学問研究に必要な施設として図書館が存在していました。また貴重な書籍を保存する場としても存在が重視されていました。

本が庶民にも一般的になるのは江戸時代も半ばを過ぎてからです。それまでは一部の層しか享受できていなかった書籍が、木版印刷による大量印刷（とはいえ、現代から見れば微々たるものですが）により、庶民にも本が読めるようになりました。また江戸期は寺子屋が整備され、町でも村でも庶民の識字率が向上したことも、読書に親しむ習慣の前提となっていました。

近世までの図書館史を大きな流れでつかむとすれば、官主導の図書館と、民間での情報ネットワークに分けることが出来るでしょう。

すなわち、古代の図書寮以来の朝廷や幕府・藩の保護のもとに置かれた文庫の流れ（図書寮、金沢文庫・足利学校、紅葉山文庫・藩校文庫）と、書籍を大量に所有していた寺院や貴族や大名、学者や名主層などが行っていた本の相互貸借を核とする情報ネットワークの流れです（経蔵、日記の家、蔵書家・貸本屋・蔵書の家）。

江戸期の庶民は、もっぱら民間の読書ネットワークのなかで読書を楽しんでいました。そこは単なる本の貸し借りの場ではなく、さまざまな情報が行き交うコミュニティの場でもあったのです。ところが民間の読書ネットワークは明治以降、西洋から導入された近代的な図書館に押され、縮小されていってしまったと考えられます。

では、現代では「官」ではない、民間主導の読書・情報ネットワークはなくなってしまったのでしょうか。

決してそんなことはありません。最近になっていろいろな運動や試みが全国各地で行われています。全部を紹介することはできませんので（そうしたらこの本が「図書館史」の本ではなくなってしまいますね）、本書では一つだけ事例を取り上げたいと思います。

マイクロ・ライブラリーと新しいコミュニティの場

マイクロ・ライブラリーとは、公共図書館のように地方自治体によって運営され、図書館法で規定される図書館のことではありません。個人や小規模な民間の団体によって運営される私設図書館のことです。アメリカ合衆国ウィスコンシン州ハドソンで、トッド・ボル氏によってマイクロ・ライブラリーは提唱され、現在は世界中に広がり、近年は日本でもこの運動は盛んです。

自身も「まちライブラリー」というマイクロ・ライブラリーを提唱して運営している礒井《いそい》純充《よしみつ》

氏は、マイクロ・ライブラリーの定義を次のように打ち出しています。

〈マイクロ・ライブラリーの定義〉

（1）個人の私的蔵書を基本に一部、またはその全部を他者に開放し閲覧提供ないし貸出を行っている。

（2）図書を通じて自己表現し、活動拠点の活性化、参加者の交流を目途として活用されている。

（3）運営主体が、個人または小規模な団体によるものであり、法的な規制や制度にしばられない運営がなされている。

（礒井純充「新時代におけるマイクロ・ライブラリー考察」一二頁）

また、マイクロ・ライブラリー憲章も設けています。こんな内容となっています。

マイクロ・ライブラリーとは何か？

本があり、ひとが集まる

誰にも妨げられず、好きな本を読める

本を共有する・体験を共有する
本棚を眺めれば人々が見えてくる

そのために次のことを応援します

本を読み、ひとと話す
本を薦める、ひとを紹介する
面白さを共有し、自己を表現する
多様性と新しい経験を提供する
落ち着ける場を提供する
本やテーマを決めて集まる
地域と社会に開かれている
他のマイクロ・ライブラリーと交流する

（「マイクロ・ライブラリー憲章 version 1.0」http://micro-library.com/charter/1.0/　2018.6.27 閲覧）

これらを見ると、マイクロ・ライブラリーとは、本と人、情報と人、人と人をつなぐことを目的にして設立されたといえるでしょう。

礒井氏によると、ひとくちにマイクロ・ライブラリーとはいえ、現在では何種類かに分類できるとしています。

〈マイクロ・ライブラリーの分類〉

（1）図書館機能優先型

（2）テーマ目的志向型

（3）場の活用型

（4）公共図書館連携型

（5）コミュニティ形成型

（礒井純充「新時代におけるマイクロ・ライブラリー考察」三頁）

ここでは、「（5）コミュニティ形成型」に着目してみましょう。

特徴としては「参加者が主体的に本を持ち寄り、運営に参画するなどマイクロ・ライブラリーの形成に関与し、相互の人間関係が生まれやすくなっている点」（礒井純充「新時代におけるマイクロ・ライブラリー考察」四頁）にあります。

この事例として、礒井氏は自身が運営しているまちライブラリーを取り上げています。次のようなコンセプトで行っているそうです。

「本を通じて人と出会う」を標榜し、メッセージを付けた本を持ち寄り、共通の本棚に置き交換していくことで、顔の見える関係性を創り上げることを狙う。

（中略）

設置されている本棚は、自宅、オフィス、お寺、病院、カフェなど生活空間のあらゆるところにあり、現在全国で70カ所を超える。運営は、おのおの別々の個人または団体に委ねられている。おのおのの場所で設置目的は多少とも違うが、共通しているのは本を通じて人と出会うことにより、各場所で顔の見える関係を生み出そうとしていることである。

（礒井純充「新時代におけるマイクロ・ライブラリー考察」四頁）

本を核として、人と人のつながりを広げようとの目的で行っていることが窺えます。単純に本を読むだけではなく、コミュニティを形成している点に大きな特徴があるといってよいでしょう。

近代以降、「官」主導で図書館は進められてきました。図書館がどんどん整備されたのはもちろん良いことですが、その代わりに図書館が画一的・硬直化してしまった点があったことも否めません。

江戸時代に見られたような、本が好きな人たちが集まって形成された読書コミュニティは明治にもありましたが、時代が新しくなるに連れ、見られなくなってしまったのです。

しかし最近のマイクロ・ライブラリーをはじめとする新しい動きは、「お上」がつくってきた図書館とはまた別個の、江戸期の蔵書家や蔵書の家の精神を受け継ぐかのような、民間の自由な発想による図書館だといえます。

誤解しないでいただきたいのは、どちらが良くてどちらがダメという二項対立で見てはいけないということです。「お上」対「民衆」という対立図式ではなく（ひと昔前に流行った図式ですが…）、相互補完的な役割を担う別々の図書館と捉えた方が適切だと私は思います。

日本の場合は、「官」と「民間」の二つの潮流があり、それらがうまく絡み合って発展してきたと思います。

本書では紙幅の都合で取り上げませんでしたが、大学生や高校生が図書館などで行っている書評合戦「ビブリオバトル」なども、本を核とした新しいコミュニティでしょう。

こういった新しい動きは最近活発になってきました。活字離れ・読書離れが進み、図書館も存続が危ぶまれていますが、カタチを変えて図書館はどんどん新しくなっていく、そんな組織だと私は感じます。

【参考文献】

礒井純充「新時代におけるマイクロ・ライブラリー考察」『カレントアウェアネス』三一九号、二〇一四年三月
礒井純充『本で人をつなぐ　まちライブラリーのつくりかた』学芸出版、二〇一五年
まちライブラリー　マイクロ・ライブラリーサミット実行委員会2014編『マイクロ・ライブラリー　人とまちをつなぐ小さな図書館』学芸出版、二〇一五年
まちライブラリー　マイクロ・ライブラリーサミット実行委員会2015編『コミュニティとマイクロ・ライブラリー』学芸出版、二〇一六年
「マイクロ・ライブラリー憲章version 1.0」http://micro-library.com/charter/1.0/　2018.6.27閲覧

あとがき

大学生の時、私は日本史学に強い興味を持っていました。ご指導をいただいていた故中田易直《なかだやすなお》先生に、「日本史の概説書で良いものはありませんか」とよく伺っていました。まだ大学一、二年のころだと思います。

そうすると決まって中田先生は、「君ね、概説というものはつまらないものなんだよ」とおっしゃりながらも何冊かご教示いただきました。

古いものが多かったのですが、なかでも川上多助『日本歴史概説』上下巻（岩波書店、一九三七〜四〇年）、栗田元次『綜合日本史大系　江戸時代史』上巻全三冊（内外書籍、一九二七年）、坂本太郎『新訂日本史概説』上下巻（至文堂、一九六二年）などは、とても記憶に残っています。

栗田は別ですが、川上も坂本も一人で古代から近現代まで著わした通史概説書となっています。おそらく昭和三十年代に刊行された坂本あたりが、単独で日本通史を著わせた最後の歴史家ではないかと思います。以降は全一冊の通史概説書でも、十人ほどの研究者を動員して「共著」でないと出版できなくなっています。

これは日本史学の研究が戦後急速に進み、とても一人で全分野をカバーできなくなったためと思われます。良くいえば個々の分野の研究が深化した、悪くいえば自分の専門分野にどっぷり浸かりすぎて、他の領域の事がまったく分からなくなったのです。そして大勢の著者によって書かれているので、視点や記述の一貫性は乏しくなり、どうしても教科書的・平面的な叙述になってしまいます。各著者が専門分野のことしか書かないでつくられた、「通史」・「概説」です。

それで中田先生は概説書を「つまらない」と評したのでしょう。

逆に、戦前は一人で通史概説書を書いていました。名だたる研究者はたいてい概説書を一人で書いていたものです。

一人で書くと史観が一定しており、読者は読んでいて飽きません。また史実の取捨選択も著者の問題関心によって大胆に行われており、批判もあったでしょうが、逆にそれがオリジナリティとなっています。また昔の歴史家はなかなかの「文学者」です。日本古代史が専門の坂本は、織田信長の最期について次のような一文で締めています。

ことに彼（織田信長―引用者註）の覇業に対する恐るべき敵手であった武田信玄や上杉謙信が、何れも雄図の半ばで病死したことは、天のまさにこの一箇の英雄にほほえんで天下統一の大業を成就させるかに見えた幸運であったが、さすがの英雄も部将明智光秀の叛乱に会って、天正十年（一五八二）六月京都本能寺の宿所において暁の露と消えた。（坂本太郎『新訂　日本史概説』下巻、十二頁）

坂本は信長が好きなのだろうな、とよく分かる文章です。もちろん、学術論文ではこういった文章で坂本は書かないのですが、一般の方も読者として想定していた通史概説書ですので、このような表現にしたのでしょう。

現代の日本史学者は、こういう文章は著者の主観が入りすぎていて「科学的」ではないと批判をするかもしれませんが。

ただ日本史を学ぼうとする初心者や、一般読者は坂本の文の方が親しみやすかったと思います（個人の好き嫌いはあるかもしれません）。中田先生はそれをもお見通しで、あえて古い時代の概説書を私に紹介していただけたのかなと、今になって思います。

私の現在の専門は、日本史学よりも図書館情報学の一分野である「日本図書館文化史」にシフトしています。それで思い切って日本図書館文化史の通史を書いてみたのが本書です。

坂本太郎と比べると（比較の対象にするだけで恐れ多いですが）、研究者の能力差が歴然としていますが、多くの先行研究を頼りにして書き上げたのが本書です。

当初の意気込みはすごかったのですが、こうして書き上げてみるとまだまだ独自の視点が弱く、先行研究をなぞっているような点も多々あります。

一般読者の方にも配慮してできるだけ平易な記述を心がけましたが、それでも分かりにくい点があるかもしれません。また一冊にまとめたため、すべての要素を入れることはできませんでした。有名な事例も採録されていないかもしれませんが、ご理解を賜れればと思います。

とはいえ、本書刊行の意義はあるものと自負しています。昨今の図書館界は指定管理者制度が導入されて、民間企業が経営する館も増えています。図書館に関心を持つ利用者も増えていることでしょう。ところが、いままでの図書館史の本は図書館業界向けのものばかりで、一般の方を対象とした本がありませんでした。

それで微力を顧みずに著わしたのが本書です。本書が日本図書館文化史の通史概説書のたたき台となって、類書が今後多く刊行されることを期待しています。

最後になりますが、元勉誠出版編集部の大橋裕和さんには企画段階からご相談に乗っていただきました。また大橋さんから編集をバトンタッチされた編集部長の吉田祐輔さんには素敵な本に仕上げていただきました。お二人には御礼申し上げます。

さらに、日本中世史専攻の岩田康志氏には、中世史料の読解についてご協力をいただきました。ありがとうございます。参考にさせていただきました。もちろん、最終的な責任は著者である新藤にあります。

本書の執筆は山形県立米沢女子短期大学から東北福祉大学への異動時期にちょうど重なっていました。両校の図書館、前者は山形県公立大学法人附属図書館、後者は東北福祉大学図書館には、資料閲覧等で大変お世話になりました。ありがとうございました。

なお、本書は一般書という性格もあって、読者の読みやすさを最優先させました。したがって学術論文のように厳密に註を付すなどの処理を行っておりません。出典は章末の参考文献にまとめました。各文献の著者の方々には、本書の性格をご理解いただき、ご寛恕を賜れれば幸いです。

紅葉が見頃の杜の都にて

新藤　透

知って得する図書館の楽しみかた

若き図書館長・吉井潤氏が、解説した図書館ガイドブック。誰もが図書館を自由自在に楽しみつくすために、知っているようで知らない図書館の使い方を紹介する。

吉井潤 著・本体一八〇〇円（＋税）

ささえあう図書館

「社会装置」としての新たなモデルと役割

全国から、先駆的な取り組みを行っている図書館の事例を集積。これまでの公共図書館の枠組みを外して、民間の取り組みや、「図書館」に収まらない形態を紹介する。

青柳英治 編著／岡本真 監修・本体一八〇〇円（＋税）

戦争と図書館

英国近代日本語コレクションの歴史

敵国語としての日本語教育や敵国財産として接収された日本語書籍などの遺産によって支えられたその発展を、戦争とのかかわりから読み解く。

小山騰 著・本体三八〇〇円（＋税）

ケンブリッジ大学図書館と近代日本研究の歩み

国学から日本学へ

サトウ、アストン、チェンバレンなど明治時代の外国人が所有した貴重書に残る平田篤胤らの国学から始まる日本研究の歩み。西洋人による学問発展の過程を辿る。

小山騰 著・本体三二〇〇円（＋税）

司書のお仕事
お探しの本は何ですか？

司書課程で勉強したいと思っている学生、社会人や、司書という仕事に興味を持っている方に向けて、司書の仕事をストーリー形式でわかりやすく伝える一冊。

大橋崇行 著／小曽川真貴 監修・本体一八〇〇円（＋税）

トップランナーの図書館活用術
才能を引き出した情報空間

各界のトップランナーたちの情報行動を辿ると同時に、利用者の姿から図書館の価値を描き出す、新しい視座からの、全く新しい図書館論、読書論、情報活用論。

岡部晋典 著・本体二〇〇〇円（＋税）

ポストデジタル時代の公共図書館

電子書籍市場の実態や米国図書館、日本の大学図書館との比較を通して、ポストデジタル時代に対応する公共図書館の未来像を活写する。

植村八潮・柳与志夫 編・本体二〇〇〇円（＋税）

図書館員をめざす人へ

憧れているだけでは分からない。司書・司書教諭になりたい人、必見！　図書館員になるためのガイドブック＆インタビュー集の決定版！

後藤敏行 著・本体二〇〇〇円（＋税）

【著者略歴】
新藤　透（しんどう・とおる）
1978年埼玉県熊谷市生まれ
2006年筑波大学大学院図書館情報メディア研究科博士後期課程修了
博士（学術）
現在、國學院大學文学部教授
専攻は図書館情報学、歴史学（日本近世史）
主要著作に、『日本の図書館事始：日本における西洋図書館の受容』（三和書籍、2023年）、『古代日本に於ける「図書館」の起源』（樹村房、2022年）、『戦国の図書館』（東京堂出版、2020年）、『図書館と江戸時代の人びと』（柏書房、2017年）、『北海道戦国史と松前氏』（洋泉社歴史新書、2016年）、『松前景広『新羅之記録』の史料的研究』（思文閣出版、2009年）などがある。

ライブラリーぶっくす
図書館《としょかん》の日本史《にほんし》

2019年1月15日　初版発行
2024年7月10日　初版第二刷発行

著　者　新藤　透
発行者　吉田祐輔
発行所　㈱勉誠社
〒101-0061　東京都千代田区神田三崎町2-18-4
TEL：(03)5215-9021(代)　FAX：(03)5215-9025
〈出版詳細情報〉https://bensei.jp

印　刷
製　本　㈱コーヤマ

ISBN978-4-585-20067-3　C0000

索　引

人名索引

【あ行】

【か行】

【さ行】

【な行】

【は行】

【ま行】

【や行】

【ら行】

【わ行】

書籍・新聞・雑誌名索引

【あ行】

【か行】

【さ行】

【た行】

【な行】

【は行】

【ま行】

【や行】

【ら行】

【わ行】